Acharya Buddharakkhita

Buddhas lebendiges Erbe

Aus dem Englischen von
Claudia Stevens

Schirner
Verlag

Das Buch

Dieses informative Buch zeigt die Lehre des Buddhismus in seiner reinen, lebendigen Form, so daß jeder sie für sich entdecken und anwenden kann. Der Autor, anerkannter Meditationslehrer in Bangalore, Indien, erlaubt einen ausführlichen Blick hinter die Kulissen des buddhistischen Glaubens und auf dessen Auswirkungen auf das uralte vedische Kastensystem. Er zeigt die revolutionäre Wandlung in der indischen Gesellschaft von einer dogmatischen, hierarchischen Denkweise hin zu friedlicher Weltoffenheit und echter Spiritualität. Dabei setzte sich der Buddhismus ganz ohne Glaubenskriege durch! Seine Werkzeuge sind offenes Fragen, klares Denken und Meditation, wie sie der Buddha lehrte.

Der Autor

Acharya Buddharakkhita (geb. 1921) ist der Gründer und Vorsitzende der Maha Bodhi Society in Bangalore, Indien. 1956 war er während des Sechsten Buddhistischen Konzils in Rangun Mitglied in der Redaktionsabteilung, welche die Veröffentlichung einer vollständigen Ausgabe des Pali-Kanons betreute. Seither hat er zahlreiche Bücher verfaßt und Übersetzungen buddhistischer Texte vorgenommen, die in vielen Ländern Verbreitung fanden. Am bekanntesten ist seine Übertragung des Dhammapada ins klassische Englisch. Als international anerkannter Meditationslehrer lebte und lehrte er, bis zu seinem Rückzug, auch außerhalb seines Heimatlandes, wobei er auch die Buddhist Meditation Society in den USA gründete.

ISBN 3-89767-215-4

Erste Auflage

Übersetzung: Claudia Stevens
Quelle für die Texte aus dem Pali-Kanon: www.palikanon.de

Umschlag: Murat Karaçay
Redaktion & Satz: Kirsten Glück
Herstellung: Reyhani Druck + Verlag, Darmstadt

Printed in Germany

www.schirner.com

Inhaltsverzeichnis

Vorwort 8

Kapitel I: Vorbuddhistische Religionen in Indien 10

Kapitel II: Die vedische Religion und die vierschichtige Kastenhierarchie 15
- Khattiya Vaggo: Die Kriegerkaste 18
- Brahmana Vaggo: Die Priesterkaste 20
- Vessa Vaggo: Bauern, Händler, Handwerker und Viehzüchter 29
- Sudda Vaggo: Die niedere Kaste 32

Kapitel III: Hinduismus und Buddhismus 37
1. Dogma der Schriften (Veda Prāmānyaṃ) 38
2. Glaube an einen Schöpfergott (Kartruvāda) 39
3. Seelen-Theorie (Atmāvāda) 41
4. Heilige Taufe (Snāne-dharmecchā) 42
5. Ablehnung des Kastensystems (Jātivādāpalepam) 46
6. Selbstkasteiung zur Überwindung des Bösen (Santāparambha Pāpahānāya) 47

Die gemeinsame Basis 48

Kapitel IV: Der Buddha: unser Lehrer 51

Kapitel V: Das Bodhisatta-Ideal 67
- Stufe I 68
- Stufe II 70
- Stufe III 72
- Stufe IV 75

Kapitel VI: Die Rolle des Wegweisers 78

Suppiya 81
General Sīha 83
Upāli 88
Bharadvāja 91
Māgandiya 92
Die Kālāmas 94
Māluṇkyaputta 98
Assalyāyana 100
Sona 106
Kisā Gotami 108
Ananda 110
Die Unberührbaren – Das Vasala Sutta 110
- Was macht einen Menschen von hoher Geburt, was einen von niederer Geburt aus? 115

Mātaṅga Jātaka
Eine Geschichte aus einem früheren Leben (Jātaka) des Buddha 118
Sopāka 130
- Fragen an junge Mönche 133

Straßenfeger Sunīta 134
- Was zählt – Kaste, Bildung oder Sittlichkeit? ... 136

Sīlavīmaṃsa Nātaka 136

Kapitel VII: Der Dhamma: Lehren 142
Bedingter Ursprung 146
Das Rad der Wahrheit in Bewegung setzen 150
- Die Vier Edlen Wahrheiten 151
- Die zwölf Charakteristika der Verwirklichung der Vier Edlen Wahrheiten 152
- Der Mittlere Pfad 153
- Der Edle Achtfache Pfad 153

Kapitel VIII: Der weiterführende Weg 160
1. Anweisung zur Freigebigkeit 170

2. Anweisung zur moralischen Reinheit 179
- Die spirituellen Prinzipien 182
- Das Zehnfältige Edle Verhalten 189
- Erlangen spirituellen Verdienstes 191
- Geistige Entwicklung und Wiedergeburt 194

3. Anweisung zum göttlichen Leben 198
4. Anweisungen zu den Gefahren und Nachteilen sinnlicher Begierden 202
5. Anweisungen zur Entsagung 211
6.–9. Anweisung zu den Vier Edlen Wahrheiten 223

Kapitel IX: Meditation und Geistesbildung 234
Entwicklung oder Degeneration 234
Kultur des Geistes 236
Beherrschung des Geistes 237
Schritt für Schritt, nicht in einem Sprung 238
Was ist Meditation? 241
Kultur des Geistes 244
Meditation und Hausbesitz 248
Meditation im modernen Leben 256

Kapitel X: Der heilige Orden: Sangha 259
Zusammenkünfte des Großen Rats 268

Kapitel XI: Innerer Zerfall 272

Kapitel XII: Das historische Desaster 279
1. Spiritueller Niedergang 280
2. Sektiererische Opposition 282
3. Ausländische Besatzung 285

Kapitel XIII: Der Buddhismus außerhalb Indiens 287
Sri Lanka 289
Birma 294

Thailand 300
Kambodscha 304
Laos und Vietnam 307
Indonesien und Malaysia 308
China 309
Korea und Japan 313
Tibet 314
Khotan, Zentralasien 318

Anmerkung

Die im Text erscheinenden *Pāli*-Begriffe werden beim erstmaligen Auftauchen im Zusammenhang erklärt. Falls Sie Einzelbegriffe nachschlagen wollen oder auf erklärungsbedürftige Begriffe stoßen, z.B. weil Sie mit zeitlichem Abstand einzelne Kapitel lesen, empfehlen wir Ihnen folgendes Werk als Referenz:

Nyânatiloka: Buddhistisches Wörterbuch
(Verlag Beyerlein & Steinschulte)

Widmung

Möge das Verdienst, das sich aus diesem Werk ergibt, sich auch auf meine verstorbenen Lehrer, Eltern und Verwandten auswirken.
Mögen Sie ins N*ibbāna* eingehen.

Die Religion der Zukunft

Die Religion der Zukunft wird eine kosmische Religion sein. Sie muß über den persönlichen Gott hinausgehen sowie Dogma und Theologie meiden. Sie sollte sich auf das Natürliche ebenso beziehen wie auf das Spirituelle und ein religiöses Empfinden zur Grundlage haben, welches aus der Erfahrung erwächst, daß alle Dinge der Natur und des Geistes eine sinnhaltige Einheit bilden. Der Buddhismus entspricht dieser Beschreibung ... Wenn es eine Religion gibt, die dem modernen Wissenschaftsanspruch standzuhalten vermag, dann ist es der Buddhismus.

ALBERT EINSTEIN

Die Menschheit erhöhen

Vieles von der Lehre der Bergpredigt und Teile der Evangelien basieren auf den moralischen Lehren, die bereits 500 Jahre vor Christus durch den Buddhismus verbreitet wurden. Dem Buddhismus verdanken die Milliarden Bewohner der meistbevölkerten Teile Asiens großen Nutzen: Er führte Bildung und Kultur ein, förderte Literatur und Kunst, veranlaßte körperlichen, moralischen und intellektuellen Fortschritt; er predigte Frieden, Wohlwollen und Bruderschaft unter den Menschen, verdammte den Krieg zwischen Nationen, forderte Sympathie mit gesellschaftlicher Freiheit und Frieden; er gab den Frauen einen guten Teil ihrer Unabhängigkeit zurück; er predigte Reinheit im Denken, Reden und Handeln; er lehrte Entsagung ohne Geißelung; er begünstigte Großzügigkeit, Wohltätigkeit, Toleranz, Liebe, Aufopferung und Gutmütigkeit selbst niedersten Tieren gegenüber, nährte den Respekt vor dem Leben und das Mitgefühl für alle Lebewesen; er ächtete den Geiz und die Geldgier, und durch die Aussage, des Menschen Zukunft werde durch seine heutigen Taten bestimmt, motivierte er zu guten Taten aller Art und hebt den menschlichen Charakter auf eine höhere Ebene.

PROF. MONIER WILLIAMS

Vorwort

Der Pfad zur Erleuchtung ist das Erbe, welches der Höchste Erleuchtete allen fühlenden Wesen vermacht hat. Daher kann die Erleuchtung hier und jetzt von allen erlangt werden – unabhängig von Geschlecht, Kultur oder Religion – allein durch das Beschreiten des [buddhistischen] Pfades. Dieses Erbe ist in der Tat lebendig.

Der Buddhismus entströmt der Erleuchtung des Buddha. Sein Kern besteht aus den überweltlichen Einsichten, aus welchen sich die Erleuchtung formt. Diese transzendentalen Einsichten manifestieren sich in dem praktischen Ansatz, den wir als Mittleren Pfad kennen. Der Mittlere Pfad ist sowohl die Lehre *(Pariyatti)* als auch die Praxis *(Paṭipatti)*, auch als Dharma *(Dhamma*, Lehre) und Vinaya (Disziplin) bezeichnet, die der Philosophie des Alltagslebens eine konkrete Form verleihen. So bilden der Buddha – das Fundament und die Gestalt der Erleuchtung –, der *Dhamma* – seine Offenbarung, der Pfad zur Erleuchtung – und *Sangha* – der heilige Orden der Erleuchteten, welche die Lehre der Erleuchtung leben – den Rahmen, in dem das lebendige Erbe des Gesegneten, des Herrn des unendlichen Lichts und des endlosen Mitgefühls, gewebt wird.

Der Buddhismus blickt auf über zweitausendfünfhundert Jahre Geschichte zurück und erzählt sich wie ein spannender Reisebericht voller Abenteuer, Gefahren und Errungenschaften. In dieser Zeit hat der Buddhismus Gutes und Schlechtes gesehen und vielerlei Wandlungen erfahren. Dennoch wurde sein Kern, die essentielle Botschaft von der Erleuchtung, bewahrt und von Generationen von Ehrenwerten Meistern an würdige Schüler unter den Mönchen der buddhistischen Orden weitergegeben.

Am hoffnungsvollsten und beglückendsten stimmt an die-

ser langen Geschichte, daß sie keinen ›Heiligen Krieg‹ kennt. In einer von Gewalt geprägten Welt hat es viele Glaubenskriege gegeben, in die andere Weltreligionen involviert waren. Der Buddhismus aber, die älteste Weltreligion, kann als einzige von sich behaupten, mit diesen menschlichen Verirrungen nichts zu tun zu haben. Gleich dem Himalaya, der bis in weite Ferne zu sehen ist, leuchtet auch eine Religion, die frei von Kriegen ist.
Neben den drei bereits erwähnten Hauptthemen enthält das vorliegende Buch Meditationen, den vitalen Kern des *Dhamma*, und eine historische Erzählung über die Verbreitung des Buddhismus in der Welt. Im Kapitel ›Das Historische Desaster‹ werden Aufstieg und Fall des Buddhismus in Indien, seiner spirituellen Heimat, behandelt.
Einstein, der Vater der modernen Wissenschaft, sagte einst, daß die Welt der Zukunft einer kosmischen Religion bedürfe, die sich »auf das Natürliche ebenso beziehe wie auf das Spirituelle«. Und er fügte hinzu: »Der Buddhismus entspricht dieser Beschreibung.«

Möge dieser bescheidene Beitrag zur Darstellung des lebendigen Erbes des Buddha die Leserinnen und Leser befähigen, diese bedeutungsvolle Einheit zu erfahren – den Pfad zur Erleuchtung.

Acharya Buddharakkhita
Maha Bodhi Society
14, Kalidasa Road
Gandhinagar, Bangalore – 560009
INDIEN

Kapitel I

Vorbuddhistische Religionen in Indien

Den Geist an der Wahrheit zu messen
statt an Überzeugungen
sein Leben auf die Wahrheit auszurichten
statt auf einen Gott –
das ist das Erbe Buddhas,
das jeder auf seine Weise verwirklichen kann,
deshalb bleibt es stets lebendig.

ACHARYA BUDDHARAKKHITA

Seit frühesten Zeiten waren die Veden die Quelle jeglicher religiöser Autorität in Indien. In den buddhistischen *Pāli*-Schriften, dem *Tipitaka*, werden die Namen der drei Veden – *Rig, Yajur und Sāma* – sowie die Namen der Heiligen, welche die Hymnen dichteten – *Aṭṭaka, Bharadvāja, Vāseṭṭha Vāmaka, Vāmadeva* etc. –, erwähnt.*

Den buddhistischen Schriften zufolge ist das vierte Veda, *Atharva*, später hinzugefügt worden. Aus diesem Grunde hat es nicht denselben Status wie die anderen drei. Das *Atharva*-Veda enthält zahlreiche Formen von Ritualen, tantrischen Riten, Schwarzer Magie, Gebräuchen und Ausdrükken psychischer Kräfte, Weissagungen, okkulten und esoterischen Praktiken aller Arten, die in der Liste der verbotenen Praktiken im *Brahmajāla*-Sutra aufgeführt sind.

---

*Klassisches Buddhistisches Wörterbuch und Thesaurus (ins Englische übersetzt vom Autor dieses Buches)

Während die orthodoxen religiösen Sekten der ländlichen Gegenden die Veden als unfehlbare Überlieferungen betrachteten, maß der Buddha ihnen eine ganz andere Bedeutung zu. Er predigte gegen das blinde Annehmen einer Lehre – sei es die der Veden oder irgendeines anderen religiösen Werkes, einschließlich seiner eigenen Worte –, sofern man nicht die Wahrheit hinter den Worten begriffen habe. Im bekannten *Kālāma*-Sutra sagte er: »Nehmt nichts einfach hin, nur weil es als Tradition überliefert wurde.«

Dies mag der Grund dafür sein, daß der Buddhismus oft von seiten orthodoxer Gläubiger, die von der Unfehlbarkeit der Veden überzeugt waren, angefeindet wurde. Aller Anfeindung zum Trotz blieb der Buddha bei seiner Position und beharrte darauf, daß der Glaube durch Verstehen und Begreifen untermauert werden müsse. Dennoch ist es zweifellos erforderlich, die vedische Tradition zu kennen, um die Lehre des Buddha wirklich verstehen zu können, denn sie stellt den Hintergrund dar, vor dem der Buddhismus sich erhob, und macht die revolutionären Veränderungen deutlich, die seit 6 v.Chr. bis heute vorgegangen sind.

Namen mythologischer Gottheiten wie Indra, Brahma, Prajāpati, Vishvarkarma und andere, die oft in den buddhistischen Schriften Erwähnung finden, haben ihren Ursprung in den Veden. Während jedoch die Veden ihre Gottheiten aus den verschiedenen Bereichen der Natur wählten, werden sie in den *Pāli*-Schriften als Devas, himmlische Wesen verschiedener Himmelskörper (Devaloka), betrachtet. Eine Vielzahl dieser Götter sind eifrige Schüler des Buddha.

Aber auch Dämonen und böse Geister finden sich in großer Zahl in den vedischen Schriften. Sie sind die Feinde der Götter und werden von ihnen bekämpft. Asuras, Dämonen, erscheinen im Rig-Veda als Inhaber gewaltiger Mächte. Ähnliche Hinweise finden sich in frühbuddhistischen Schriften, wo beispielsweise der Dämon Rahu den Gott des Mondes

verschlingt. In vielen Sutren werden unzählige Dämonen und Gottheiten benannt.
Beim Großteil der vedischen Hymnen handelt es sich um Opfergesänge und Gebete für rituelle Zwecke. Später entstand eine umfangreiche Prosaliteratur, die überwiegend Opferthematiken zum Inhalt hatte. Es herrschte der Glaube, daß durch Opfergesänge Mächte frei würden, welche die Götter gnädig stimmten. Es hieß sogar, daß Reichtum den Priestern und Gläubigen beschert sei, welche Opfer brachten. Könige, Minister, Millionäre, die hofften, sich ihre Stellung zu erhalten und über ihre Feinde zu siegen, luden Priester ein und überreichten ihnen üppige Gaben *(Dakshinā)* für ihre Opferzeremonie. Die Priester genossen ein hohes Ansehen, waren sogar gefürchtet. Wenn ein König bei der Opferzeremonie zu wenig Achtung oder Ehrfurcht zeigte, hieß es, die Priester könnten sich rächen, indem sie die Hymnen falsch herum sangen und so Krankheit, Tod, Zerstörung und Ruin brachten.
Die Literatur des frühen Buddhismus weist detaillierte Beschreibungen solcher Opferzeremonien auf. So gingen Brahmanen-Priester einst zum König von *Ikshaku* und veranlaßten ihn, eine Opferung der blutigsten Art durchzuführen. Herden von Ziegen, Schafen, Bullen, Kühen, Büffeln, Pferden u.a. wurden vor dem Opferfeuer getötet. Bei der Vorbereitung der aufwendigen Rituale wurden Aussätzige und Sklaven gezwungen, unentgeltlich bis zur Erschöpfung zu arbeiten. Mit der Zeit entwickelte sich daraus ein wohlstrukturiertes Gefüge mit einem komplexen Kastensystem und einer vielschichtigen Gesellschaft.
In den Veden gibt es viele Gesänge, in denen die mystischen Erkenntnisse beschrieben werden, die Weise in der Meditation erfuhren. Der Buddha machte die Meditation zum Zentrum seiner Lehre. Reinheit, Mitleid, Vereinigung und Weisheit bilden die Grundpfeiler des buddhistischen spiri-

tuellen Lebens. Das Erlangen übernatürlicher Kräfte durch Meditation war den vedischen Weisen und den buddhistischen Heiligen gleichermaßen bekannt, doch gab es einen entscheidenden Unterschied. Für erstere waren die meditativen Kräfte ein Ziel, das angestrebt wurde, für letztere eine Art Nebenprodukt einer meditativen Entwicklung und der beste Weg zu einem altruistischen Verhalten. Aus diesem Unterschied erklärt sich, daß erstere ihre übernatürlichen Kräfte gerne zur Schau stellten, während letztere dies vermieden.

Die philosophischen Ansichten, die sich in den Aphorismen der Veden und Upanischaden zeigen, sind primär spekulative Metaphysik. Diese Ansichten basieren auf dem Glauben an eine allmächtige Gottheit. Der Buddha revidierte diesen Glauben. Er erklärte, daß der Glaube an A*tman*, B*rahman* oder andere Götter – welche er für Konzepte, nicht für Realitäten hielt – uns zu Gefangenen unserer Vorstellungen und geistigen Fixierungen *(Diṭṭhi)* mache. Er sagte, der Glaube an eine solche Gottheit gleiche dem Handeln eines Menschen, der eine Leiter in den Himmel erklimme, ohne zu wissen, ob ihn dort überhaupt etwas und, wenn ja, was ihn erwartete, oder sei wie sich in eine Frau zu verlieben, die man nie gesehen habe.

Indem er religiöse Dogmen und blinden Glauben anprangerte, trug der Buddha zu grundlegenden gesellschaftlichen Veränderungen bei. Die drei größten Machtquellen – die intellektuell-religiöse, die soziokulturelle und die wirtschaftliche Macht – beispielsweise waren einst Monopole der Brahmanen-, Kshatriya- und Vaisya-Kasten. Der Buddha stellte nicht nur viele der religiösen und philosophischen Grundsätze in Frage, sondern wies auch soziokulturelle Praktiken wie Kasten- und Klassensysteme zurück, die aus diesen Grundsätzen hervorgingen. Daraus resultierten in vielen Bereichen automatisch Veränderungen in den

Führungspositionen. Nun wurden spirituell starken Menschen Ehre und Respekt gezollt, und nicht länger den Priestern der Tradition. Ein charakterstarker Mensch wurde höher geschätzt als ein Prinz. Im Berufsleben standen ehrliche Menschen höher als Geschäftsleute, die in ein reiches Unternehmen geboren wurden und traditionell reiche Kaufleute waren. So kam es zu einer umwälzenden Neustrukturierung der Werte, einer wahren Revolution, die jedoch ohne Blutvergießen oder Bitterkeit vonstatten ging.
Der Einfluß Buddhas zog sich wie eine Wiedergeburt durch das Land. Verschiedene geistige Führer taten ihre unterschiedlichen Interpretationen des Universums, des Menschen und der Werte kund. In der frühen buddhistischen Literatur finden wir zweiundsechzig verschiedene Denkschulen, die sich alle voneinander unterscheiden und von denen manche sich sogar widersprechen. Akademiker haben sie als Determinismus, Akzidentalismus, Eternalismus, Nihilismus, Monotheismus, Hedonismus, Asketismus und so fort klassifiziert. Dieser Reichtum an philosophischen Gedanken war eine Reaktion auf die frühere Dominanz der vedischen Schriften. Darin spiegelt sich nicht die Freiheit der Gedanken, sondern eine Gegenbewegung zur vorherigen Schriftenhörigkeit wider. Es gelang unserem Meister Buddha nicht nur, diese negativen und widersprüchlichen Entwicklungen aufzuzeigen, sondern durch seine positiven Lehren der dynamischen Realität *(Khanikavāda)*, weltlicher Existenz und ihrer Transzendenz durch den Mittelpfad brachte er die Wiedergeburt auch auf ihren Höhepunkt.

Kapitel II

Die vedische Religion und die vierschichtige Kastenhierarchie

Dūre santo pakāsenti
himavanto va pabbato,
asant'ettha na dissanti
ratti khittā yathā sarā.

Die Guten leuchten weit,
wie Hochgebirges Pracht;
die Schlechten sieht man nicht,
wie Pfeile in der Nacht.

DHAMMAPADA, VERS 304

Das vorliegende Kapitel über die vierschichtige Kastenhierarchie *(Cutabanno Vaggo)*, bestehend aus *Khattiya, Brāhmana, Vessa und Sudda*, entstand mit Hilfe des *Abhīdhānappadīpikā*, des Klassischen Buddhistischen Wörterbuchs und Thesaurus.

Vaṇṇa (Sanskrit: Varna) bedeutet wörtlich ›Farbe‹ oder ›Hautfarbe‹ und bezieht sich auf die vier grundlegenden Kasten des Hinduismus, die Brahmanen – die weiße Oberschicht –, die *Khattiya* (Sanskrit: Kshatriya), die V*essa* (Sanskrit: Vaishya) und die *Sudda* (Sanskrit: Sudra) – die dunkelhäutige Bedienstetenschicht.

Das vedische Kastensystem kann als die indische Version des Rassismus bezeichnet werden, bei der mit der Geburt die Klassenzugehörigkeit festgelegt wird. Die Position in der Hierarchie hängt davon ab, wieviel Macht und Einfluß ein

Mensch politisch, wirtschaftlich oder gesellschaftlich erlangen kann. Wenn das Lernen und der religiöse Einfluß bestimmend sind, dann stehen die Brahmanen an erster Stelle. Zählen weltliche Belange wie der wirtschaftliche, soziale oder politische Einfluß, so hatten die *Khattiya*, die Kaste der Krieger, Vorrang. Die *Vessa* und die *Sudda* stehen in beiden Sichtweisen an dritter und vierter Stelle.

Diejenigen, welche an dieses geburtsbezogene Kastensystem glauben, rechtfertigen diese hierarchische Ordnung als natürliche Arbeitsteilung, die es immer gab und ewig geben wird. Und warum? Weil es von den Veden, den überlieferten Schriften, so vorgegeben und daher gottgewollt ist. Weiter behaupten sie, es sei auch in der Natur ganz normal, daß sich das Leben innerhalb einer Spezies organisiere. Kritiker bezeichnen diese Theorien als fadenscheinig, oberflächlich einleuchtend, aber grundlegend falsch und irreführend. Solche theistischen Dogmen sind Konzepte, geistige Konstrukte, aber keine Realitäten.

Alle Formen ungerechter, willkürlicher religiöser und gesellschaftlicher Diskriminierung schlagen sich politisch und wirtschaftlich im Leben der Menschen nieder. Neben negativen Auswirkungen äußerer Natur haben sie auch Einfluß auf das Denken und Verhalten. So tragen die Menschen schwer an Vorurteilen sowie an Vorlieben für und Abneigungen gegen andere. Die Folge einer solchen Sichtweise kann sich – und tut es in der Tat – äußerst nachteilig auf das soziale, kulturelle und nationale Leben als Ganzes auswirken.

Auf den ersten Blick erscheint dieses künstliche religiössoziale System als harmlose, wenn nicht gar schlichte Organisation des Lebens. Bei genauerem Hinsehen jedoch entpuppt es sich als verzerrtes Bild. Zum ersten resultiert aus dem geburtsbezogenen Kastensystem eine uneinigkeitschaffende Tradition und eine Gesellschaft ausbeuterischer

Schichten. Zum zweiten entsteht daraus ein kastenbezogenes Monopol auf bevorzugte Tätigkeiten, Berufe und sonstige Privilegien. Wenn eine Kaste oder Klasse nach Geburt vergeben wird und nicht nach Verdienst oder Talent, wird jegliche Art von Fortschritt, jede moralische und geistige Entwicklung, die zur Vervollkommnung des Menschen führen soll, verhindert.

Das vierschichtige Kastensystem, das auf vedischer Tradition und Geburt basiert, wurde vom Buddha zurückgewiesen. Er erklärte es für geistig und moralisch rückschrittlich, gesellschaftlich ungerecht und unvertretbar. Zudem kritisierte er, daß es von den Menschen ein blindes Akzeptieren und ein Festhalten am Aberglauben fordere. Fortschritt in allen Bereichen menschlicher Entwicklung beruhe jedoch auf gesundem, klarem und unabhängigem Denken und wahrhaft moralischem Handeln.

Im Sozialgefüge des Buddhismus gibt es nur zwei Kategorien von Menschen: jene, die dem Orden Buddhas angehören, und jene, die seinem Glauben folgen. Jede Kategorie ist von der anderen abhängig, wodurch die buddhistische Sozialstruktur ein gegenseitiges, komplementäres, unabhängiges und doch harmonisches System ist: Die Ordensangehörigen sind in materiellen Dingen so auf die Gläubigen angewiesen wie die Gläubigen auf die moralische und geistige Leitung der Mönche und Nonnen.

Es gibt zwei Versionen des vierschichtigen Kastensystems: die brahmanische und die sramanische. In der brahmanischen Version steht die brahmanische, religiöse Kaste zuoberst, gefolgt von *Khattiya, Vessa* und *Sudda*. In der sramanischen Version dagegen hat *Khattiya*, die Kriegerkaste, die oberste Position inne, gefolgt von *Brahma, Vessa* und *Sudda*. Zu Buddhas Lebzeiten herrschte die zweite Version vor.

Beide Versionen entsprachen dem Denken und der Einstellung der Menschen. Obwohl die Buddhisten eine geburtsgebundene Kastenhierarchie ablehnten, waren ihnen die praktischen Vorzüge einer organisierten Gesellschaft, in der sich Interessengruppen bilden (Glaube, Beruf, Handel etc.), durchaus bewußt. Dennoch akzeptieren sie keine Hierarchie an sich. Wir Menschen haben die Freiheit, unser Schicksal selbst in die Hand zu nehmen und unsere Gruppenzugehörigkeit selbst zu bestimmen. Daher gibt es keinen starren oder dauerhaften Status, der besondere Privilegien mit sich brächte.

Im Gegensatz dazu ist die vierfaltige, nicht vierschichtige, Gruppenstruktur flexibel, beweglich und kann von den betroffenen Individuen verändert werden. Im Glaubenssystem unseres Meisters Buddha wurden viele Könige und Unberührbare zu buddhistischen Mönchen *(Bhikkhus)* ernannt, die später erleuchtete Heilige *(Arahats)* wurden. Ebenso wurden zahlreiche Königinnen und Kurtisanen zu buddhistischen Nonnen *(Bhikkhunis)*, die später erleuchtete Heilige *(Arahats)* wurden. In der buddhistischen Gemeinschaft wurde jegliche Diskriminierung von Frauen und Männern aufgehoben. Darin zeigt sich, daß die starre Hierarchie aufgebrochen worden war.

KHATTIYA VAGGO: Die Kriegerkaste

Der Begriff *Vaṇṇa* (wörtlich: [Haut-]Farbe) bezeichnet die hell- oder dunkelhäutige Rasse eines Menschen und verweist auf das vierfältige Klassen- oder Kastensystem. Der Ausdruck *Khattiya* – Name für die Kaste der Krieger oder Herrschenden – läßt sich mit ›wohlgeboren‹, ›ein reiner Ursprung‹, ›einer edlen Familie/ehrenwerten Linie/einer kultivierten Klasse/einer hohen Kaste angehörend‹, ›ein Herrscher oder König, der das Wohlergehen seines Volkes herstellt und verteidigt‹ übersetzen. Es gibt eine lange Liste

lobender Attribute für jene, die der Kriegerkaste angehören. Königin und König fallen ebenfalls in diese Kategorie.
Im »Klassischen Buddhistischen Wörterbuch« finden wir nach der Beschreibung der Kaste eine Reihe bekannter *Khattiya*-Familien sowie deren Reichtum, Einkünfte und Ausgaben – allesamt hohe Summen. Zu den Rollen, welche den *Khattiya* im Kastensystem zugewiesen sind, gehören Herrscher, Krieger, königliche Leibwächter, Soldaten sowie verschiedene Führungspositionen, wie beispielsweise Regierungsvorsitzender, Truppenführer, Polizeipräsident oder sonstige öffentliche Posten bis hin zu Aufseher und Türsteher.
Im folgenden wird im »Wörterbuch« beschrieben, wie ein Herrscher mit seinen Freunden oder Feinden umgeht, die vier Wege zum Erfolg, die sieben Elemente der Regierungsverwaltung, die dreifaltige Machtstruktur des Staates – Legislative, Judikative und Exekutive; bindende Befehle, Steuern, Einkünfte, Zölle und Quellen staatlicher Einkünfte; königliche Belange, die fünf königlichen Embleme, die vierfältigen Truppen – bestehend aus Elefanten, Pferden, Streitwagen und Fußsoldaten, gefolgt von detaillierten Zahlen bezüglich der Mengen von Elefanten, Pferden, Streitwagen und bewaffneten Fußtruppen; die vier Arten von Waffen, Strafmaße, Verbrechen, Gefängnisse, Insassen und Sklaven; Details zu Reichtum in Friedenszeiten und zu Armut in Kriegszeiten, zu Macht, Heldentum, Sieg, Niederlage, Kapitulation, Duelle, Zwietracht, Mord und Zerstörung, ehrenvolle Beisetzungen Toter etc. – Die überaus detaillierte Dokumentation jeglicher Objekte, Einrichtungen und Aspekte des Lebens eines *Khattiya* ist überwältigend.

BRAHMANA VAGGO: Die Priesterkaste

– Religion und Spiritualität –
Brahmanische und buddhistische Sichtweisen

Ein Brahmane, ein Angehöriger der Priesterkaste, wird wie folgt beschrieben: Er ist ein Gelehrter *(Sotthiyo)*, d.h., er strebt nach Wissen und Intellekt. Er kennt und lehrt die Veden, die vedische Tradition, die Gesänge u.a. im geheimen und gibt sein Wissen nur an seine brahmanischen Schüler *(Antevāsino)* weiter.
Der Brahmane vollzieht religiöse Rituale, spricht Gebete, führt Opferzeremonien durch etc. und hält sich dabei an die vorgeschriebenen vedischen Mantras und Gesänge sowie die vedische Metrik und gibt sein Können ausschließlich an seine Brahmanenschüler weiter. Ein Brahmane ist ›zweifach geboren‹ *(dvijo)*, d.h. einmal von seiner Mutter und einmal bei seiner Initiation als Ordinierter *(Dikkhita)*. Er gehört der klerikalen Gemeinschaft *(Brahma bandhu)* an. Dadurch haben Brahmanen das Monopol auf die religiöse Tradition des Volkes und üben religiöse Autorität aus. Ein Brahmane ist überlegen *(vippo)* und darf andere überheblich als *bho-vadi* [minderwertig] bezeichnen.

Das Leben eines Brahmanen umspannt vier Stadien *(Assama)*:

1) das des Klosterschülers *(Brahmacāri)*,
2) das des Hausvaters *(Gahaṭṭho)*,der eine Familie unterhält und einen Beruf ausübt,
3) das des Eremiten *(Vānapattha)*, der zurückgezogen im Wald lebt,
4) das des Asketen oder Bettelmönchs *(Sanyāsa)*, der sich vom weltlichen Leben abgewandt hat.

Ein Hausvater lehrt und unterweist ausschließlich brahmanische Schüler in vedischer Überlieferung und brahmanischen Obliegenheiten. Die Schüler leben mit dem Lehrer zusammen, verrichten gemeinsam alle Haushaltspflichten der Familie und erhalten dafür ihre Ausbildung, Schulunterricht und Unterkunft. Sie verbringen unter Umständen Jahre damit, sich die vedischen Überlieferungen, religiöse Rituale, Gebete und Mantragesänge anzueignen und zu üben. Wenn sie dessen für fähig erachtet werden, erhalten sie den Status des Hausvaters und widmen sich fortan dem Lehren, der Priesterschaft, der Astrologie und Weissagungen etc., um die spirituelle Tradition aufrechtzuerhalten. Im Alter zieht sich der Hausvater als Eremit zurück und führt ein ruhiges Leben. Oft ziehen Frau und Mann gemeinsam in eine Einsiedelei, wie viele Weise. Ein Bettelmönch kann man in jedem Alter werden; dafür gibt es keine Altersvorschrift. Der Asket ist ein Lehrer, der die wichtigen Rituale wie die zahlreichen Opfer pflegt und weitergibt. Er fungiert als Lehrer vedischer Pädagogik und ist zudem ein Mantra-Guru, der die Brahmanen in die geheimen Mantras einweiht. Diese vier Stadien stellen also eine Art brahmanische Ordnung dar.

Wenn die Brahmanen keine dominante Rolle bekleiden, verliert diese soziale Ordnung ihre Struktur. Bevorzugt das Volk eine weltliche Obrigkeit, so sind beispielsweise die *Khattiya* bestimmend, und Brahmanen werden lediglich zum Durchführen religiöser Dienste beschäftigt – wie es in der heutigen Zeit der Fall ist. In dem Maße, in dem die Menschen ungeachtet ihrer Kaste einem Beruf ihrer Wahl nachgehen können, verliert das vierfältige Kastensystem an Bedeutung, ebenso wie die vier Stufen des brahmanischen Lebens. Das vedische System bricht also in dem Moment zusammen, da das Kastensystem und die brahmanischen Stufen sinnlos werden.

Die vedischen oder brahmanischen Riten kennen fünf grosse Opfer *(Yagña)*:

1) das Pferdeopfer *(Assamedha)*,
2) das Menschenopfer *(Purisamedha)*,
3) das Opfer der ungebundenen Tiere *(Niraggalo)*,
4) das große Festopfer *(Sammāpāso)* und
5) das symbolische Pferdeopfer *(Vājapeyyo)*.

Die heiligen Opfer, Tiere etc., werden gebunden oder ungebunden geopfert beziehungsweise enthauptet. Früher wurden sie am Opferaltar *(Vedī)* angebunden, wo sie eines nach dem anderen einem Ritual unterzogen wurden. Danach wurden sie am Opferpfosten *(Thambho)* angebunden und einem vedischen Gott geweiht. Dieser Gott war oft ein gefallener und als Dämon zurückgekehrter Gott, der sich von den Opfergaben nährte. Später wurden die Tiere losgebunden und dann nacheinander zum Pfosten geführt und getötet.

Im symbolischen Pferdeopfer wird das Tier als ein Symbol des Kampfes betrachtet. Einem Kriegerkönig mit dem Ehrgeiz, ein wichtiger Monarch zu werden, wird von seinen Priestern geraten, ein Pferd zu opfern, als Symbol für den Sieg. Während des Rituals kann das Pferd sich frei bewegen, wird jedoch stets von einem bewaffneten Streitposten verfolgt. Der Kriegerkönig und seine Armee folgen dem Pferd und nehmen alle Gebiete ein, die es durchschreitet. Sobald die Exkursion erfolgreich abgeschlossen ist, wird das Pferd eingefangen und in einen speziellen Stall geführt. Im Anschluß wird das Tier unter Fanfarenbegleitung geopfert, um des Monarchen Sieg anzuzeigen, der daraufhin kundgetan wird.

Ein anderer Aspekt vedischer Rituale ist das Singen von Mantras, bei dem es auf die richtige Intonation der Hymnen, die rechte Metrik und die korrekten Verse ankommt.

Jeder Verstoß gegen die Modulation, den Rhythmus oder die Stimmlage wird als unverzeihliche Beeinträchtigung der vedischen Lehre erachtet. Jedes einzelne Wort muß präzise ausgesprochen werden, denn der Klang des Wortes an sich gilt bereits als heilig, um so mehr natürlich die brahmanische Bedeutung. Die Fähigkeiten eines Priesters werden also an der Mustergültigkeit seines Gesanges gemessen, ungeachtet dessen, ob er überhaupt versteht, was er singt. Dieses Lernen verhärtet den Geist, führt zu Bigotterie, blindem Glauben und Ignoranz anstatt zu Weisheit und Tugend.

Die Ankunft des Buddha war ein erstmaliges und einmaliges Ereignis in der Geschichte Indiens. Durch ihn wurden revolutionäre Veränderungen im religiösen, kulturellen und sozialen Leben Indiens sowie im Denken der Menschen ausgelöst. Buddhas Lehre von universeller Liebe, Mitgefühl mit allem Leben und Gewaltlosigkeit brachte ein Bewußtsein für die Grausamkeit, den blinden Glauben des vedischen Ritualismus sowie die Strenge und die Intoleranz der vedischen Lehre mit sich. Ebenso wurden sich die Menschen bewußt, wie diese zwei Faktoren – der vedische Ritualismus und die Lehre – zu einem arroganten Mißbrauch religiöser Autorität durch die Brahmanen geführt hatte.

Durch offenes Fragen, klares Denken, Moral und Tugend, das Praktizieren von Meditation, wie sie der Buddha lehrte, entstand eine kastenlose, weltoffene Gesellschaft, die ohne willkürliche Diskriminierung und soziale Fragmentierung auskommt. Als Folge dieser Reformen verloren Kastenhierarchien und Ritualismus an Bedeutung. Alle Buddhistischen Reformen wurden ohne Gewalt durchgesetzt.

Außerdem erwuchs aus der neuen Definition von Spiritualität, die in deutlichem Kontrast zu traditionellem Glau-

ben und vedischer Praktik stand, eine Neuorientierung in bezug auf das Setzen persönlicher Prioritäten. Der häufig verwendete Begriff des Karma, der auf den vedischen *Karmakāṇḍa* beziehungsweise den vedischen Ritualismus zurückzuführen ist, gewann eine neue Bedeutung, da der Buddhismus das Karma als moralische Kausalität sieht. Vormals war es als fatalistisches, rituelles und religiöses Dogma betrachtet worden. Direkte Folge der neuen Interpretation des Karma ist das freiwillige Streben der Menschen nach moralischem Verhalten, wodurch sie ihren Geist zu reinigen, zur Erleuchtung *(Bodhi)* zu gelangen und schließlich spirituelle Freiheit *(Nibbāna)* zu finden suchen.
Mit diesen Reformationen ging ein neues spirituelles Glaubenssystem einher, welches aus acht spirituellen Stufen besteht, die den Weg Buddhas zur Erleuchtung beschreiben. Diese Stufen bezeichnen zum einen denjenigen, der sie durchläuft, und zum anderen die Wegstrecken, die zum Ziel der Erleuchtung führen. Das eine existiert nur durch das andere, die Lehre durch den Lernenden und umgekehrt. Und alle, die lernen *(Pariyatti)*, üben *(Paṭipatti)* und erkennen *(Paṭivedha)*, sind untrennbar miteinander verbunden.
Auf diese Weise sind auch die Entwicklungsstufen und die Menschen, die sie durchleben, voneinander abhängig. Zu diesen acht Stufen gehören sowohl die göttlichen als auch die menschlichen. Das sind ganz gewöhnliche Jünger und Wesen, die aus einer stagnierenden Spiritualität heraus reformiert und aus einem fortschrittslosen System errettet werden und dann zum Glauben Buddhas finden (S*āsana*). Mit System ist hier ein Wertesystem gemeint, an das sich Menschen nicht aus Überzeugung, sondern aus Ermangelung einer Alternative oder aus geistiger Blindheit (A*vijjā*) klammern.

Die acht Gruppen von Wesen, die nach Wahrheit und Erleuchtung streben, entstammen folgenden Reihen:

1) den *Tāvatimsa*-Göttern, Brahmanen und *Khattiya*,
2) den *Māra*-Göttern und G*ahapatis* (z.B. *Vessa* und *Sudda*),
3) den *Brahmā*-Göttern und *Cātiummahārājika*-Göttern, die durch ein heiliges Leben und durch heilige Mönche oder Einsiedler *(Samanas)* beeinflußt worden waren.

Diese göttlichen und menschlichen Jünger des Buddha haben vieles gemeinsam und können einander beeinflussen. Die *Tāvatiṃsa*-Götter, Brahmanen und *Khattiya* üben in ihren jeweiligen Feldern oder Reichen Autorität und Macht aus. Die Götter üben himmlische Macht in den *Tāvatiṃsa* (wörtlich: dreiunddreißig), den göttlichen Ebenen der Existenz, aus. Die Brahmanen üben Autorität und Macht in religiösen und ähnlichen Bereichen aus; und die herrschenden Klassen, die *Khattiya*, stellen die weltliche Macht und Autorität dar. Die *Māra*-Götter der beiden Himmelsreiche *Nimmānarati* (Freude an der Kreativität) und *Paranimmita vasavatti* (Kontrolle über die Kreativität anderer) sowie die Hausväter und Hausmütter (Kasten der *Vessa* und *Sudda*) sind mit den bildenden und schaffenden Dingen beschäftigt. Die Hauptquelle wirtschaftlicher Produktivität sind die Herstellenden im Bereich der Landwirtschaft, des Handels, der Industrie und des Handwerks. Ebenso kümmern sich die zurückgezogen lebenden Menschen, die vom geistigen Leben beeinflußt sind, um die Erhaltung der Spiritualität. Sie schützen den Dharma und die spirituelle Ordnung beziehungsweise höhere Prinzipien. Die Mitglieder der acht Gruppen setzen sich sowohl aus Ariyas (Erleuchteten) als auch aus Anariyas (gewöhnlichen, nicht erleuchteten Schülern) zusammen.
Im Buddhismus versteht man unter dem Begriff B*rāhmana* eine heilige Person, die sich von allen Übeln reingewaschen

hat *(Bāhita pāpa yassa so Brāhmano)*. In der kastenlosen buddhistischen Gesellschaft gibt es weder einen Platz für eine Priesterkaste *(Brahmin)* noch eine Bestimmung für ein religiöses Leben.

Eine Vielzahl der erwähnten Ausdrücke ist sowohl im vedischen als auch im buddhistischen System gebräuchlich. So bedeutet das Wort »Opfer« im vedischen Kontext das Opfern eines anderen Lebewesens, das heißt das Töten *(Yāga)*, während der Buddhismus darunter das Schenken *(Dāna)* eigenen Besitzes oder des eigenen Lebens *(Jivita Dāna)* versteht. Ein weiterer Aspekt des Gebens ist bei letzterem das Schützen und Retten von Leben. Der Sinn hinter dem Wort Opfer könnte also in den beiden Systemen kaum unterschiedlicher sein. Im vedischen Ritual werden lebendige Lebewesen getötet, um andere, mächtige Wesen zu besänftigen. Im Buddhismus steht das Schützen aller lebenden Wesen im Vordergrund. Buddhisten bestechen keine mächtigen Wesen wie Götter, sondern ehren sie, indem sie gute Taten *(Puñña)* vollbringen, wohltätig, freigebig und großzügig handeln.
Den fünf großen Opfern *(Mahā Yāgas)* des vedischen Systems standen die fünf Opfer *(Mahā Dānas)* des Buddha gegenüber, die der Bodhisattva *[Pāli: Bodhisatta]*, der Erleuchtete, brachte. Als Akt des persönlichen Opfers gab er seinen eigenen Sohn, seine Tochter und seine Frau, sein Königreich, seinen Körper sowie sein eigenes Leben hinweg. Diese beispiellosen Gaben brachte er jedoch nicht dar, um einem Gott zu gefallen, sondern um die höchste Form des Gebens zu praktizieren *(Dāna Pārami)*. Um zu untermalen, daß die Opfer eines Buddhisten aus Ehrerweisung *(Punya Kamma)* geschehen, werden verschiedene Gelegenheiten beschrieben, beispielsweise Opfer zu Ehren eines verstorbenen Familienmitgliedes, Opfer als Geste der Gastlichkeit oder als Akt der Ehrerbietung etc.

Ebenso zählen zu den Opfern das Schenken sowie das Teilen von Dingen, beispielsweise des *Dhamma*, von spirituellen Anweisungen, von Wissen usw., wodurch das Licht der Lehre auf andere übertragen wird. Während in der vedischen Tradition Wissen nur im geheimen und an einen begrenzten Kreis innerhalb der Brahmanenkaste weitergegeben wird, geschieht dies in der buddhistischen Tradition offen, universell und mit Einsicht, um Glück und Güte vielen *(Bahujana hitāya, Sukhāya)* zugängig zu machen.
Im Buddhismus wird alles Spirituelle und alle Kommunikation von Wissen und Tugend, die auf einen bestimmten Personenkreis beschränkt sind, ausgeschlossen. Der Buddha betonte, daß es keine Verheimlichungen von Taten geben dürfe. Geheime und böse Taten, die vertuscht werden, sind gleich zu bewerten. Es müssen klare und deutliche Anweisungen gemacht werden, damit religiöses und spirituelles Wissen differenziert werden können. Der Buddhismus ist ein spiritueller Pfad, keine sektiererische Tradition. Diese Unterscheidung muß all jenen bewußt sein, die wahrhaftig auf der Suche nach der Wahrheit sind.
Im geheimen überliefertes Wissen unterbindet das offene Hinterfragen des Gelernten, führt zu blindem Glauben und Bigotterie. Man mag einen religiösen Gesangstext virtuos und beeindruckend vortragen, man mag eloquente Reden halten und die Schriften Wort für Wort auswendig kennen, und dennoch sehr oberflächlich, heuchlerisch und engstirnig sein.

Im Buddhismus wird immer wieder die Bedeutung eines vernünftigen Ansatzes betont, welcher auf vier essentiellen Elementen beruht:
1) Erforschung *(Pariyesanā)*,
2) Hinterfragen *(Anvesanā)*,
3) erneute Betrachtung und Untersuchung *(Pariyeṭṭhi)*,

4) Hinterfragen und erneutes Prüfen *(Gavesanā)*.

Buddha sprach: »Einem Goldschmied gleich, der nach dem Brennen, Schlagen und Schleifen das Gold kritisch untersucht, so betrachtet auch derjenige, der sich auf die Suche nach der Wahrheit macht, den *Dhamma* (die Lehre) und nimmt sie nicht blind hin, nur weil es meine Worte sind oder er mich schätzt.« Mit dieser Aussage kappte der Meister die Wurzeln der spirituellen Tradition blinden Glaubens und unkritischer Studien, wie sie sich im vedischen und anderen sektiererischen Religionssystemen finden.
Durch den Buddhismus veränderte sich auch das Wesen religiöser, moralischer und spiritueller Praktiken. Die Begriffe Moral, Tugend, Selbstbeherrschung, Disziplin, Einsiedlertum, meditatives Sichzurückziehen stehen hier den traditionellen Formen von Selbstkasteiung, Bestrafung und religiösem Fasten gegenüber. Im Buddhismus gehen soziales und ethisches Verhalten mit Tugend, moralischen Grundsätzen und einem spirituellen Benehmen einher, welches schließlich zur Befreiung von weltlichen Fesseln führt. Diese Veränderung stellte eine Abkehr von den üblichen Schwüren, Regeln und Ritualen dar, die bis dahin blind befolgt worden waren.
Ebenso einzigartig ist die buddhistische Handhabung der Entsagung. Darunter verstehen wir »sich von allen bösen Taten abwenden und sich mit weisen Menschen zusammenschließen, wodurch man es sich ermöglicht, weltlichen Genüssen zu entsagen.« Gleichzeitig sollen schmerzhafte Bestrafungen, Schwüre, rituelles Fasten und Völlerei gemieden werden. Ein buddhistischer Mönch führt ein vollkommen anderes Leben als ein Asket, dementsprechend sieht er auch nicht ausgemergelt und schmutzig aus oder muß nackt umherlaufen. Buddhistische Mönche oder Nonnen sind Heimatlose, die ihr häusliches Leben und die welt-

lichen Genüsse aufgegeben haben. Als Mitglieder des heiligen Ordens, der *Sangha*, entscheiden sie sich für ein Leben in Meditation, streben nach spirituellem Wissen und Tugend und im Endeffekt nach der Befreiung aus dem samsarischen Dasein *(Nibbāna)*.

Im »Klassischen buddhistischen Wörterbuch und Thesaurus« werden im Anschluß an diese Darlegungen Übungen verschiedenster Art geschildert, in denen sich die buddhistischen Mönche und Nonnen schulen. Es folgen die schlichten klösterlichen Ausstattungen sowie die Namen berühmter Klöster und Anhänger des Buddha. Die Beschreibung eines befreiten Menschen lautet: »Jener, der die höchste Weihe des Vollkommenen *(Arahat)* erlangt hat, ein erleuchteter Schüler des Höchsten Erleuchteten Buddha.« Ein Befreiter ist also ein Heiliger, welcher sein Leben dem Wohle der Welt geweiht hat. Der Zustand des *Arahat* ist das ultimative Ziel eines buddhistischen Mönches. Im Abschlußvers wird das Wesen eines spirituellen Schülers des Buddhismus wie folgt beschrieben: »Der spirituelle Schüler des Buddhismus unterwirft sich der selbstauferlegten Übung des Verzichts mit einem gleichmütigen Geist. Seine Prinzipien lassen sich ständig im alltäglichen Leben erkennen.«

VESSA VAGGO:
Bauern, Händler, Handwerker und Viehzüchter

Zur V*essa*, traditionell die dritte Kaste, gehören die Bauern, Händler, Viehzüchter und Handwerker. Mitglieder dieser wichtigen Kaste zählen zu den in verschiedenen Bereichen der Wirtschaft tätigen Herstellern. Somit kontrollieren die V*essa* die wirtschaftliche Produktivität und Macht.

Die V*essa* mit der Vielfalt ihrer Beschäftigungen stehen im vedischen System als Produzenten von Reichtum und

Wohlstand erst an dritter Stelle. In der kastenlosen buddhistischen Gesellschaft zählen alle Bereiche entweder zu den Hausbesitzern oder zu den klösterlichen Gemeinschaften. Es wird aber kein Unterschied gemacht zwischen jenen, welche sich dem Glauben, und jenen, welche sich den weltlichen Dingen verschrieben haben.

Der erste Abschnitt des dieses Thema betreffenden Teils der Veden *(Vagga)* handelt von den Bauern, landwirtschaftlichen Produkten, allem wichtigen Zubehör und Werkzeug, Saatgut, Ernte, Schädlingen, Heilpflanzen, Kräutern, Haushaltszubehör, Kornspeichern und allem sonstigen, was mit der Landwirtschaft zu tun hat. Im zweiten Abschnitt werden jene beschrieben, welche die Werkzeuge und Gegenstände herstellen, die in der Landwirtschaft und im Haushalt verwendet werden. Hierzu gehören die Schmiede, die Handwerker, Heilkräutermischer, Utensilienhersteller oder Lieferanten, Speicher-, Schuppen- und Hausbauer. Der dritte Abschnitt schließlich beschreibt die Händler (Käufer, Verkäufer, Vermittler, Lieferanten, Schuldner etc.). Alle erdenklichen Produkte und Hersteller, alle Hilfsmittel, Werkzeuge, Gegenstände werden aufgeführt. – Diese Kaste bestimmt über die wirtschaftliche Lage, Reichtum oder Armut, Überfluß oder Knappheit der Gesellschaft. Sie hat die wirtschaftliche Macht.

Die wirtschaftliche Entwicklung in einer Nation ist eng verknüpft mit dem Finanzmanagement, der Nutzung von Quellen und des Wertes einer Währung. Da es bei wirtschaftlichen und finanziellen Transaktionen um hohe Summen geht, ist ein fundiertes Wissen und viel Geschick dazu nötig. Zahlen ermöglichten Systeme zur Vereinheitlichung von Währung, also diverse Arten von Münzen, Gold, Silber und Kupfer. So entwickelte sich die Münzkunde. Zudem gab es zahlreiche Fachgebiete bezüglich Währung, Gewicht und Maßen.

Zur Zeit Buddhas gab es spezialisierte Mathematiker und Zahlenwissenschaftler. Indem sie Zahlen bis ins Unzählbare multiplizierten, konnten sie Dinge vermehren. Die Zahlen, die bis in die Höhe von Trillionen und Abertrillionen reichten, setzten sie in Konzepte um und stellten diese in Symbolen dar. Eine bestimmte Zahl hieß *Akkhohinī*, sie hat zweiundvierzig Ziffern und wurde gern verdreifacht und vervierfacht. Die Konzepte wurden in Symbolen dargestellt, wie beispielsweise dem rosafarbenen Lotus *(Padumaṃ)*, dem weißen Lotus *(Pundarikaṃ)*, dem roten Lotus *(Kumudaṃ)* und dem leuchtendblauen Lotus *(Uppalaṃ)*.

Zahlungsmittel, Waren und Produkte verschiedener Bereiche wurden immer spezialisierter, was den Einsatz immer geschulterer Fachleute erforderlich machte, die der *Vessa*-Kaste angehörten. So gab es beispielsweise Experten im Bereich des Kochens und der Versorgung mit Nahrungsmitteln, so mit Mahlzeiten und Gerichten *(Khajjam)*, mit Häppchen, Snacks, Süßigkeiten und Zwischenmahlzeiten *(Bhojjam)*, mit Eis, dickflüssigen Suppen, Sirup *(Leyyam)*, mit Getränken und allen Arten von trinkbaren Flüssigkeiten *(Peyyam)*.

Beim Kochen fanden fünf Arten von Salzen Verwendung: Meersalz, Mineralsalz, Steinsalz, Kristallsalz und Pflanzensalz. Auch Zuckerarten verschiedenen Ursprungs wurden verwendet; es gab für jede Geschmacksrichtung Würzmittel – salzig, süß, bitter, scharf etc. In Geschäften und bei Händlern wurden alle möglichen Gerichte serviert. Es gab zudem bekannte Heilnahrungsmittel und -kräuter, wobei sich viele Ärzte auf die indische Heilkunst des Ayurveda spezialisierten.

Ebenso gab es Fachbetriebe für Viehzucht und Molkereien, in denen Milch und Milchprodukte hergestellt wurden. Mindestens sieben Arten von Milchprodukten werden genannt: Milch, Quark, Joghurt, Butter, Ghee, Buttermilch und

Molke. Dieser Berufszweig stellt einen wichtigen Teil der V*essa*-Kaste dar.

SUDDA VAGGO: Die niedere Kaste

In dem diese Gruppe betreffenden Abschnitt der Veden wird zunächst beschrieben, welche Personen Angehörige der niederen Kaste sind.

Dem vedischen Kastensystem zufolge gehört der *Sudda Vaggo* an,

1) wer niederer Geburt *(Nīcajammo)* ist, wozu auch Menschen gehören, die einer Mischehe zwischen verschiedenen Kasten angehören, und
2) wer einer niederen Berufssparte *(Nihīnako)* angehört.

Ein Mensch, der einer Mischehe entstammt *(Sankiṇṇo)*, ist niederer Geburt, während einer, der einer Ehe von Angehörigen der gleichen Kaste entstammt, als wohlgeboren gilt. Dem brahmanischen Kastensystem zufolge dürfen nur Heiraten stattfinden zwischen Menschen, die derselben Kaste angehören. Jeglicher Verstoß gegen diese Regel wird dadurch bestraft, daß die Kinder, die aus dieser Ehe hervorgehen, in die niedrigste Kaste verbannt werden.

Als niedrig geborene Mischehe-Kinder gelten:

1) Kinder, deren Vater nicht bekannt ist, beispielsweise jene einer Prostituierten, einer Kriminellen oder Aussätzigen, kurz: aller, die sozial abgewertet sind;
2) Kinder, die als Sklaven, Diener oder als Kinder freigelassener Sklaven geboren werden oder als gesellschaftlich ausgegrenzte Unberührbare *(Pañcama)* angesehen werden;

3) Kinder, die bestimmten Stämmen – *Mātaṇga, Caṇḍāla, Sopāka* etc. – oder kriminellen Volksgruppen – *Kirāṭas, Milakkhas* und die barbarischen Fremden aus dem Westen – angehören.

Zu den niederen Berufsgruppen gehört eine Vielzahl von Berufen, die vererbt werden. In den brahmanischen Texten finden wir die folgenden Klassen von Arbeitern, Facharbeitern und Handwerkern, welche zur Kaste der *Sudda* gehören:

1) Zimmermänner oder Holzarbeiter
2) Weber, Spinner, tuchverarbeitendes Gewerbe
3) Schneider, Näher, Änderungsschneider
4) Töpfer, Steinmetzen und Tonhandwerker
5) Barbiere, Friseure und Stylisten
6) Wäscher
7) Lederhandwerker und Schuster
8) Haus- und Ortsplaner, Bauarbeiter, Konstrukteure
9) Fuhrwerker, Fahrzeugbauer
10) Möbelbauer
11) Goldschmiede, edelsteinverarbeitendes Gewerbe
12) Schmied, metallverarbeitendes Gewerbe
13) Kranzbinder, Floristen, Blumendekorationsgewerbe
14) Trockengesteckhersteller
15) Gärtner und Gartenarbeiter
16) Maler, Künstler und Anstreicher
17) Fassadenmaler
18) Färber
19) Korbmacher, Flechter
20) Dreher, Holz- und Metallverarbeiter
21) Bewässerungs-, Kanalisations- und Wasserwesen
22) Bogenhandwerk, Bogenschützen
23) Musiker, Sänger, Tänzer
24) Lautenspieler, Sitarspieler

25) Flötisten, Bansi- und Harfenspieler
26) Trommler, Perkussionisten
27) Klatschmusiker
28) Süßigkeitenfabrikant und -verkäufer
29) Likör- und Weinhersteller
30) Magier, Jongleure, Zauberer
31) Schlachter, Jäger, Fischer und alle Berufe, die auf dem Töten von Tieren beruhen
32) Tagelöhner, Packer, Lastenträger, Kofferträger etc.
33) Sklaven, Sklavenarbeiter, Diener, Arbeiter

In den Texten über Kennzeichen niederer Kasten werden folgende vier Arten von Sklaven und Dienern erwähnt:

1) Menschen, die in eine Familie von Sklaven oder Dienern hineingeboren werden;
2) Menschen, die als lebenslängliche Sklavenarbeiter, Sklaven oder Diener gekauft werden;
3) Sklaven oder Diener, die diesen Beruf gewählt haben;
4) Arbeiter, Sklaven und Diener, die für einen Lohn arbeiten.

Ein Sklave oder Diener kann sich freikaufen. Dennoch führen der befreite Sklave und der Diener weiterhin ein untergeordnetes Leben, und eine Interaktion mit Angehörigen anderer Kasten ist nicht möglich. Diener und Sklaven werden beschrieben als:

1) fleißig,
2) energiegeladen,
3) einfältig oder
4) träge.

Diese vier Attribute werden auch anderen Kategorien von Arbeitern und Berufsgruppen zugeschrieben, und dementsprechend fallen auch Lohn, Gebühren, Bezahlungen aus.

Es gibt zwei Möglichkeiten, sich den Lebensunterhalt zu verdienen:

1) durch Arbeitslohn, Bezahlung für eine Tätigkeit etc.;
2) durch Risikofreudigkeit, Nutzen von Gelegenheiten und durch Spekulationen.

Risikoreiche Berufe sind die des Weinbauern, des Diebes, Betrügers, Jägers, Fischers, Spielers und des Bettlers. Diese als nieder bezeichneten Beschäftigungen zählen zu den untersten dieser niedrigen Kaste.

Selbst der flüchtige Betrachter wird an dieser Liste von Berufen die Willkürlichkeit im vedischen beziehungsweise brahmanischen Kastensystem erkennen. Bei genauerem Hinsehen werden noch mehr Fehlerhaftigkeiten und Ungerechtigkeiten deutlich. Menschen, deren Fähigkeiten benötigt und deren Dienste zum Aufbau eines soziokulturellen Systems unerläßlich sind, wurden an das unterste Ende der Kastenleiter verbannt. Daher ist es nur legitim, zu fragen: Wie kann die Leiter verändert werden, damit ein Aufundabklettern ermöglicht wird? Wie könnten die Menschen ohne diese wichtigen Mitglieder der Gesellschaft ihren Lebensstandard aufrechterhalten?
Unser Meister Buddha, der einer alten, privilegierten Königsfamilie entstammte, wies dieses vierfältige Kastensystem als mangelhaft und ungerecht zurück. Er ersetzte das alte vedische System durch eine kastenlose Gesellschaft, in der jeder, unabhängig von Geburt, Geschlecht oder sozialer Stellung, gleichberechtigt behandelt wird, so daß der Würde und Ehre des Menschen Rechnung getragen wird.

In der kastenlosen Gesellschaft Buddhas gibt es nur zwei Gruppen:

1) die Glaubensgemeinschaft mit ihren weiblichen und männlichen Mitgliedern;
2) die weltliche Gemeinschaft mit ihren weiblichen und männlichen Mitgliedern;

Während die Nonnen und Mönche *(Bhikkhunis* und *Bhikkus)* die grundlegenden moralischen und spirituellen Bedürfnisse der Gesellschaft befriedigen, kümmern sich die weiblichen und männlichen Gläubigen *(Upāsikas* und *Upāsakas)* um die materiellen Bedürfnisse der Klostergemeinschaft. Diese heilsame, gerechte und fortschrittliche soziokulturelle Ordnung räumt mit den alten Kastenvorurteilen und Diskriminierungen gewaltfrei und vernünftig auf.
Selbst heute noch erhalten buddhistische Gemeinschaften in aller Welt dieses kastenlose Sozialgefüge, beruhend auf Respekt und Gleichberechtigung, aufrecht. Im vedischen System stehen Frauen und Männern nicht dieselben Rechte zu; Frauen gelten dort als den Männern unterlegen. Im Buddhismus dagegen werden beide Geschlechter als gleichberechtigt angesehen. So wundert es nicht, daß das soziokulturelle Modell des Buddhismus mit seiner Bildung und seinen wissenschaftlichen Innovationen zunehmend an Popularität gewinnt.

Kapitel III

Hinduismus und Buddhismus

Bbahuṃ ve saraṇaṃ yanti,
pabbatāni vanāni ca
arāma rukkha cetyāni
manussā bhayatajjitā.

Von Furcht getrieben,
suchen manche Zuflucht bald
bei heil'gen Bäumen,
bald auf Bergen, bald im Wald.

Netaṃ kho saraṇarh khemarh,
netaṃ saraṇamuttamarh,
netaṃ saraṇamāgamma
sabbadukkhā pamuccati.

Doch solche Zuflucht
gibt nicht höchste Sicherheit;
dort werden sie ja nicht
von allem Leid befreit.

DHAMMAPADA, VERS 188, 189

In der Geschichte des religiösen Denkens in Indien ist der Buddhismus mit Abstand die revolutionärste Religion. Die Herausforderung, die der Buddha an den traditionellen Glauben stellte, zwang die anderen Konfessionen, ihre Gegenwehr zu stärken. Alle Systeme indischer Philosophie und Religion nach Buddha taten auf ihre Art ihr Bestes, dem rationalen Beweis genüge zu tun. Aberglaube und blinder Glaube, die über Generationen weitergegeben worden waren, wurden in den Grundmauern erschüttert. Aus diesem Grunde bietet es sich an, die hervorstechenden Merkmale des Buddhismus vor dem Spektrum vorherrschender Hinduphilosophien und -lehren zu untersuchen. Dharmakirti, als der Kant Indiens bezeichnet, hat die fünf Unterschiede zwischen Buddhismus und Hinduismus präzise auf den Punkt gebracht:

1. Dogma der Schriften (Veda Prāmānyaṃ)

Im Buddhismus wird die Autorität der Veden nicht als himmlische Offenbarung gesehen. Bedeutet das, daß der Buddhismus innerkonfessionelle Streitigkeiten und gegenseitige Intoleranz unter Religionsanhängern fördert? Definitiv nicht. Der Buddha war viel zu edel und wohlerzogen, um Schriften und Lehrern anderer Religionen keinen Respekt zu erweisen. Vielmehr zitierte er oft die vedischen Schriften in seinen Predigten vor Brahmanen an den unterschiedlichsten Orten. Blinder Glaube an eine Autorität – sei diese ein Buch oder ein Lehrer, das Veda oder der Buddha selbst – wurde als ein gefährlicher spiritueller Prozeß erachtet.
Im Hinduismus dagegen wird erwartet, daß die Veden ohne Hinterfragung angenommen und als himmlische Offenbarung erkannt werden. Dasselbe geschieht im Christentum und im Islam mit der Bibel und dem Koran. Vom buddhistischen Kanon, bekannt als Tipitaka [Drei Körbe] und gefaßt in PAli, der Sprache des Volkes, wird nicht gesagt, er sei das Wort einer Gottheit. Er enthält die Lehren des Buddha in ihrer reinsten Form und wird daher mit höchster Verehrung bedacht. Als Hüter des Wortes unseres Meisters ist der Tipitaka Quelle tiefster Dankbarkeit und demütigen

Respekts im Geiste eines jeden Buddhisten. Der Kanon wird von den Gläubigen studiert wie eine Blaupause von einem Techniker, damit er die Wahrheit darin erkennt und danach leben kann.

2. Glaube an einen Schöpfergott (Kartruvāda)

Der zweite wichtige Unterschied zwischen dem Buddhismus und dem Hinduismus ist der Glaube an einen Schöpfergott. Über dieses Glaubensmuster kam es zu unendlich vielen Fragen. Ein Gläubiger kann diese Fragen nicht einfach ignorieren, indem er sich sagt, Gott sei mit dem menschlichen Geist nicht erfaßbar. Wenn Gott alles erschaffen haben soll, wer hat dann Gott erschaffen? Auf der Suche nach dem allerersten Schöpfer führt man die Frage ad infinitum. Geht man davon aus, daß Gott nicht geschaffen wurde beziehungsweise sich selbst geschaffen hat, ist dieselbe Logik auch für das Entstehen eines jeden anderen Lebewesens im Universum möglich. Im Buddhismus ist das Universum durch einen Prozeß fortlaufender Schöpfung, durch ein Zusammentreffen von Bedingungen entstanden und nicht etwa durch einen Schöpfergott. Diese Sichtweise wird durch die aktuellsten wissenschaftlichen Erkenntnisse bestätigt. Das buddhistische Gesetz von der abhängigen Entstehung jeglicher Existenz *(Paṭicca samuppāda)* erklärt auch das Vorhandensein universeller Kausalitäten, zu deren Erklärung kein Urheber erforderlich ist.

Ein Hindu oder jeder andere Theist würde es als Entweihung erachten, Gott zu verleugnen. Wird jedoch die Frage nach dem Wesen Gottes gestellt, bleibt er die Antwort schuldig. Manche Hindus behaupten, Gott wohne in ihnen, sei ihr Selbst. Das ist ein monotheistisches Konzept. Andere sagen, Gott befinde sich im Himmel; dies impliziert einen dualistischen Theismus. Wieder andere meinen, Gott sei überall, in jedem winzigsten Atom; dies entspricht einem pantheistischen System. Und dann gibt es welche, die an einen persönlichen Gott glauben wie Rama, Krishna, Shiva und andere; sie glauben an ein polytheistisches Konzept.

Diese unterschiedlichen Konzepte Gottes lassen sich mit dem Buddhismus aus tiefgehenden, immateriellen Gründen nicht vereinbaren. Was aber ist das buddhistische Gotteskonzept? Die Götter des Buddhismus sind göttliche Wesen, die verschiedenen Ebenen der Existenz angehören. Nachdem sie große spirituelle Verdienste *(Puñña)* erlangt hatten, wurden sie in den freudenreichen höheren Reichen wiedergeboren und führen dort ein langes Leben. Wenn sie ihre Verdienste dort nicht fortsetzen, werden sie im nächsten Leben in einem niedrigeren Reich wiedergeboren, wie beispielsweise in dem des Menschen. Die Götter oder Devas verlängern ihr himmlisches Leben auf dieselbe Art und Weise, auf die sie es erlangt haben, zum Beispiel durch Meditation und Tugend. Durch reines Verhalten *(Sīla)*, Meditation *(Samādhi)* und Weisheit *(Paṇṇa)*. In der heiligen Ordnung stehen der *Sangha* und die buddhistischen Heiligen *(Ariyas)* über den gewöhnlichen Göttern *(Anariya)*. Die Götter, die mit ähnlichem transzendentalem Erreichen gekrönt sind, gehören ebenfalls dem heiligen Orden an. Aus diesem Grunde lehrte der Buddha – Lehrer sowohl der Götter als auch der Menschen – seine Schüler, ihre Lehre an Götter und Menschen gleichermaßen weiterzugeben.

Beten Buddhisten Götter an, um deren Gunst zu erlangen? Nein. Doch sie schenken den Göttern die Verdienste, die sie durch gute Taten erlangt haben, und bitten sie um Beistand gegen böse Mächte, die auf ihr spirituelles und weltliches Leben Einfluß nehmen könnten. Da Götter von den Verdiensten leben, pflegen sie ihren Beistand zu gewähren. So beruht die Gabe auf Gegenseitigkeit.

3. Seelen-Theorie (Atmāvāda)

Untrennbar verbunden mit dem metaphysischen Ersten Urheber oder einem Schöpfergott ist das Hindu-Konzept von *Atman* (der Seele) als Basis einer individuellen Existenz. Die Seele oder das Selbst wird wiederum von den unterschiedlichen religiösen Schulen auf verschiedene Arten definiert.

Das klösterliche Konzept der Seele, wie es im Advaita Vedanta beschrieben wird, gilt als Ausstrahlung des Schöpfers selbst. So sind *Atman,* die individuelle Seele, und *Paramātman,* die universelle Seele, ein alles durchdringendes Eines. Eine scheinbare Trennung von *Atman* und *Paramātman* wird mit der Verdunkelung oder Vernebelung durch die Illusion oder *Māyā* begründet. So wird willkürlich eine dritte Instanz ins Spiel gebracht, durch die alle Unstimmigkeiten erklärt werden sollen.

Die *Dvaita* beziehungsweise dualistische Position steht diametrisch zum klösterlichen Konzept. Hier werden *Atman* und *Paramātman* als vollkommen unterschiedliche Einheiten gesehen. Auf spiritueller Ebene können sie auf verschiedene Arten zueinander in Verbindung stehen und dennoch ihre Eigenständigkeit bewahren. Die individuelle Seele wird erschaffen durch Gott oder *Paramātman* und daher diesem unterworfen. Zwischen den beiden Positionen gibt es unzählige Interpretationsmöglichkeiten.

Der Buddhismus weist all diese Interpretationen als metaphysische Spekulationen zurück. Im Buddhismus wird die Idee vom Schöpfergott durch die nachweisbare dynamische Entwicklung ersetzt. Die bedeutet jedoch nicht, daß die Begriffe »Ich« oder »Selbst« Fiktion sind. Das individuelle Bewußtsein gehört zur geistigen Ausstattung eines spirituell durchdrungenen Individuums. Genaugenommen steht ebendieses Ich-Bewußtsein *(Ahaṃkāra)*, wie *Diṭṭhi*, eine falsche Einstellung oder Ideologie, an der Wurzel der Bindung an das *Samsāra*.

Im Buddhismus wird *Anattā*, die Nichtseele, das Nichtpersönliche, das Substanzlose, vorausgesetzt. Im Zusammenhang von dynamischer Entstehung und universellem Fluß zeigt sich jedes Phänomen als ein Prozeß. Alles entsteht, lebt und vergeht, abhängig von der Synchronizität erforderlicher Bedingungen. Diese unpersönliche Funktion des Stroms psychophysikalischer Phänomene, auch als Persönlichkeit bezeichnet, braucht keinen Unterbau. *Anattā* jedoch spricht von einem dynamischen, unpersönlichen und substanzlosen Prozeß. Dieser ist nicht gleichzusetzen mit der Abwesenheit eines Selbst. Da das Selbst lediglich eine Annahme und keine Realität ist, kann es gar keine Frage nach seiner Gegenwart oder Abwesenheit geben.

4. Heilige Taufe (Snāne-dharmecchā)

Im Buddhismus werden rein äußerliche Erscheinungen wie Kulte, Rituale, Zeremonien und Feierlichkeiten wie mechanische Praktiken als spirituell wirkungslos erachtet. Da der eigene Wille bei diesen Praktiken nicht beteiligt ist, werden diese Praktiken als falsch und selbsttäuschend zurückgewiesen. Traditionelle Riten wie das Tauchen in Wasser, z.B. in das des Ganges, durch das die Sünden hinweggewaschen, Übel abgehalten, die Selbstreinigung erhalten, der Wäscher bestraft werden soll etc., stellen einen wichtigen Grundpfeiler des Hinduismus dar. Der Buddhismus dagegen lehrt, daß Selbstreinigung allein durch Disziplin, Geistesbildung und Wahrheitserkenntnis erlangt werden kann. Aberglaube und Ritualismus können niemals eine innere Reinheit gewährleisten. So sprach der Buddha:

Attanāva kataṃ pāpaṃ,
attanā saṇkilissati;
attanā akataṃ pāpam,
aṭṭāṇāva visujjhati;
suddhi asuddhi paccattaṃ,
nāṇṇo aṇṇam visodhaye.

Wer selbst Unrecht tut,
beschmutzt sich selbst allein;
wer sich vor Unrecht scheut,
der schmückt sich selber fein;
ihr selbst, kein andrer,
macht euch unrein oder rein.

DHAMMAPADA, VERS 165

Der Hinduismus fördert einfache Methoden, Heil durch rein ritualistische und gewohnheitsmäßige Abläufe zu erlangen, die nicht vom eigenen Willen bestimmt werden. Die traditionelle Hindu-Geschichte von Ajamila, dem Verbrecher, ist ein interessantes Beispiel dafür: Ajamila war ein innerlich verhärteter Verbrecher, der noch nie eine gute Tat *(Puṇṇa)* begangen hatte. Sein Sohn trug den Namen *Nārāyana*, ein Beiname des Gottes Vishnu. Als der Tag seines Todes gekommen war, rief Ajamila den Namen seines Sohnes: »*Nārāyana, Nārāyana!*« Daraufhin stiegen die Engel Vishnus, die ihn allein wegen des Rufens von Vishnus Namen für einen Gläubigen hielten, vom Himmel und nahmen seine Seele in ehrenvoller Zeremonie mit sich hinauf.
Eine andere Geschichte zeigt denselben blinden Glauben an äußere Gesten: Ein Dieb, der vom Volk gejagt wurde, kletterte auf einen heiligen Bilva-Baum, unter dem sich ein Phallussymbol des Gottes Shiva *(Shiva lingaṃ)* befand. Durch die Berührung seiner Füße wurden Blätter des Baumes lok-

ker und fielen auf das Symbol hinab. Der Gott Shiva nahm den Blätterregen als Opfergabe und erschien dem Dieb höchstpersönlich. Zu allem Überfluß garantierte er ihm auch noch den Erlaß all seiner Sünden. Die Hindu-Mythologie *(Purana)* ist voll solcher Geschichten.
Im Buddhismus hat eine solche Leichtgläubigkeit keinen Platz. Die folgende Diskussion zwischen der Sklavin *Puññikā* und einem Brahmanen, der in einer kalten Winternacht im Fluß badet, findet sich in der *Therigāthā*, den Inspirativen Ergüssen. *Puññikā* ist eine buddhistische Nonne und Heilige, sie verkörpert hier den Geist des Buddhismus.

Puññikā:
Zu holen Wasser ging ich hin
zur kühlen Quelle Tag um Tag,
aus Furcht vor Strafe, strenger Zucht,
aus Furcht vor meiner Herrin Zorn.

Was fürchtest du, Brahmane, da,
gebückt im Bache, Tag um Tag,
erzitternd, bebend im Gebein
vor Kälteschauern, scharfer Qual?

Brahmane:
Du weißt es, Frau, du weißt es wohl,
O *Puññikā*, um was du fragst
den Mann, der frommes Werk begeht
und Frevelwerk vergessen macht.

Wer je in Jugend, je in Alter
getan hat Übel, arge Tat:
Benetzt mit Wasser wird er neu
genesen sein von Sündenwerk!

Puññikā:
Wer hat wohl solches offenbart,
ein Tor dem andern Toren, dir:
»Benetzt mit Wasser wirst du neu
genesen sein von Sündenwerk?«

Zum Himmel dann erhöben sich
Schildkröten, Krokodile, ja,
und Schlangen, Frösche, was da frei
in Wassern fristet, stieg' empor.

Wer Schafe schlachtet, Eber hetzt,
wer Hirsche jagt, wer Fische fängt,
wer Räuber, Mörder, Henker ist,
getan hat ungeheure Tat:
Benetzt mit Wasser würd' er neu
genesen sein von Sündenwerk.

Wenn diese Wasser wüschen ab
von dir das Übel, einst getan,
sie wüschen auch das Gute weg,
und leer und ledig gingst du aus.

Was hier dich ängstet hat vermocht,
daß du im Bache badest Tag um Tag,
das meide nur, Brahmane, du,
bekümmern soll dich Kälte nicht.

Im Anschluß wird berichtet, wie angerührt der Brahmane war, und obwohl er ein Anhänger innerer Reinheit durch äußeres Baden war, schlug er den Pfad der Tugend ein und wurde ein Anhänger des Buddha. Später gab er sein häusliches Leben auf und wurde ein Heiliger, ein Arhat. *Puññikā*, die in dem Brahmanen eine solche spirituelle Veränderung bewirkt hatte, erhielt von ihrem Herrn, dem Millionär *Anāthapiṇḍikā,* die Freiheit. Auch sie gab später das häusliche Leben auf und wurde eine sehr berühmte Heilige.

5. Ablehnung des Kastensystems (Jātivādāpalepam)

Der Buddhismus unterscheidet sich vom Hinduismus auch durch die Ablehnung des Kastensystems und der Existenz von Unberührbaren. Bereits in den frühesten vedischen Zeiten richteten religiöse Autoritäten eine Hierarchie der Kasten ein, die sich auch in der Hindu-Gesellschaft festsetzten. Selbst heute ist an manchen Orten ein Mensch einer niedrigeren Kaste nicht befugt, ein Pferd oder einen Elefanten zu reiten oder den Teil eines Tempels zu betreten, der den höheren Kasten vorbehalten ist. Die Hindus höherer Kasten betrachten eine Hütte oder Wohnung als verseucht, sobald auch nur der Schatten einer Person niedrigerer Kaste darauf fällt. Dieser Glaube hat von den Veden bis zu den Puranas religiöse Bestätigung.

Das Kastensystem war der größte Fluch Indiens, gegen den Reformatoren und spirituelle Lehrer lange ihre Stimme erhoben haben. Es ist eine große Errungenschaft, daß die Regierung nach der Unabhängigkeitserklärung Indiens ein Gesetz erlassen hat, durch welches jegliche Schatten des Kastensystems und der Unberührbaren getilgt werden sollen. Wie jedoch ein System, das durch die Schriften gestützt wird, durch die Gesetzsprechung aufgehoben werden soll, können wir nur erahnen, und Klarheit wird nur die Zukunft bringen. Vor über 2500 Jahren hat der Buddha als erster die Stimme auf wirkungsvollste Weise zum Protest gegen diese entmutigende Einrichtung erhoben. Er sagte:

Nicht durch die Geburt
wird ein Mensch zum Aussätzigen.
Nicht durch die Geburt
wird ein Mensch zum Brahmanen.

6. Selbstkasteiung zur Überwindung des Bösen (Santāparambha Pāpahānāya)

Auch die Selbstkasteiung und die Geißelung des Fleisches als Mittel zur spirituellen Befreiung werden im Buddhismus streng verurteilt. Sowohl im Hinduismus als auch im Jainismus wird die Selbstkasteiung als effektives Mittel zum Erlangen von Heil gepredigt. Selbst heute sieht man hinduistische *Nāga*-Asketen mit verfilztem Haar, nacktem, ascheverschmutztem Körper, die unbewegt in der Sommerhitze sitzen, im Winter im eiskalten Flußwasser baden, auf Dornenmatten liegen und ihren Körper verletzen. Oft fasten sie tage- und wochenlang und magern bis auf die Knochen ab. In all diesen Praktiken spiegelt sich ihr Glaube wider, solcherart ihre Seele reinigen und Heil erlangen zu können.

Der Buddha selbst hatte in jungen Jahren solche Dinge getan und viele Asketen in ihrer Ausdauer der Selbstkasteiung übertroffen. Doch er begriff, daß auf diese Art weder der ewige Frieden noch eine wirkliche Freiheit erworben werden können. Im Gegenteil: Diese Maßnahmen machen einen Menschen selbstgerecht und zornig, geistig verwirrt und rastlos. Buddha sagte, sowohl sinnliche Zügellosigkeit als auch Selbstkasteiung führten zu Leid in der Welt. Im Buddhismus heißt es, daß Asketen, *tapas*, ihr eigenes geistiges Potential verbrennen. Selbstdisziplin, nicht Selbstfolter sollen wir üben. Und so steht es im *Dhammapada*:

Na naggacariyā na jaṭā na paṇkā,
nānāsakā thaṇḍilasāyikā vā,
rajo ca jallaṃ ukkuṭikappadhānaṃ,
sodhenti maccuṃ avitiṇṇakaṇkhaṃ.

Nicht Nacktheit, Fasten, Schmutz
noch sonstiges Kastei'n
macht den in Sinnenlust
befang'nen Menschen rein.

DHAMMAPADA, VERS 141

Die gemeinsame Basis

Einige der grundlegenden Unterschiede zwischen dem vedischen System, dem Hinduismus und dem Buddhismus wurden nun beschrieben. Die tieferen metaphysischen und philosophischen Standpunkte können keinerlei Gemeinsamkeiten aufweisen – solch tiefgehende Dinge wie die Vier Edlen Pfade sind die alleinige Entdeckung des Buddha. Dennoch ist es angebracht, die gemeinsame Basis, auf der sich insbesondere der moderne Hinduismus und der Buddhismus treffen, aufzuzeigen.

Der moderne Hinduismus ist unverkennbar dem alten vedischen Autoritarismus entsprungen. Heute ist er allerdings eher ein Konglomerat aus verschiedenen Bekenntnissen und Kulten, Philosophien und Theologien, Bräuchen und Traditionen, genaugenommen eine Mischung aus orthodox-heterodoxen Paradoxen. Über die Jahrhunderte kulturellen, sozialen und religiösen Austauschs wurde der Hinduismus vom Buddhismus, Jainismus und anderen nichtvedischen oder sramanischen Gedankenströmungen bereichert.

Heutzutage haben alle Religionen in Indien – Hinduismus, Buddhismus, Jainismus, Sikkhismus – nachgewiesenermaßen gemeinsame Elemente. Das Christentum und der Islam teilen diese Elemente ebenfalls, doch werden sie nicht den Religionen indischen Ursprungs zugeordnet. Doch gleichgültig, ob sie nun indischen oder anderen Ursprungs sind, alle heutigen Religionen können mit einem Delta verglichen werden, in dem eine Vielfalt von Gedanken und Praktiken zusammenfließen. Beispielsweise ist das Gesetz des Karma ein Charakteristikum, das allen indischen Religionen gemein ist, auch wenn es in jeder eine andere Form hat. Das Karma und seine Folge, die Wiedergeburt, könnten ein Fundament für alle Religionen und philosophischen Systeme bilden.

Dasselbe gilt für das Konzept des *Samsāra*, das Phänomen der Existenz, das Rad des Lebens, die Dimension der Anhaftung. Zudem gibt es das Konzept des *Nibbāna* oder *Moksha*, der spirituellen Befreiung, die dem *Samsāra* gegenübersteht und von allen gleichermaßen als Ideal betrachtet wird, auch wenn spezielle Auslegungen in jeder Religion anders sind.

Weiterhin gibt es die Vorstellung – ursprünglich aus dem Buddhismus –, das Leben als Pfad zu sehen, der eine Verbindung zwischen der weltlichen und der überweltlichen Dimension darstellt, beispielsweise der Pfad von der Unwissenheit zur Erleuchtung, vom Tod zur Unsterblichkeit, aus der Dunkelheit ins Licht. Der Buddhismus lehrt, daß das Leben nicht in getrennte Bereiche unterteilt werden soll, die jeweils für eine andere Facette menschlichen Daseins stehen, wie zum Beispiel das soziale, das wirtschaftliche, das moralische oder das spirituelle Leben. Das Leben ist ein Ganzes, es gibt keine Abtrennung des spirituellen Lebens vom alltäglichen. Alle Facetten sollten integriert und spirituell beeinflußt sein. Dieser praktische Ansatz des Buddhismus, welcher als Edler Achtfaltiger Pfad bezeichnet wird, spricht immer mehr moderne Hindus an.

Gleichzeitig hat sich die Meditation, eine grundlegende spirituelle Praktik des Buddhismus, im Hinduismus etabliert, auch wenn die hinduistischen Meditationen an metaphysische Spekulationen und Glauben geknüpft sind. Im Buddhismus wird die Meditation allein als Technik der Reinigung des Geistes und somit zur Entwicklung von Weisheit verwendet, bar jeglicher metaphysischer Verfeinerungen. Der Buddhismus fördert keine Spekulationen oder Doktrinen im Zusammenhang mit der Meditation, denn auf diese Weise würde der Geist sich nur an Ideologien und Glauben klammern und nicht auf die Wahrheit hören. Unabhängig von den verschiedenen religiösen Ansätzen ist die Meditation ein Mittel zur Selbstdisziplin und Reinigung und kann so eine Basis für den Frieden unter den Religionen bilden.

Kapitel IV

Der Buddha: unser Lehrer

Sukho buddhānaṃ uppādo
sukhā saddhammadesanā,
sukhā saṇghassa sāmaggi,
samaggānaṃ tapo sukho.

Beglückend ist es,
wenn ein Buddha kommt und lehrt
und wenn die Jüngerschaft
in Eintracht sich bewährt.

DHAMMAPADA, VERS 194

Der Buddha hat Geschichte geschrieben, doch er war nicht nur eine historische Figur. Die Bezeichnung Buddha ist ein Ehrentitel, nicht der Name einer Person. In der Vergangenheit hat es bereits viele Buddhas gegeben, und auch in der Zukunft wird es viele Buddhas geben. Ein Buddha ist kein durchschnittlicher Mensch, sondern eine herausragende Persönlichkeit. Er verkörpert die Majestät und die Vollkommenheit höchster Perfektion. Wörtlich bedeutet Buddha ›der Erleuchtete‹ und bezeichnet jemanden, der durch eigene Kraft die Wahrheit gefunden und den Prozeß spiritueller Entwicklung auf den Höhepunkt geführt hat, den er als B*odhisatta* (wörtlich: erleuchtetes Wesen), als zukünftiger Buddha, in der Vergangenheit angestrebt hat.
Die Buddhaschaft ist keine plötzliche Errungenschaft. Zu diesem Gipfel gibt es keine Abkürzung. Allein durch langes, beharrliches und oft schmerzhaftes Streben über unzählige Leben im unendlichen Raum der Zeit ist sie zu erreichen.

Sie ist die Erfüllung zehn entrückter spiritueller Vollkommenheiten, bekannt als *Pāramis.* Diese müssen dreimal erfüllt werden, und zwar in ansteigender Intensität und Dauer. Diese *pāramis* sind:

- Freigebigkeit *(Dāna)*
- Sittlichkeit *(Sīla)*
- Entsagung *(Nekkhamma)*
- Weisheit *(Paṇṇa)*
- Willenskraft *(Viriya)*
- Nachsicht *(Khanti)*
- Wahrhaftigkeit *(Sacca)*
- Entschluß *(Adhiṭṭhāna)*
- Allumfassende Liebe *(Mettā)*
- Gelassenheit *(Upekkhā)*

Sind diese spirituellen Vollkommenheiten perfektioniert, hat ein Mensch die Voraussetzung erfüllt, ein *Arahat* zu werden. Erst dann hat man die erforderliche spirituelle Reife und Stärke erlangt, mittels deren man den letzten Sprung zum Gipfel der *Arahat*schaft wagen kann. Wenn man sich durch den Kontakt mit einem Buddha, seiner Lehre *(Dhamma)* oder seinem heiligen Orden erleuchteter Schüler *(Sangha)* in die Übung von *Vipassanā* stürzt und die erforderlichen S*amādhi,* die meditativen Aufnahmen, sowie die intuitiven Einsichten, die zum überweltlichen Status *(Lokuttara ṇāna)* führen, kultiviert hat, wird man ein erleuchteter Schüler und ist von den Fesseln der Existenz in der Welt der Erscheinungen, *Saṃsāra,* befreit.
Wenn solch eine Ausnahmepersönlichkeit von der spirituellen Erhabenheit des Buddha inspiriert wird und beschließt, ihre persönliche Freiheit aufzugeben, dann unterwirft sie sich der heroischen und strengen Disziplin, die erforderlich ist, um ein Buddha zu werden. In diesem großartigen Moment übermenschlicher Entsagung – einer Vor-

aussetzung für die Buddhaschaft – wird diese Person zum Buddha geweiht und schlägt damit einen einzigartigen Weg ein, den unvergleichlichen Pfad des *Bodhisatta*, eines geweihten zukünftigen Buddhas. Sie wird jahrhundertelang freudig alle Versuchungen und Mühen erdulden, um die *Pāramis* dreimal auf höchster Ebene zu vervollkommnen.

Der Pfad zur Buddhaschaft wird zurecht als einzigartig bezeichnet und erfordert ein hochentwickeltes Wesen, das mit außergewöhnlicher Reife spirituelle Leistungen vollbringen kann. Diese erhabene Mission grenzenlosen Mitgefühls kann nicht von jedermann erfüllt werden. Geblendet von ihrer Lehre, haben jedoch viele buddhistische Meister genau dies getan: Sie haben einen *Bodhisatta* nach dem anderen produziert. Dadurch haben sie die eigentlich außergewöhnliche Leistung nicht nur entwertet, sondern darüber hinaus eine Art arroganter Intoleranz hervorgerufen, die sie auf andere wie auf Wesen niedrigeren Wertes herabsehen läßt.

In ihrer sektiererischen Verblendung und allein dadurch haben sie die *Arahats* als »unterlegen« und den Pfad der Älteren *(Theravāda)*, welcher zur *Arahat*schaft führt, als »geringeren Weg« *(Hīnāyāna)* abgestempelt. Auf Kosten anderer haben sie sich selbst erhöht und gerühmt, Anhänger des »Großen Pfades« *(Mahāyāna)* zu sein, und damit automatisch reihenweise *Bodhisattas* geschaffen. Die Anhänger des *Mahāyāna* sehen auf andere als »Hinayanisten« herab, als seien diese keine Buddhisten und folgten dem falschen Pfad. Dabei bleibt ihnen verborgen, daß viele der sogenannten Hinayanisten gläubig und höchst demütig den Pfad des *Bodhisatta* beschreiten, es nur nicht an die große Glocke hängen.

Es erscheint angemessen, zu untersuchen, wie die zehn *Pāramis* sich in den drei entsprechenden Ordnungen der

Erleuchtung erfüllen: Erleuchtung des *Arahat (Arahatbodhi)*, Erleuchtung des Individuums oder Eremitenbuddha *(Pacceka Bodhi)* und Erleuchtung des Höchsten Erleuchteten Buddha *(Sammāsambodhi)*. Die Vervollkommnungen, in den Worten dieser drei Erleuchtungsformen, sind bekannt als *Pārami* (Perfektion), *Upapārami* (intensivierte Perfektion) und *Paramattha Pārami* (absolute Perfektion).

Die Unterscheidung zwischen den Formen der Perfektion läßt sich wie folgt erklären: Während *Dāna Pārami* bedeutet, daß man leichten Herzens alle weltlichen Güter aufgibt, verstehen wir unter *Dāna Upapārami*, daß man auch Teile seines lebenden Körpers opfert, und unter *Dāna Paramattha Pārami* das Aufgeben nicht nur der weltlichen Güter und des Körpers, sondern darüber hinaus des Lebens selbst. Die Handlungen des *Bodhisatta* zur Erfüllung des *Dāna Paramattha Pārami* sind heroische Taten bis hin zur absoluten Selbstaufopferung, Hingabe und Weisheit. Buddhaschaft ist eine Mischung all dieser intensiven und dauerhaften Disziplinen des *Bodhisatta*, die man freiwillig, bewußt und freudig durch mehrere Leben hindurch auf sich nimmt.

Hinsichtlich der Erkenntnis *(Saccikarana)* von *Nibbāna*, der überweltlichen Dimension der Freiheit, gibt es keinen Unterschied zwischen der Freiheit eines Buddha, des *Pacceka*-Buddha oder des *Arahat*. Ein Apfel schmeckt immer gleich, egal ob ihn ein König ißt oder sein Untertan. Die Qualität der Freiheit ist also für jeden identisch. Was jedoch Macht und die Fähigkeit, in der Welt etwas zu verbessern, angeht, ist der Buddha unvergleichlich.

Der *Arahat* hat alle Einsichten, alles Wissen und alle Macht, sich selbst und andere mit Hilfe des *Dhamma* zu befreien. Der *Pacceka*-Buddha hat ohne fremde Hilfe zur Erleuchtung gefunden. Denn der *Dhamma* existierte zum Zeitpunkt seiner Entstehung noch gar nicht. Er hat zwar selbst die Erleuchtung erlangt, kann jedoch andere nicht erleuchten. Dennoch hilft er in der Welt, indem er *Sīla,* Tugend, und *Samādhi,* die meditative Konzentration, lehrt. So erhält er die moralische Ordnung und die Zivilisation aufrecht. Im Himalaya trifft man auf viele *Pacceka*-Buddhas.

Als Höchster Erleuchteter hat der Buddha die absolute Macht: Er weiß um Vergangenheit, Gegenwart und Zukunft; sein grenzenloses Mitgefühl und seine unendliche Weisheit machen ihn allmächtig, allwissend und einzigartig. Aus diesem Grunde ist er nicht nur ein Lehrer der Menschen, sondern auch der Götter. Er ist der Erleuchtete (Buddha) und der Retter der drei Welten *(Tilokanātha)* und deshalb der Gesegnete, *Bhagavā.*

Der *Arahat* erlangt die Befreiung seiner selbst durch den *Dhamma* eines Buddha. Der *Pacceka*-Buddha erreicht die seine durch sich selbst. Der Höchste Erleuchtete Buddha erkennt allein, ohne die Hilfe anderer, die Wahrheit und erlangt die Freiheit. Da er sich selbst zur Erleuchtung geführt hat, kann er auch unzähligen anderen zur Erleuchtung verhelfen. Aus diesem Grunde wird der Buddha auch als Wahrheitsfinder *(Tathāgata),* Wegweiser *(Sugata),* Eroberer *(Sambuddha),* Selbstwerder *(Swayambhu)* und Allwissender *(Sabbaññu)* bezeichnet. Seit der Buddha den Gipfel der Spiritualität zum ersten Mal erreicht hat und anderen damit ein Vorbild war, wurde er auch als der Sieger *(Jina)* betitelt.

So wie die Sonne sich selbst und die Welt erleuchtet, so ist auch der Buddha – die spirituelle Sonne – nicht nur ein Erleuchteter, sondern auch ein Erleuchtender. In Hunderten von Leben hat er dreimal die zehn erhabenen spirituellen Tugenden perfektioniert. So trägt er die Erleuchtung weiter und wird der Gesegnete, der Retter *(Bhagavā Lokanātho).*

Gotama Buddha wurde im Jahre 623 v. Chr. in einer Vollmondnacht im Mai im Lumbini-Hain geboren. Dieser Hain lag nahe Kapilavatthu, der Hauptstadt des *Sakyan*-Königreichs, welches sich am Fuße des Himalayagebirges befand (im Gebiet des heutigen Uttar Pradesh und Nepal). Die Stelle ist heute durch eine weithin bekannte Säule gekennzeichnet, welche der Herrscher Ashoka errichten ließ. Sie trägt die Inschrift »*hida buddha jāte sākyamuni* – Der Buddha, der Weise der *Sakya*, wurde hier geboren.«

Die Eltern des Buddha waren König *Suddhodana* und Königin *Mahā Mayā,* die beide für ihre Frömmigkeit, ihr vorbildliches Verhalten und ihre Gutherzigkeit bekannt waren. Es wird erzählt, daß Königin *Mahā Mayā* am Tag von Buddhas Zeugung träumte, sie sei von Devas in das Herz des Himalayas getragen worden, wo sie im heiligen [See] *Mānasasarovara* gebadet und dann auf einem Sofa in einem goldenen Haus geruht habe. Sie sei dann von einem sonderbaren weißen Elefantenbaby besucht worden, das in seinem Rüssel einen Lotus trug. Am folgenden Tag sagten die Palastastrologen voraus, daß sie ein heiliges Wesen empfangen habe, welches dazu bestimmt sei, »Lehrer der Götter und Menschen« zu werden.

Im zehnten Monat, als die Königin gerade auf der Reise zu ihrer Mutter ins Königreich der Koliya unterwegs war, wurde der Prinz unter viel Jubel im Schatten eines blühenden *Sāla*-Baumes im Lumbini-Hain geboren. Sieben Tage nach der Geburt ihres Sohnes verschied die Königin, und der Buddha wurde von seiner Stiefmutter, *Pajāpati Gotami*, genährt, die später die erste Nonne im *Bhikkhuni Sangha* wurde.

Gemäß der königlichen Tradition lud König *Suddhodana* berühmte Meister der Astrologie ein, die dem Thronfolger, Prinz *Siddhatta Gotama*, die Zukunft voraussagen sollten. An dem vereinbarten Tag versammelten sich diese hohen Gelehrten und verkündeten einstimmig, das königliche Baby sei kein gewöhnlicher Prinz. Sieben der acht Astrologen sagten vorher, daß er entweder ein welterobernder Monarch oder ein erleuchteter Buddha, ein spiritueller Monarch, sein werde. Der achte, *Konañña,* der später sein erster erleuchteter Schüler und angehender Buddha wurde, weissagte, er würde ein Buddha werden.

Der König fragte die weisen Männer: »Welche Umstände braucht das Kind, um entweder ein Monarch oder ein Buddha zu werden?« Alle Weisen stimmten darin überein, daß eine Ausbildung in allen Bereichen am günstigsten sei, einschließlich der Kampfkünste und der Administration. Vier Anblicke würden den Prinzen zu seinem Entwicklungsziel führen: der Anblick eines alten Menschen, der eines kranken Menschen, der eines Leichnams und der eines Mönches. Der König traf sogleich Vorkehrungen, auf daß der Prinz diese vier Anblicke niemals ertragen sollte, und bestimmte, daß sein Sohn in allem erdenklichen Reichtum aufwachsen solle.

Als *Siddhattha* sieben Jahre alt war, wohnte er dem alljährlichen Pflugfest bei, bei dem der König selbst die Ochsen steuerte, die den ersten, einen goldenen, Pflug zogen. *Siddhattha* saß im Schatten eines Jambu-Baums und sah, wie die kleinen Vögel die Würmer vertilgten, die durch die aufgepflügte Erde ans Licht kamen, und wie die Adler wiederum über den kleinen Vögeln kreisten. Die Grausamkeit des Lebens, das auf dem Nehmen anderen Lebens beruht, machte ihn betroffen. Er versank in tiefe Kontemplation. Stunden vergingen, und als die Festlichkeiten nachmittags schließlich beendet waren, war das Kind in *Samādhi* versunken. Der Schatten des Jambu-Baums lag immer noch auf ihm, obgleich die Schatten der anderen Bäume mit der Sonne gewandert waren. Voller Ehrfurcht vor diesem übernatürlichen Phänomen warf sich der König seinem Sohn zu Füßen.

Von Anfang an neidete *Devadatta*, ein Cousin *Siddhatthas*, diesem die Zuwendung, die er von allen Seiten bekam. Eines Tages, der Prinz war acht Jahre alt, fiel neben ihm ein

Schwan aus der Luft zu Boden, dessen Flügel von einem Pfeil durchbohrt war. *Siddhattha* kniete sich hin, hob den Vogel auf und streichelte ihn sanft. Er erbarmte sich des Tieres, zog vorsichtig den Pfeil aus der Wunde und bedeckte diese mit Heilkräutern. Als der Junge den Vogel heilsam versorgte, näherte sich *Devadatta* hochmütig und forderte den Vogel als seinen Besitz: »Ich habe ihn heruntergeholt, also gehört er mir.« – »Wer zerstört, dem gehört gar nichts. Aber wer schützt, dem gehört alles«, war die bestimmte Antwort des Prinzen. Der Fall wurde vor den König gebracht, der den Staatsrat einberief. Die gelehrten Ratsherren bestimmten einmütig, daß allein der Retter den Vogel besitze. Der Sieger [Buddha] hatte seine erste Schlacht geschlagen – die Liebe siegte über den Haß.

Prinz *Siddhattha* wuchs inmitten von extravagantem Luxus auf und erhielt das beste Training in den Kampfkünsten und anderen Fertigkeiten. Bis zum Alter von sechzehn konnte sich niemand mit ihm messen, und er eroberte so mit Leichtigkeit die Hand der begehrtesten Prinzessin dieser Zeit, Prinzessin *Yashodharās* aus dem *Koliya*-Königreich. Der König hatte seinem Sohn drei Paläste errichtet, um sicherzustellen, daß er die sinnlichen Freuden studieren und genießen konnte. Bis zum Alter von 29 Jahren kannte Prinz *Siddhattha Gotama* nur Vergnügungen und Zerstreuungen verschiedenster Arten, die für »die schönen Dinge des Lebens« gehalten wurden. Ein Reigen schöner Mädchen umgab ihn mit Musik und Tanz, Athleten und Verteidigungsspezialisten bildeten ihn sportlich und in der Kriegsführung aus.

Eine seiner Vergnügungen bestand darin, daß er durch die Stadt zum königlichen Park fuhr, der sich viele Kilometer vom Palast entfernt befand. Auf einer dieser Fahrten sah er einen vom Alter gebeugten Mann und bat seinen Kutscher, ihm diese fremde und beängstigende Erscheinung zu erklären. Als er erfuhr, daß dies ein alter Mann war und daß eines Tages ein jeder alt würde, kehrte *Siddhattha* schockiert und traurig in den Palast zurück.

Bei drei weiteren Gelegenheiten begegnete er hilflosen Menschen, sah einen Kranken, einen Toten und schließlich einen gläubigen Mönch. Diese vier Erlebnisse verunsicherten den Prinzen. Mit einemmal war er davon besessen, das Rätsel des Lebens zu lösen, d.h. die Frage, woher das Leben kommt und wohin es geht und zu welchem Ende das endlose Kommen und Gehen führen mochte.

Eines Abends, während er von den Palastschönheiten unterhalten wurde, schlief er ein. Mitten in der Nacht erwachte er, und als sein Blick so umherstreifte, fand er die sonst so bezaubernden Damen halbnackt und in häßlichen Positionen – manche schnarchten, machten Geräusche, und manchen tropfte der Speichel aus dem Mund. Dieser Anblick stieß ihn so sehr ab, daß er sich entschloß, dem weltlichen Leben zu entsagen.

Zurück in seinem Gemach, betrachtete er seine schlafende Gattin und seinen kleinen Sohn. Dessen Geburt vor wenigen Tagen hatte so zwiespältige Gefühle in ihm geweckt, daß er ihn *Rahūla,* die Fessel, genannt hatte. Er wandte sich ab, nahm Pferd und Wagen und verließ den Palast, während alles schlief. Hinter der Landesgrenze schnitt sich *Bodhisatta Siddhattha* das Haar und den Bart ab und begab sich, in eine Kutte gehüllt, auf die Suche nach der Wahrheit.

Auf seiner Wanderung verweilte er auch in den Ashrams von zwei sehr berühmten und verehrten Weisen, *Kālāma* und *Rāmaputta.* Rasch hatte er sich das Wissen und die Fähigkeiten der beiden angeeignet. Unter ihrer Führung konnte er sich nicht weiter entwickeln, also verließ er sie und ging nach *Rājagaha,* der Hauptstadt des Reiches von *Magādhā.* Dort zog er bald die Aufmerksamkeit der Menschen auf sich, die sein edles Verhalten und sein Einschreiten bei einem Tieropfer in einem Tempel bewunderten. König *Bimbisāra* war so beeindruckt, daß er dem *Bodhisatta* sein halbes Königreich und die Hand seiner Tochter anbot, doch der Prinz wies beides sehr höflich zurück. Die Achtung des Königs für den Prinzen wuchs durch diese höfliche Bescheidenheit, und er rang ihm das Versprechen ab, nach Beendigung seiner Suche nach der Wahrheit zu ihm zurückzukehren.

Von *Rājagaha* wandte sich *Siddhattha* in Richtung der dichten Wälder von *Uruvela* (dem heutigen *Bodhgaya*) an den Ufern des Flusses *Nerañjarā* und unterwarf sich strengen Strafen. Er, der alle Freuden des Luxus erlebt hatte, orientierte sich nun am anderen Extrem. Sechs lange Jahre demütigte er sich aufs äußerste. Fünf Asketen schlossen sich ihm an und wurden seine Schüler. Der Prinz blieb sommers den ganzen Tag in der Hitze sitzen ebenso wie winters in den eisigkalten Nächten. Er lebte von Wurzeln, Kräutern und den Exkrementen wilder Tiere. Da er sich nicht mehr wusch, bildete sich eine Schmutzschicht auf seinem Körper, die er so lange trug, bis sie von selbst abfiel. Er schlief auf den Friedhöfen zwischen den verwesenden Leichnamen und trug verfilzte Zöpfe.

In späteren Jahren berichtete er seinem bedeutendsten Schüler: »Meine Glieder glichen verknoteten, verwitterten Tauen, meine Flanken waren eingefallen wie die Hufe eines Büffels, mein Rückgrat war wie eine Perlenkette, meine Rippen stachen hervor, meine Augen glühten tief in ihren Höhlen und glichen unergründlichen Seen, meine Kopfhaut runzelte sich gleich einem schrumpfenden Kürbis. All dies, nur weil ich aufgehört hatte zu essen. Mein Körper glich einem wandelnden Skelett. Wenn ich meinen Bauch berührte, konnte ich mein Rückgrat fühlen, und wenn ich meinen Rücken berührte, konnte ich meine Bauchdecke fühlen. So nah beieinander waren die beiden. Wenn ich meine Glieder rieb, um ihre Durchblutung anzuregen, dann fielen die abgestorbenen Haare von meinem Körper ab; und wenn ich mein Geschäft verrichten wollte, fiel ich vor Erschöpfung beinahe vornüber.«

Als der Buddha eines Tages auf einem Ziegenpfad im Wald in Ohnmacht fiel, erkannte er die Sinnlosigkeit solch extremer Praktiken. Die Abgeschiedenheit machte ihn nur schwächer und krank, und er hatte noch keinen noch so winzigen Blick auf die Wahrheit getan, die er doch suchte. Also nahm er langsam wieder normale Nahrung auf und folgte einem gemäßigteren Weg.

Er erholte sich bald und gewann seine Gesundheit und seine aufrechte Haltung zurück. Als er wieder Nahrung zu sich nahm, wunderten sich die fünf Asketen in seiner Gesellschaft und fragten sich, ob der Asket *Gotama* in seinen alten luxuriösen Lebenswandel zurückfiele. Schließlich entschieden sie sich, ihn zu ignorieren, bis er auf den rechten Pfad zurückfände, womit sie die körperliche Selbsterniedrigung meinten. Sie wanderten von Ort zu Ort und blieben schließlich im Heiligtum bei *Isipatana* in der Nähe von *Bārānasi.*

Der *Bodhisatta* hatte sein Ziel, den spirituellen Gipfel, nicht aus den Augen verloren, und so begab er sich in die Einsamkeit des Waldes und meditierte. Am Vollmondtag von *Vesākha* kehrte er, nachdem er eine Schüssel Milchreis von der Dame *Sujātā* angenommen hatte, unter einen Bodhi-Baum zurück. Er richtete sich eine Sitzstelle aus Riedgras, setzte sich darauf und schwor: »Lasse meine Haut welken, meine Sehnen und Knochen vertrocknen, ebenso mein Fleisch und Blut, doch ich werde in dieser Position verharren, bis ich die höchste Erleuchtung gefunden habe.«

An diesem besonderen Maiabend ging der volle Mond in all seiner Pracht am Osthimmel auf, und am Westhimmel sank die Sonne wie ein leuchtendroter Ball hinab. In diesem atemberaubenden Augenblick überwand der *Bodhisatta Māra,* das Böse, wie lebendig in den Tipitaka-Texten beschrieben wird. Dann fiel er in *Samādhi* und bereitete seinen Geist auf den letzten Schritt zum spirituellen Gipfel vor.

In der ersten Nachtwache erinnerte er sich bis in die kleinsten Details an die Hunderttausende von vergangenen Leben, die er bereits hinter sich hatte, in den verschiedenen Daseinsstufen.

In der zweiten Nachtwache erlangte er das übernatürliche göttliche Sehen. Wie einer, der auf einem Hügel sitzt und so die Menschen im Tal von oben überblicken kann, sah er nun durch die Leben zahlloser Wesen, während er im *Samsāra* wandelte. Er erkannte, wie sie entsprechend ihrem Karma, ihrem Geist, ihrem Denken, Reden und Handeln ziellos und ewig durch die verschiedenen Ebenen der Existenz drifteten.

In der dritten Nachtwache entwickelte er die übernatürliche Einsicht in das Überwinden geistiger Verirrungen, die da wären: körperliche Begierde, der Wunsch nach ewigem Leben, falsche Ansichten und Irrglaube. Mit diesem intuitiven Wissen wurde er zum *Arahat*, einem Vollkommenen. Indem er seinen Errungenschaften Rechnung trug, erlangte er höchste Erleuchtung und wurde der Buddha, der Gesegnete. Nun war er nicht nur ein Befreiter, sondern er konnte auch unzählige Wesen befreien. Er wurde der *Swayambhu,* der Selbstschöpfer, der *Sambuddha,* der Entdecker der Wahrheit. Zu diesem Zeitpunkt war er fünfunddreißig Jahre alt.

Das Konzept des *Swayambhu* hat nicht seinesgleichen. Als Entdecker der Vier Edlen Wahrheiten und somit als Höchster Erleuchteter konnte dem Buddha niemand das Wasser reichen. Ganz ohne Hilfe hatte er seine Entdeckungen gemacht und seine Meisterschaft allein durch seine unver-

gleichliche, erstmalige und einzigartige Vollkommenheit erlangt.
Diese unvergleichliche Stufe von Buddhaschaft erwachte in einem anderen einzigartigen Augenblick, als der Mond sank und den Westhimmel in volles Gold tauchte, während die gleißende Sonnenscheibe am Osthimmel emporwanderte. Den größten Dichtern würde es nicht gelingen, dieses Schauspiel in seiner Großartigkeit zu beschreiben, das sich vollzog, als der Buddha die Fähigkeit erlangte, Menschen und Götter aus dem Dunkel ins Licht zu führen. Das Bild der aufgehenden Sonne als Symbol der aufsteigenden spirituellen Sonne wurde durch die Jahrhunderte von zahllosen *Arahats* als Ausdruck ihrer eigenen spirituellen Erkenntnis genutzt. Sie allein können die wahre Bedeutung der Leistungen des Vollkommenen erahnen, welcher der Gründer der Gemeinschaft der vollkommenen Heiligen *(Arahats)* ist.
In seiner Freude über die gewonnene Freiheit brach es aus dem Buddha hervor:

Durch viele Geburten in *Samsāra,*
bin ich fort und fort geeilt,
vergeblich suchte ich den Schöpfer
dieses Hauses namens Leben.
Schmerzhaft sind diese Geburten!
Oh, Schöpfer, dich sehe ich!
Dies Haus baust du nicht noch einmal,
denn deine Balken sind gebrochen,
und dein First ist zerschmettert!
Mein Geist ist frei,
das Ende des Strebens habe ich erreicht!

Dann fiel der Gesegnete in *Samādhi* zurück. Sieben Wochen verweilte er unter dem Bodhi-Baum und in dessen Umgebung und erfreute sich seiner Freiheit.

Der erste Gedanke des Buddha nach der Erleuchtung war: »Wem soll ich den *Dhamma* lehren, der so tief ist?« Und ihm fielen die fünf Asketen ein, die ihm in seiner Geißelungsphase Gesellschaft geleistet hatten, und befand sie für würdig, den *Dhamma* zu erhalten. So zog er aus in den Park bei *Bārānasi* und fand auch bald den Ort, an dem sie verweilten.
Als sie den Buddha erblickten, sagten sich die Asketen: »Schaut, der Einsiedler *Gotama* naht. Wir wollen uns nicht erheben, wenn er kommt, aber wir sollten ihm einen Platz weisen.« Als der Buddha herantrat, konnten sie jedoch nicht an ihrem Beschluß festhalten. Zunächst waren sie skeptisch, doch der Buddha sprach: »Mönche, der *Tathāgata* hat *Nibbāna* erkannt. Auch ihr könnt das. Öffnet eure Ohren für den *Dhamma.*« Also erhoben sie sich, boten sich an, dem Buddha die Füße zu waschen, und ehrten ihn mit einem erhöhten Sitz, um sich anschließend zu seinen Füßen niederzulassen und seinen Worten zu lauschen.
Dann leitete er die Predigt »Das Rad der Wahrheit in Bewegung setzen« ein, um die Grundlagen seiner Erkenntnis zu vermitteln: den Mittleren Pfad, den Edlen Achtfachen Pfad, die Vier Edlen Wahrheiten und das Gesetz der Abhängigen Entstehung. Die Asketen erfuhren eine spirituelle Transformation und wurden unter Buddhas Anleitung *Arahats*, Heilige. Sie waren die ersten fünf Schüler einer Bewegung, welche die Welt veränderte.
Der Buddha blieb über die Regenzeit für drei Monate in *Isipatana* (dem heutigen Sarnath) und lehrte in dieser Zeit viele Menschen die Wahrheit. Darunter war auch *Yasa*, der zügellose Sohn eines reichen Kaufmannes. Als er die Wahrheit des *Dhamma* verstanden hatte, machte er eine spirituelle Wandlung durch und wurde bald ein *Arahat.* Diese Verwandlung von einem Lebemann in einen Heiligen erregte die Aufmerksamkeit der Öffentlichkeit, und fünfundvierzig

von *Yasas* früheren Kameraden, alle aus edlen Familien, baten um Ordination und wurden *Arahats*.

Am Ende der Regenzeit hatte der Buddha sechzig heilige Schüler gewonnen. Er sprach zu ihnen: »Mönche, ihr seid befreit von allen weltlichen Fesseln, danket dem edlen *Dhamma* für das Gute, und bittet um Wohlergehen für die vielen. Und nun möge nicht mehr als einer in dieselbe Richtung gehen.«

Er selbst ging nach *Rājagaha,* um dem König *Bimbisāra* von seiner Entdeckung des *Dhamma* zu berichten, wie er es versprochen hatte. Unterwegs unterrichtete er dreißig junge Prinzen, die *Bhikkhus* wurden und begab sich dann nach *Uruvela* Bodhagaya. Dort lehrte er tausend *Jaṭilas* – feuererprobten Asketen mit verfilztem Haar – den *Dhamma*. Nach der Ordination wurden auch sie zu *Arahats*.

In *Rājagaha* waren König *Bimbisāra* und eine große Gruppe wichtiger Stadtbürger so beeindruckt von der tiefen Lehre des Buddha, daß sie ergebene Anhänger wurden. Der dankbare König schenkte ihm ein großes Stück Land, auf dem heute *Veluvana*, das Bambushain-Kloster, steht. Meditationshütten, Gartenhäuser, Hallen und anderes machten sie zu einem wichtigen Lehrzentrum des *Dhamma*.

Auf des Buddhas Reise durch Indien entstanden noch viele weitere Klöster für den heiligen Orden. Das *Jetavana*- und das *Pubbārāma*-Kloster in *Sāvatthi* wurden von dem millionenschweren Kaufmann *Anāthapiṇḍika* und der edlen Dame *Visākhā* errichtet. Die Ruinen der Klöster *Ghositārāma* von *Kosambi* (nahe dem heutigen Allahabad), *Vālukārāma* von *Vesali* und *Mūlagandhakuti Vihāra* von *Bārānasi* wurden kürzlich vom Indischen Archäologischen Institut ausgehoben, wobei die wunderbaren Formen schlichter Perfektion zutage traten. Selbst in unserer rastlosen Zeit wohnt diesem Ort eine Ruhe inne, die sicherlich die Erklärung für den großen Ansturm von Touristen jedes Jahr ist.

Fünfundvierzig Jahre lang wanderte der Buddha von Ort zu Ort und verbreitete unermüdlich den *Dhamma* unter den Menschen. Im Alter von achtzig Jahren begab er sich auf seine letzte Reise von *Rājagaha* nach *Kusināra,* wo er seinen letzten Atemzug tat. Der Gesegnete hatte dieses Ereignis bereits sechs Monate zuvor vorhergesehen. Als sein Ende nahte, legte sich der Buddha unter den Zwillings-*Sāla*-Baum und widmete bis zu allerletzt seine Kraft seinen Schülern, indem er nicht aufhörte, sie den *Dhamma* zu lehren. Er nahm sogar die Mühe auf sich, einen Asketen in die Reihen des heiligen *Sangha* einzuweisen, als er ganz kurz vor dem Tode stand. Sein letzter Ausruf war: »Sehet, meine Schüler! Ich ermahne euch: Alle, die Bedingungen unterworfen sind, können verändert werden. Übt euch im Eifer!« Der Meister verschied, während sein Geist konzentriert auf den Vollmond gerichtet war.

Es ist einzigartig in der Geschichte, daß sich drei große Ereignisse – die Geburt des Buddha, seine Erleuchtung und sein Tod – unter den schattenspendenden Zweigen eines uralten Baumes am *Vesākha*-Vollmondtag ereigneten. Der Baum symbolisiert Schönheit, Frieden und Großzügigkeit. Und diese prägten auch das Leben des Buddha!

Kapitel V

Das Bodhisatta-Ideal

Bodhisatta Sumedha Paṇḍita

Die Geschichte des *Bodhisatta Sumedha Paṇḍita* findet sich in der *Jātaka*-Literatur, einem Teil der heiligen buddhistischen *Pāli*-Texte, bekannt als Tipitaka. Die *Jātaka* beinhaltet 552 Geschichten über die vergangenen Leben des Buddha als B*odhisatta.* Die Einleitung in die *Jātaka,* bekannt als *Nidāna,* enthält die Geschichte von *Sumedhas* Leben. Die *Nidāna* wird in drei Teile untergliedert: *Dūre Nidāna, Avidūre Nidāna* und *Santike Nidāna.*

1. *Dūre Nidāna* beinhaltet die Geschichte des *Sumedha Paṇḍita* in seiner Jugend, wie er Buddha *Dīpaṅkara* traf und beschloß, ebenfalls ein Buddha zu werden. Gleichzeitig finden wir hier die fünf Vollkommenheiten, *Pāramis,* die zum Erlangen der Erleuchtung unabdingbar sind. Zudem stehen hier die 552 *Jātakas,* Geschichten von den *Bodhisatta*-Leben des Buddha, in denen er dreißig *Pāramis,* d.h. zehn *Pāramis* je dreimal, perfektionierte.

2. *Avidūre Nidāna* enthält die Geschichte des Prinzen *Siddhattha Gotama,* des späteren Buddha **G***otama.* Es beginnt damit, wie der König von *Tusita, Seta Ketu,* sich entschied, auf der menschlichen Ebene als Prinz *Siddhattha,* Sohn des Königs *Suddhodana* des Sa*kya*-Königreiches, geboren zu werden. In Folge wird das Leben des *Siddhattha* G*otama* bis zu dem Zeitpunkt beschrieben, da er der Buddha *Gotama* wurde.

3. In *Santike Nidāna* wird vom Leben und den Lehren des Buddha erzählt. Fünfundvierzig Jahre der spirituellen Mission als Wahrheitsträger, *Tathāgata*-Buddha, sind hier nachzulesen.

Stufe I

Leben und Mission des *Sumedha Paṇḍita* reichen bis in die graue Vorzeit von vier *Asaṇkheyyas* und einhunderttausend Äonen beziehungsweise *Kappas* zurück. Der Buddha stammte von einer sehr alten, reichen brahmanischen Landherrenfamilie ab, welche über ein kleines Fürstentum herrschte. Da sein Wohnsitz in der Stadt *Amarāvati* lag, erhielt er bis zu seinem sechzehnten Lebensjahr die beste Erziehung. Er war intelligent und wurde von Lehrern wie Mitschülern sehr geschätzt. Mit sechzehn, als seine Ausbildung noch nicht abgeschlossen war, starben überraschend seine Eltern.

Dieses traurige Erlebnis bewirkte, daß er intensiv über den Sinn des Lebens nachsann. Bei seiner Rückkehr nach Hause wurde er das Familienoberhaupt und zum Herrscher über das Fürstentum. Sein Verwalter trug ihm vor, wie reich er war und was er alles besaß. Er sagte: »Nun seid Ihr der Besitzer dieses unermeßlichen Reichtums, der seit sieben Generationen im Besitze Eurer Familie ist, sowohl von seiten Eurer Mutter als auch von seiten Eures Vaters. Dazu kommen noch Eure eigenen vierzehn Schatzkisten, gefüllt mit Gold, Silber und Juwelen, und die Ländereien.« Der Verwalter führte ihn zu den Schatzkisten, auf daß er sich selbst überzeugte.

Als einziger Sohn und nun Besitzer solcher Reichtümer dachte der junge Mann lange über die wahren Reichtümer nach, solche nämlich, die man nach dem Tode mit sich nähme. Er machte sich bewußt, daß seine Mutter, sein

Vater und all seine Vorfahren über sieben Generationen Reichtümer angesammelt hatten, und sie hatten sie zurücklassen müssen, als sie starben.

Mehrere Tage war er tief in Gedanken versunken und suchte nach der Lösung des Lebensrätsels. Er durchschaute die undurchdringliche Natur aller Dinge, einschließlich des Lebens und der überweltlichen Dinge. Auch fragte er sich, ob es einen Weg gebe, all seinen Besitz nach seinem Tode mitzunehmen. Er beschloß, sich von dem Bösen der Welt zu emanzipieren. Nachdem er sich aus der Kontemplation erhoben hatte, rief er seinen Verwalter zu sich und sprach:

»Meine Eltern und Vorfahren konnten ihre Reichtümer nicht mit in den Tod nehmen. Ich gedenke, sie mit mir zu führen, wenn meine Zeit kommt. Allerdings in verdichteter Form. Ich werde teilen und durch mein Teilen mit denen, die bedürftig sind, werde ich spirituelles Verdienst erlangen. Reichtum und Armut bleiben, wenn wir diese Welt verlassen, aber das spirituelle Verdienst *(Puñña)*, das aus *Dāna* entsteht, begleitet uns in den Tod. Indem ich alles aufgebe, werde ich alles erlangen. Lasse also eine öffentliche Verkündigung mit Trommelschlag ausrufen, daß ein jeder, der etwas braucht, um im Leben glücklich zu sein, kommen möge. Trage jedoch Sorge dafür, daß nur die Bedürftigen etwas bekommen und nicht die, welche nur ihren Reichtum vergrößern möchten.«

So geschah es. Die Verkündigung wurde verbreitet. Menschen aus dem ganzen Fürstentum und von jenseits des Reiches stürmten zum Herrenhaus und erhielten, was sie brauchten, sofern sie einen guten Grund dafür angaben.

Sumedha wies eine Gruppe seiner Offiziellen an, all seinen Besitz weise aufzuteilen. Es dauerte sehr lange, bis die Reichtümer aller vierzehn Schatzkisten weggegeben waren. Für die Großzügigkeit und die Weisheit, die er gezeigt hatte, erhielt *Sumedha* nun den Namen *Sumedha Paṇḍita, Sumedha* der Weise.

Als er von Menschen hohen Rangs in *Amarāvati* gefragt wurde, warum er alles fortgegeben habe, antwortete er: »Wohin ich auch schaue, sehe ich, daß das Leben von Leid erfüllt ist. Von der Geburt bis zum Tode erleben wir unvermeidlich Leid. Der Grund dafür ist das Streben nach Besitz und Reichtümern, um uns das Leben zu versüßen. Das Leben jedoch ist vergänglich. Ich erkenne aber, daß neben dem Schlechten der Gier in uns auch das Gute wohnt, welches die Gier überwindet. Und so«, fuhr er fort, »gibt es in dieser Welt der Gegensätze, da es Hitze gibt und auch Kälte, ebenso neben dem Schlechten das Gute. Und wenn es das Leid gibt, so muß es auch den Zustand der Leidensfreiheit geben, *Nibbāna*.«

Als all sein Besitz unter dem Volk verteilt war, bat er seine Ratgeber, einen weisen Fürsten für sein Reich auszuwählen, der seinem Volke Glück und Frieden brächte. Sobald dieser Fürst von Rat und Volk gemeinsam berufen worden war, übergab *Sumedha* ihm die Macht über sein Reich. Er hatte nun seine Position und seine Besitztümer abgegeben, kleidete sich in eine Kutte und begab sich in den Himalaya in die abgelegene Gegend, welche als *Dhammika*-Berg bekannt ist, um dort zu meditieren und seine spirituelle Entwicklung voranzutreiben.

Stufe II

Nachdem *Sumedha* dem weltlichen Leben abgeschworen hatte, widmete er sich auf dem *Dhammika*-Berg der Meditation und dem spirituellen Leben. Wegen dieser außergewöhnlichen und ehrenwerten Tat des *Sumedha* leuchtete der gelbe Edelsteinsitz des Gottes *Sakka* auf. Als er mit seinem gött-

lichen Auge nach dem Grund schaute, erkannte er die große spirituelle Tat und verstand, daß ein großes Wesen erschienen war, um der Welt Gutes zu tun.
Sakka dachte: ›Ich muß ihm helfen‹, und rief seinen himmlischen Baumeister, den Gott *Vissakamma*. Er berichtete ihm, daß *Sumedha Paṇḍita* durch seine Entsagung ein großes Opfer gebracht hatte. Er befand sich in diesem Augenblick als Asket auf dem Weg in den Himalaya, um dort ein heiliges Leben zu führen. *Sakka* hieß *Vissakamma*, sich dorthin zu begeben und eine Einsiedelei zu errichten, in der es sich angenehm leben ließe, einschließlich eines Wandelgangs für die Gehmeditation.
Vissakamma tat, wie ihm geheißen, wählte einen guten Ort und errichtete eine Einsiedelei mitsamt einem Weg. Als *Sumedha Paṇḍita* den *Dhammika*-Berg erreicht hatte, erblickte er die Einsiedelei mit allen Annehmlichkeiten und beschloß, in dieser ungestörten Stille die Meditation zu üben. Um sich dem spirituellen Leben voller Kraft zu widmen, machte er zunächst ein paar asketische Übungen, wie die Meditation im Stehen, Laufen und Sitzen, nicht jedoch im Liegen. Bald schon erlangte er durch seine Anstrengungen übermenschliche Kräfte. Er entwickelte die acht *Jhānas* und die fünf *Abhiññas.*
Nachdem er diese Aufgaben mit Leichtigkeit und in kürzester Zeit bewältigt hatte, dachte er lange über die landschaftliche Schönheit und die Annehmlichkeiten der Einsiedelei nach. Dann sagte er zu sich selbst: ›Ich habe meine Besitztümer aufgegeben, da ich die Gefahr erkannte, die ein luxuriöses Leben birgt. Die Einsiedelei und ihre Umgebung sind so schön und behaglich. Wenn ich mein Herz daran gehängt habe und an diesem neuen Besitz festhalte, werde ich dadurch meine spirituelle Entwicklung verhindern und Opfer des Leids, welches durch Gebundenheit entsteht.‹
Also beschloß er, die *Dhammika*-Einsiedelei zu verlassen und

eine Höhle oder einen Baum zu suchen, in beziehungsweise unter dem er frei wie ein Vogel leben könnte. Am dichtbewaldeten Abhang des Berges fand er viele geeignete Höhlen und Bäume. An jedem Ort verweilte er einen Tag und nährte sich von den Früchten der Bäume und des Waldes. Gelegentlich wanderte er in die Dörfer und kleinen Städte am Fuße des Himalaya. Dies tat er mit Hilfe seiner übermenschlichen Fähigkeit, durch den Raum zu fliegen.

Stufe III

Eines Tages erblickte er auf dem Rückflug von einem seiner Ausflüge eine große Menschenmenge, die an einer Straße in die Stadt arbeitete. Unbemerkt landete er und fragte ein paar Menschen: »Was tut ihr hier auf der Straße in die Stadt? Bereitet ihr euch auf ein Fest vor?« Ein wichtig aussehender Mann antwortete: »Der *Dīpaṅkara* Buddha ist in der Welt erschienen. Wir richten diese Straße, um ihn und seine Schüler willkommen zu heißen.«
Kaum hatte *Sumedha* das Wort Buddha gehört, war er so tief berührt, daß sich vor Ehrfurcht seine Haare aufrichteten. Wieder und wieder fragte er: »Sagtet Ihr, der Buddha sei erschienen und komme hierher?« Als er dieselbe Antwort wie zuvor erhielt, bat er, ebenfalls dem Buddha dienen und den Menschen bei der Arbeit helfen zu dürfen. Sie dachten: ›*Sumedha* hat große übernatürliche Kräfte. Wenn er uns hilft, wird die Straße rasch fertig sein. Wir haben ein großes Erdloch zu füllen. Er soll diese Arbeit übernehmen.‹
Sumedha dachte: ›Ich könnte die ganze Straße mit meinen Kräften in einem Augenblick fertigstellen. Aber wer wäre ich, meine Mächte angesichts des Höchsten Erleuchteten Buddha einzusetzen? Ich will dem Buddha mit meinen körperlichen Kräften dienen wie jeder andere hier auch.‹

Während *Sumedha* hart arbeitete, erschien der Buddha *Dīpaṅkara* mit seinem Gefolge von *Arahat*-Schülern und anderen und blieb vor *Sumedha* stehen. Dieser hatte seine Arbeit noch nicht vollendet. Als er den Glanz und die Majestät des Buddha mit seinem Heiligenschein erblickte, legte er sich über die Grube, damit sein Leib dem Buddha und seinem Gefolge als Brücke diene. Er breitete sein verfilztes Haar aus, auf daß es dem Buddha als Fußmatte diene, und murmelte: »Mögen der Meister und seine Schüler über diese Körperbrücke schreiten und mein spirituelles Leben heiligen.« Weiter dachte er: ›Der Buddha mit seinem unendlichen Mitleid befreit unzählige Wesen von weltlichen Fesseln. Auch ich strebe nach Befreiung. Warum sollte ich nicht meine persönlichen Belange hintanstellen und dem Buddha folgen?‹ Gesagt, getan. *Sumedha* hoffte darauf, daß der Buddha sein Leben heiligen und er so ebenfalls ein Höchster Erleuchteter werden würde und unzähligen Wesen zur Freiheit verhelfen könnte.
Der Buddha wurde sich dieser Hoffnung von *Sumedha* bewußt. ›Aber erfüllt er die erforderlichen spirituellen Bedingungen, um dieses Ziel zu erreichen?‹ fragte sich der Meister. Mit seinem allwissenden Auge schaute der Buddha nun in die Vergangenheit und in die Zukunft und erkannte, daß *Sumedha* die Bedingungen erfüllte. ›Er kann ein *Arahat* werden, denn er hat bereits die zehn Perfektionen *(Pārami)* erfüllt, die erforderlich sind, um ein erleuchteter *Arahat*-Schüler *(Sāvaka Bodhi)* zu werden. Durch weitere drei Vervollkommnungen dieser *Pāramis* in einer Zeit von vier *Asankheyyas* und einhunderttausend Äonen *(Kappas)* wird er ein Buddha mit Namen *Gotama* werden.‹
Darauf sprach er seine Prophezeiung aus und beschrieb, wie *Sumedha* nach vier *Asankheyyas* und einhunderttausend Äonen der Höchste Erleuchtete Buddha *Gotama* werden würde. Nachdem er *Sumedha* durch seine Prophezeiung den Weg

zur Höchsten Erleuchtung gewiesen hatte, hieß er ihn, sich aus seiner ergebenen Stellung zu erheben.

Die Prinzessin des Reiches und andere Mitglieder der Königsfamilie warteten in der Menge, denn sie wollten den Buddha in ihrer Hauptstadt willkommen heißen. Die Prinzessin trug acht Lotusblüten. Als sie die Worte des Buddha über *Sumedhas* Weg als *Bodhisatta* vernahm, reichte sie *Sumedha* fünf der Blüten und behielt die restlichen, um sie dem Buddha als Zeichen ihrer Ergebenheit zu reichen. *Sumedha* ehrte den Buddha mit den Blumen, und die Prinzessin tat dasselbe mit den ihren. Und während sie dies taten, wünschte sie sich insgeheim: ›Ich möchte in der Lage sein, meine *Pāramis* mit *Sumedha* gemeinsam zu vervollkommnen. Wenn er der Prinz *Siddhatta* wird, möchte ich seine Gattin sein. Und wenn er Buddha *Gotama* sein wird, möchte ich eine seiner *Arahat*-Schülerinnen sein.‹ Buddha *Dīpaṅkara* wurde dieses Wunsches gewahr und segnete sie, auf daß sie ihr Ziel erreiche.

Die Menge von Menschen und göttlichen Wesen, welche die Prophezeiung des Buddha mitgehört hatte, brach in lauten Jubel aus. Erfüllt von Ehrfurcht für *Sumedha* riefen viele von ihnen aus: »Sollte ich *Nibbāna* nicht in diesem Zeitalter erreichen, laß es mich unter Buddha *Gotama* erlangen.«

So manch einer vermag den Fluß nicht an einer tiefen Stelle zu überqueren, an einer anderen Stelle zu einer späteren Zeit wird es ihm jedoch gelingen. Ebenso werden diejenigen, die den Wunsch verspüren, *Nibbāna* unter Buddha *Gotama* zu erlangen, dies schaffen.

Der Ort, an dem sich dies zutrug, wurde von den Anhängern Buddhas mit Blüten bestreut, und der Buddha führte mit seinem Gefolge seinen Weg in die Stadt fort.

Stufe IV

Nachdem der Buddha, seine *Arahat*-Schüler und der Zug seiner Anhänger den Ort verlassen hatten, begab sich *Sumedha* an eine Stelle, an der die unterschiedlichsten Blüten lagen. Hier ließ er sich zur Meditation nieder und sann über die Bedingungen nach, welche zur Buddhawerdung erforderlich seien. Er fragte sich: ›Welche Tugenden und spirituellen Perfektionen muß ich erfüllen, um Höchste Erleuchtung zu erlangen?‹ In tiefste Kontemplation versunken wurde er sich einer Vielzahl besonderer Ereignisse bewußt, die in den unterschiedlichen Schichten der Existenz auftreten. Das göttliche Auge hatte ihn dies schauen lassen, so daß *Sumedha* sich seines Beschlusses noch gewisser wurde, gemäß der Prophezeiung des Meisters *Dīpaṅkara* ein höchster erleuchteter Buddha zu werden und den Weg des *Bodhisatta* einzuschlagen.

Während er über die *Pāramis* nachdachte, die ihn seinem Ziel näher bringen sollten, fielen ihm spontan zehn ein. Er sagte sich: ›*Sumedha Paṇḍita,* nun, da es dein Schicksal ist, ein höchster erleuchteter Buddha zu werden, mußt du die Natur dieser Vervollkommnungen ganz genau verstehen.‹ Er rief sich ins Gedächtnis, wie andere *Bodhisattas* sich verhalten hatten, um ihr Ziel zu erreichen.

So sprach er denn zu sich: »Wie frühere angehende Buddhas mußt du mit der Vervollkommnung des Gebens *(Dāna Pārami)* beginnen. Einem Wasserkrug gleich, der mit der Öffnung nach unten gehalten wird und das Wasser in einem Schwall vergießt, mußt du deine Habe all jenen geben, die bedürftig sind. Doch nicht nur diese, du mußt auch deine Glieder, selbst dein Leben, hingeben, um die Perfektion des Gebens zu üben. Erst wenn diese Aufgabe erfüllt ist, wie sie von allen *Bodhisattas* erfüllt wurde, kannst du dein Ziel erreichen.«

In tiefer Kontemplation erkannte er das nächste *Pārami,* welches er erlangen mußte. Dies war die Vollkommenheit moralischer Reinheit *(Sīla Pārami).* Er rief sich in Erinnerung: ›Gleich einem Yak, der seinen Schwanz mit seinem Leben verteidigt, so mußt auch du dein moralisches Handeln und deine Tugenden verteidigen.‹

Dann dachte er: ›Auch die Vollkommenheit der Entsagung *(Nekkhamma Pārami)* mußt du erlangen. Gleich einem Gefangenen, welcher sich die Freiheit wünscht, mußt auch du die Freiheit vom *Saṃsāra* ersehnen. Du darfst an nichts gefesselt sein, nicht einmal an die beglückenden göttlichen Zustände.‹

Daraufhin wurde er sich der Vollkommenheit der Weisheit bewußt *(Paṇṇa Pārami).* Er rief sich ins Gedächtnis: ›Gleich einem Mönch, welcher auf seinem Weg Almosen sammelt, an jedem Hause, ohne Unterschied, so mußt du auch Weisheit sammeln, von jedem, ohne Unterschied.‹

Und weiter: ›Du mußt auch die Vollkommenheit der Anstrengung *(Viriya Pārami)* erlangen. So wie der Löwe unter allen Umständen stark und kräftig bleibt, so mußt auch du voller Energie bleiben. In den zukünftigen Daseinsformen darfst du es an der Perfektion der Anstrengung nicht fehlen lassen.‹

›Weiter mußt du die Vollkommenheit der Nachsicht *(Khanti Pārami)* erlangen. Wie die Erde reine und unreine Dinge erträgt, welche die Menschen auf sie niederwerfen, ertrage alles gleich, ohne zu zürnen. Du mußt ebenso unbewegt bleiben wie die Erde. Ganz gleich, ob du gelobt oder beschuldigt, respektiert oder schlecht behandelt wirst, du sollst es erdulden und die Vervollkommnung der Geduld und des Ertragens üben.‹

Und er fuhr in seinem Gedankengang fort: ›Ebenso mußt du die Vollkommenheit der Wahrhaftigkeit *(Sacca Pārami)* erlangen. So wie der strahlende Planet Venus nie von seinem Pfad abkommt, sollst auch du nie den Pfad der Wahrheit verlassen. Selbst wenn ein Blitz in dein Haupt einschlagen sollte, sprich nie die Unwahrheit, auch nicht um deiner eigenen Interessen willen. Halte an der Vervollkommnung der Wahrhaftigkeit fest.‹

Dann erinnerte er sich: ›Suche auch die Vollkommenheit der Entschlossenheit *(Adhiṭṭhāna Pārami)*. Gleich dem Berge, welcher allen Winden zum Trotz niemals erschüttert wird, so sollst auch du die Vervollkommnung der Entschlossenheit üben. Hast du einmal entschieden, daß der Grund für eine Handlung recht ist, solltest du daran festhalten. So wirst du die Vollkommenheit der Entschlossenheit erlangen.‹

Darauf sprach er: »Ferner mußt du die Vollkommenheit der allumfassenden Liebe *(Mettā Pārami)* erlangen. Gleich dem Wasser, das auf einen jeden niederfällt – sei er Sünder oder Heiliger –, so mußt auch du einem jeden Wesen begegnen. Wasser macht das Land fruchtbar, und auch deine liebende Freundlichkeit vermag dasselbe an allen Wesen. Indem du das Glück der anderen förderst, erfüllst du die Vollkommenheit der allumfassenden Liebe.«

»Mit all diesen Vollkommenheiten geht auch die der Gelassenheit *(Upekkhā Pārami)* einher. So wie Mutter Erde alles von uns duldet, sei es Schmutz oder wertvolle Gaben, so mußt auch du gleichmütig sein. Wahre unter allen Umständen dein inneres Gleichgewicht, ob du Schmerzhaftes oder Schönes erlebst. So wirst du alle zehn Vollkommenheiten erreichen.«

»Um den Pfad des *Bodhisatta* erfolgreich zu beschreiten und die Tugenden, welche zur Buddhaschaft führen, zu erlangen, gibt es nur den Weg der zehn Vervollkommnungen, den du dreimal gehen mußt. So werde ich also diesen Weg des *Bodhisatta* gehen und diese Pā*ramis* vier *Asaṇkheyyas* und einhunderttausend *Kappas* hindurch üben.«

Mit eisernem Willen und fester Entschlossenheit trat er seinen Weg zurück zu seiner Höhle im Himalaya an.

Kapitel VI

Die Rolle des Wegweisers

Maggān aṭṭhaṅgiko seṭṭho,
saccānaṃ caturo padā,
virāgo seṭṭho dhammānaṃ,
dipadānanca cakkhumā.

Die besten sind: der Achtfache Pfad *(magga)*
und die Vier Edlen Wahrheiten *(sacca),*
der wissensklare Mensch
und die Wunschlosigkeit.

DHAMMAPADA, VERS 273

Die Ankunft des Buddha bezeichnet eine besondere Epoche in der Geschichte der Menschheit. Über 2500 Jahre hat der Buddha das Leben der Menschen in der ganzen Welt auf verschiedenste Weise beeinflußt. Seine spirituellen Entdeckungen haben der menschlichen Zivilisation und Kultur zu einer neuen Dimension verholfen. Der Eindruck, den der Buddha in den Köpfen der Menschen überall in der Welt hinterlassen hat, liegt klar zutage. Aufgrund von historischen Veränderungen gibt es Menschen, die keine Buddhisten mehr sein dürfen, dennoch praktizieren sie die Lehre des Buddha auf ihre Weise und finden so den Sinn des Lebens.

Obwohl der Buddhismus in Indien beispielsweise nicht mehr so verbreitet und verankert ist wie früher, verehren die Inder, insbesondere die weisen Hindus, den Buddha immer noch. In vielerlei Hinsicht hat er das indische Erbe durch seine spirituelle Leistung lebendig werden lassen.

Auch die Reformen, die er erwirkt hat, sind so weitreichend, daß sie durch nichts ersetzt werden könnten. Er unterstrich die Bedeutung der Objektivität und deren universelle Anwendung und bewirkte damit, daß die Wahrheiten, die er lehrte, und die Maßstäbe, die er setzte, um diese Wahrheiten im Alltagsleben der Menschen zu konkretisieren, ewig gültig bleiben werden.

Dies gilt nicht nur für Indien, sondern für die ganze Welt. Die heutige Generation in China beispielsweise bezeichnet man als Kommunisten. Dennoch können die Kommunisten die humanitären Grundsätze des Buddha nicht zurückweisen, vielmehr wird das Leben der Chinesen durch diese Grundsätze der menschlichen Perfektion näher gebracht. Ebenso folgen ganz Zentralasien und Teile von Rußland, die einst buddhistisch waren, trotz aller kommunistischer Indoktrinierung und Reglementierung, immer noch der unersetzlichen Methodik des Meisters, wie beispielsweise dem Hier-und-Jetzt-Ansatz zur Konkretisierung spiritueller Werte, der pragmatischen Anwendung der Wahrheiten und Prinzipien. Der Mittlere Osten, Griechenland und der Balkan, die einst unter dem Einfluß des Buddhismus standen, heute aber vom Islam, dem Christentum und dem Kommunismus geprägt sind, zeigen immer noch unmißverständliche Elemente der Botschaft und der Denkweise des Buddha.

In letzter Zeit verbreitete sich der Buddhismus in Ländern, in denen er zuvor keinen Einfluß gehabt hat. Ohne die dort vorhandenen Lebensmuster zu unterdrücken, hat er tiefgreifende Veränderungen im Leben und Verhalten der Menschen bewirkt. In Europa, den Vereinigten Staaten und Afrika leben heute auffallend viele Menschen, die sich dem Buddhismus angeschlossen haben und damit ihr kulturelles und spirituelles Leben bereichern. Dies geschieht ohne Konflikte und ohne eine Beeinträchtigung der sozialen Harmonie dieser Länder.

In diesen neuen Verbreitungsgebieten des Buddhismus gibt es nun nicht nur eine neue Art zu leben, vielmehr wurden auch die Freundschaft und das interkulturelle Verständnis gefördert. Zudem muß betont werden, daß die modernen Anhänger Buddhas progressiv und für futuristische Entwicklungen offen sind, denn der Buddhismus ermuntert zum Entdecken wissenschaftlicher und technologischer Innovationen. Aus diesen Gründen kann die Ankunft des Buddha als ein wahrhaft historischer Augenblick bezeichnet werden.

Im folgenden werden einige Ereignisse im Leben des Buddha beschrieben, durch die seine einzigartige Persönlichkeit und seine Rolle als Wegweiser deutlich werden. Der Buddha eignete sich einige schlichte, aber sehr effektive Methoden zur Wahrheitsfindung an, die er an die Suchenden weitergab. Dabei arbeitete er viel mit Vergleichen, Geschichten und Dialogen. Fragen pflegte er mit Hilfe einer Gegenfrage zu beantworten und behandelte so die zu lösenden Probleme auf einfühlsame Art und Weise.

Doch ganz gleich, ob es sich um eine schlichte Wahrheitsfrage oder um eine tiefgehende metaphysische Diskussion handelte, stets war der Buddha von einem tiefen Mitgefühl für den Fragenden beseelt. Seine Liebe und sein Mitgefühl waren immer zugegen. Eines der bedeutsamsten und inspirierendsten Dinge war, daß der Buddha einen jeden, insbesondere jedoch die Ärmsten und Leidenden, immer mit offenen Armen und viel Sympathie empfing. Einen König mit majestätischer Präsenz, einen einfachen Schüler, niedergedrückt von seinen Studien, oder einen schlichten Bauern, selbst ein unwissendes Kind – sie alle behandelte er gleich und brachte allen Einfühlungsvermögen und Freundlichkeit entgegen.

Der Buddha war bemerkenswert tolerant und kultiviert,

und diese Qualitäten zeigten sich stets vor dem Hintergrund seiner weisen Liebe und seiner freundlichen Ehrwürdigkeit. Er besaß einen feinen Humor, den er allerdings nie zur Schau stellte. Ferner war er die reine Verkörperung himmlischer Majestät, die unwillkürlich Ehrfurcht und Respekt in jedem Gegenüber hervorrief. Alles an ihm war natürlich und ungestellt, so daß, wer ihm etwas vorspielen wollte, automatisch alle Maskerade fallenließ.

Suppiya

Suppiya war ein sehr bekannter brahmanischer Asket mit einer großen Anhängerschaft. Er zog durchs Land und führte religiöse Diskussionen mit Anhängern anderer Religionen. Ein solcher Redewettbewerb ist auch heute noch als *Dhamma Vijaya* bekannt.

Eines Tages reiste der Buddha in Begleitung von fünfhundert Mönchen auf der Straße von *Rājagaha* nach *Nālandā*, und *Suppiya* befand sich mit seinen Anhängern auf derselben Route. *Suppiya*, der sich gerade in einer hitzigen Diskussion mit seinem Schüler *Brahmadatta* über die Lehren des Buddha befand, bemerkte dessen Gegenwart nicht und fuhr fort, schlecht von ihm zu reden. Während *Suppiya* über den Buddha lästerte, tat *Brahmadatta* genau das Gegenteil. Er verteidigte den Meister und lobte seine Tugenden in den höchsten Tönen. Die Mönche waren erstaunt, manche gekränkt, als sie Zeugen dieses albernen Lehrer-Schüler-Duells werden mußten, und das sogar in Gegenwart des Gesegneten, der sich über die Episode amüsierte.

Beide Reisegesellschaften machten am Rasthaus beim Mangohain von *Ambalaṭṭhika* Pause. Selbst dort setzte sich der sonderbare Disput zwischen Lehrer und Schüler bis in die Nacht hinein fort. Der Buddha und die Mönche verfolg-

ten die Diskussion kommentarlos. Am nächsten Morgen, als die Mönche über die Position des bigotten Lehrers sprachen, trat der Buddha zu ihnen und sprach:
»Mönche, wenn jemand Anstoß an mir nimmt oder schlecht über mich, die Lehren oder die heilige Ordnung spricht, zürnt ihm nicht und seid nicht verstimmt. Denn wenn ihr verstimmt oder zornig seid, so ist dies nur euer Schaden. Wenn jemand schlecht oder kritisch spricht, dann haltet inne und überlegt, ob seine Worte nicht eine Wahrheit beinhalten könnten oder ob es sich wirklich um reine Verleumdung handelt. Ebenso, Mönche, sollt ihr, wenn jemand mich, die Lehren oder die heilige Ordnung preist und verherrlicht, keine erhabenen oder geschmeichelten Gefühle hegen. Denn wenn ihr erhabene oder geschmeichelte Gefühle hegt, so ist dies nur euer eigener Schaden. Wiederum haltet inne und erforscht, welche Wahrheit in den Worten stecke. Ihr werdet herausfinden, ob das Gesagte dem entspricht, was in uns ruht.«
In dieser Toleranz des Buddha spiegeln sich zwei große Stärken wider: Gleichmut und Mitgefühl. Dieses besondere Geschenk des Meisters an die Welt wird als Mittlerer Pfad bezeichnet und verleiht seiner Entdeckung der Vier Edlen Wahrheiten Form. Der Ansatz hebt alle Gegensätze – ›gut–schlecht‹, ›gleich–ungleich‹, ›Glück–Unglück‹, ›Schuld–Ehre‹ und all die anderen – auf, indem er die Natur der weltlichen Existenz erklärt. Mitgefühl, das sich in weisem Handeln niederschlägt, zeigt die wahre Natur des Buddha. An seiner gepredigten und gelebten Toleranz erkennen wir seine spirituelle Stärke. Nur die Starken, nicht die Schwachen, können wahre Stärke, Toleranz, üben.

Viele solcherart inspirierende Episoden zeugen von seinem vorbildlichen Verhalten, doch soll das folgende Beispiel von General *Sīha* und dem Millionär *Upāli* ausreichen. Diese beiden wichtigen Persönlichkeiten unterstützten mit ihrer Macht die Sekte der *Nigaṇṭhas,* der nackten Asketen.

General Sīha

General S*īha,* Kommandeur der Republik von *Licchavi,* hatte von vielen *Licchavi*-Fürsten und anderen bedeutenden Personen von den edlen Lehren des Buddha gehört. Er wollte den Buddha unbedingt treffen. Als er jedoch die Erlaubnis seines Lehrers *Nāṭaputta* erbat, wurde seine Bitte prompt zurückgewiesen. Ihm wurde erzählt, der Buddha sei ein *Māyāvi,* ein Betrüger, der den Geist der anderen verblendete. *Sīha* gab also seine Idee, den Buddha zu treffen, auf. Die Lobeshymnen der *Licchavis* brachen indes nicht ab, und so bat S*īha* seinen Lehrer zum zweiten Male um Erlaubnis. Wieder wurde seine Bitte abgewiesen. Dies trug sich noch ein drittes Mal zu. Als die führenden *Licchavi*-Ratgeber nicht aufhörten, die verschiedenen Charaktereigenschaften des Buddha zu diskutieren, beschloß er, den Meister ohne die Erlaubnis seines Lehrers aufzusuchen.
So trat also der General *Sīha* vor den Buddha, und es entbrannte ein intensives Gespräch. *Sīha* brachte alle Äußerungen hervor, die ihm zu Ohren gekommen waren, und wünschte, der Buddha möge erklären, ob sie wahr seien. Er erkannte, daß der Buddha frei jeder Gekünsteltheit und sehr direkt war. Als *Sīha* seine Anschuldigungen vorbrachte, nahm der Buddha sich jede einzelne vor und sezierte sie wie ein Chirurg. Nachdem er sie eingehend analysiert hatte, interpretierte er sie neu im Lichte seiner Lehre mit Klarheit und Logik und öffnete damit eine neue Dimension des Verständnisses. Die gegen ihn hervorgebrachten Anschuldigungen erwiesen sich dadurch als lächerlich und ohne jegliche Basis. Eine der Methoden des Buddha beruhte dar-

auf, daß er die Wahrheit lehrte, indem er ebendie Worte des Anklägers verwendete, sie mit dem *Dhamma* jedoch aus einer völlig neuen Perspektive beschrieb.

Sīha erwähnte, daß der Buddha beschuldigt wurde, *Akriyavādi* zu sein und die gefährliche Doktrin des Fatalismus und der Passivität lehre. Der Buddha erwiderte darauf: »Man kann mich durchaus als passiv bezeichnen, denn ich lehre meine Schüler, passiv zu sein, wenn es zu Fehlverhalten in Tat, Wort und Gedanken kommt, beispielsweise in Situationen passiv zu bleiben, in denen Aktionen unheilsam, unmoralisch oder gefährlich sind.«

Eine grundlegende Lehre des Buddha ist das Gesetz von *Kamma* und Wiedergeburt, welche sich deutlich von dem des [brahmanischen/hinduistischen] Karma unterscheidet. Dem Buddha zufolge bestimmen bewußte Taten unser Schicksal in diesem und in folgenden Leben. Dennoch wurde der Buddha der Passivität bezichtigt. Dabei lehrte er das Gesetz des *Kamma* so, daß jede Aktion positiv sei und aus einer jeden Handlung eine neue entstehe, also aus jedem Dorn, den man zieht, ein neuer erwachse.

Einem Kritiker ist jede Waffe recht. Wer also lehrt, das Leben sei im Grunde von einer göttlichen Kraft regiert und die eigene Anstrengung sei sinnlos, verzerrt die Lehre des Buddha. Auf diese Anklage hin pflegte der Meister zu antworten: »Ja, ich könnte als *Kammavādi* bezeichnet werden, denn ich lehre den rechten Umgang in Tat, Wort und Gedanken, und ich halte meine Schüler zu Handlungen an, die vernünftig, moralisch und gut sind.«

Als die anderen Anklagen hervorgebracht wurden, wie das Predigen des Nihilismus und der Entsagung, interpretierte der Buddha auch diese auf positive Art. Er sagte, er könne durchaus als Nihilist bezeichnet werden, denn er lehre das Entsagen von jeglichen bösen Handlungen, dem Fehlverhalten in Tat, Wort und Gedanken. Und da er das Ver-

nichten alles Bösen durch Selbstdisziplin predige, könne er auch mit Recht als ein Verfechter der Entsagung bezeichnet werden. So gab der Meister einer jeden Anschuldigung eine neue Bedeutung, und das auf ganz nüchterne und friedvolle Art.
Sīha war von Buddhas Größe und Liebe beeindruckt. Er tat seinen Wunsch kund, der Meister möge ihn als Schüler annehmen. Der Buddha sagte ihm klar heraus, daß er kein gewöhnlicher Mensch und auch nicht die Säule einer Sekte sei, daher solle *Sīha* es sich genau überlegen, bevor er den Lehrer wechsele. *Sīha* war von Buddhas Toleranz fasziniert und sprach: »Mehr denn je bin ich davon überzeugt, daß nicht nur die Beschuldigungen falsch, sondern auch die Lehren des Meisters die einzig wahren für mich sind.« Er sagte dem Buddha: »Ehrenwerter Meister, wenn die anderen Sekten mich als Schüler bekämen, gingen sie mit einem Banner durch die Stadt, auf dem geschrieben stünde: ›*Sīha*, der General, ist unser Anhänger.‹ Mir ist gesagt worden, der Meister sei ein Schmeichler, der Schüler sammle um seines persönlichen Ruhmes und Verdienstes wegen. Nun aber rät mir der Meister, ich solle keine schnellen Entscheidungen treffen, sondern in mich gehen und genau überlegen, ob ich sein Anhänger werden möchte, und daß ich die Mönche meiner Sekte weiterhin ehren solle. Dies ist ein wunderbarer, toleranter Ansatz des Meisters. Und aus diesem Grunde bitte ich, ihm folgen zu dürfen.« *Sīha* wurde ein Anhänger des Buddha.

Wir modernen Menschen können aus dieser Episode viel lernen. Es ist bekannt, daß viele Religionen – wie das Christentum, der Islam und einige hinduistische Sekten – an das Missionieren sowie an das Konvertieren Andersgläubiger glauben. Diese Praxis der Missionierung wird oft mit Hilfe von Manipulation, Gewalt, Gehirnwäsche und anderen moralisch bedenklichen Methoden durchgeführt. Der Ansatz des Buddha steht im krassen Gegensatz zu diesen Vorgehensweisen. Ein Mensch wird allein durch seine Überzeugung Anhänger des Buddhismus. Dabei wird er auf den rechten Pfad geführt, soll jedoch das gute Verhältnis zu den Glaubensbrüdern seiner früheren Gesinnung behalten. Toleranz und Freundschaft aller Religionen ist allen Buddhisten wichtig, denn der *Dhamma* ist keine institutionalisierte Religion, sondern setzt sich zusammen aus Spiritualität, Werten und Regeln. Wo immer Buddhisten Werte und spirituelle Praktiken vorfinden, respektieren sie diese, ganz gleich, ob es sich um einen Glauben, eine Religion oder ein Land handelt.

Es ist überliefert, daß *Sīha* ein Schüler Buddhas wurde. Durch eine inspirierende Einweisung in den *Dhamma* leitete ihn der Meister Schritt für Schritt zur überweltlichen Vision des *Nibbāna.* Zum Zeichen seiner tiefen Dankbarkeit lud *Sīha* den Buddha und fünfhundert Mönche zu einem Almosenessen ein. Hier verkündete er seinen Gesinnungswandel *Nāṭaputta* und erklärte, er sei von dem Buddha angeleitet worden, ihm, seinem alten Lehrer, weiterhin Respekt zu zollen. Damit aber rieb er Salz in die Wunde. Der nackte Asket und seine Anhänger beschlossen, sich zu rächen.

Zur Lebenszeit des Buddha war das Essen von Fleisch religiös gebilligt. Selbst Rindfleisch wurde von den vedischen Gläubigen, die Kühe, Bullen und andere Tiere in religiösen Akten opferten, als geweiht angesehen. *Sīha*, der ein *Khattiya,* ein Mitglied der Kriegerklasse, war, aß nicht nur Fleisch, er betrachtete die Jagd auch als Kampfkunst. Dies war den *Niganṭhas* bekannt, die sich strikt vegetarisch ernährten, und sie beschlossen, das Almosenessen als Vorwand zu verwenden, den Buddha und seine Schüler anzugreifen.

Der Buddha lehrte, daß nicht zu töten zur spirituellen

Entwicklung dazugehört, da sich darin Mitgefühl und Liebe zeigen. Nichttöten ist allerdings nicht gleichbedeutend mit Vegetarismus, der allerdings empfehlenswert und gesund ist, sofern er nicht fanatisch oder dogmatisch gelebt wird. Nichttöten bedeutet, daß nicht mit der Absicht, Fleisch zu essen oder sich am Akt des Tötens zu erfreuen, getötet wird. Ein Buddhist kann also kein Fleisch essen, welches für ihn oder durch ihn getötet wurde. Auf *Pāli* heißt das übersetzt: Er sieht, daß das Fleisch nicht für ihn getötet worden war, er hört, daß es nicht für ihn gedacht war, und er hat keinen Zweifel daran, daß es nicht für ihn getötet worden ist.

Wenn ein Tier bereits von jemandem, der an das Töten glaubt, getötet worden ist und das Fleisch gekocht ist und einem Buddhisten angeboten wird, darf er es – ohne dadurch sein Gelübde zu verraten – als Nahrung akzeptieren, weil es ihm angeboten wurde. Wenn er es aber hinsichtlich seiner Gesundheit oder seines Bewußtseins als bedenklich empfindet, darf er das Angebot zurückweisen. Wichtig ist, daß er durch Annehmen des Geschenks weder das Prinzip des Nichttötens untergräbt noch den Schenkenden vor den Kopf stößt. Dies gilt besonders für einen Mönch, der von Almosen lebt und nicht wählen kann, was ihm angeboten wird. Zur Zeit des Buddha lebten buddhistische Mönche, wie heute auch, von dem Essen, das den Klöstern angeboten wird. So waren sie genötigt, diese Nahrung anzunehmen, auch wenn sie nicht zwangsläufig jedes Essen, das sie annahmen, auch aßen. Vor diesem Hintergrund ist die Episode mit *Sīhas* Einladung an den Buddha und die Mönche zum Almosenessen zu sehen.

Der Buddha und seine Mönche nahmen an dem Almosenessen teil, und der Buddha sprach ein Gebet für das Wohlergehen und die Glückseligkeit aller Wesen. Die nackten Asketen und ihre Anhänger hatten sich in großer Zahl vor

Sīhas Haus versammelt. Kleinere Gruppen hatten sich in der Stadt unters Volk gemischt und verbreiteten das Gerücht, *Sīha* habe für dieses Essen junge Kälber geschlachtet. Sie behaupteten, der Buddha und seine Mönche hätten bewußt am Fleischessen teilgenommen, obschon der Buddha die Lehre des Nichttötens predige. Der Buddha hörte von alldem, blieb jedoch unbewegt. Als auch *Sīha* von diesen Worten erfuhr, sah er mit großem Respekt, wie ruhig und verständnisvoll der Buddha und seine Schüler blieben.

Dank Buddhas Lehre vom Nichttöten und von der allumfassenden Liebe und der Lehre der Gewaltlosigkeit *(Ahimsā)* des Jaina-Lehrers Mahaveera war Indien durch die Hindus vom Joch des Tieropfers befreit worden. Die heute weitverbreitete Praxis des Vegetarismus ist direkt auf die Lehren des Nichttötens und der Gewaltlosigkeit zurückzuführen. Ein Pfeiler des Vegetarismus ist die Vorstellung von einer religiös reinen Nahrung, die keine Leidenschaften weckt und so der spirituellen Entwicklung förderlich ist. Dieser Glaube der Hindus und Jainas wird von den Buddhisten nicht zwangsläufig geteilt, obwohl sie den Vegetarismus als saubere, gesunde Ernährungsweise praktizieren, die der Mäßigung zuträglich ist. Mäßigung und Mitgefühl sind spirituelle Qualitäten, die mehr der Welt des Geistes als der Welt des Körpers angehören. Im Buddhismus herrscht die Vorstellung vor, daß das Essen, rein oder nicht rein, sehr körperbezogen und nicht zwangsläufig spirituellen Wesens ist.

Upāli

Der Millionär *Upāli* war ein ungewöhnlich gebildeter Mann und Rhetoriker sowie der wichtigste Gefolgsmann *Nāṭaputtas.* Immer wenn ein aktueller oder ein potentieller Gegner von dessen Lehre entdeckt wurde, besiegte *Upāli* ihn. So wurde er auch zum Buddha gesandt. Vor *Nāṭaputta* prahlte er, er würde den Buddha so niederstrecken, daß dieser weder schlucken noch sich würde erbrechen können und zwangsläufig *Nāṭaputtas* Schüler werden mußte.

Als *Upāli* sich dem Buddha näherte, wußte dieser bereits von seiner Mission. Der Buddha brachte ihn dazu, sich nicht nur in der Kunst der Diskussion mit ihm zu messen, sondern auch den Versuch zu unternehmen, der Wahrheit auf den Grund zu gehen. Als *Upāli* vom Buddha befragt wurde, verstrickte er sich in viele Widersprüche. So sagte er, eine geistige Handlung sei weniger bedeutend als eine physische, aus diesem Grunde sei die körperliche Züchtigung der Weg zu spiritueller Reinigung.

Der Buddha lehrte es gerade andersherum, nämlich daß alle Handlungen ihren Ursprung im Geiste haben. Aus diesem Grunde ist der Geist überlegen, und die geistige Handlung ist elementar. Mühelos gelang es dem Buddha, *Upālis* Ausführungen durch Gegenfragen nichtig zu machen. Der Buddha fragte: »Muß ein Mensch nicht selbst zur Selbstzüchtigung zuerst in seinem Geist den Willen dazu formen?« – »Ja, das ist wahr«, bestätigte *Upāli.* – »Ist nicht ein Willensakt auch eine geistige Handlung?« – »Ja, ehrenwerter Meister.« – »Bedenke deine Worte. Verstehst du, daß der geistige Akt der Züchtigung vorausgeht und daher von größerer Bedeutung ist? Was hältst du davon? Nehmen wir einen nackten Asketen, der sich selbst zu Tode züchtigt, indem er sich weigert, Wasser zu sich zu nehmen. Hat er sich nicht allem voran dazu entschlossen, bis zum Tode zu dürsten? Und daher nicht zu trinken?« – »Ja, ehrenwerter Meister, so ist es.« – »Bedenke also, *Upāli*, was du sagst. Du widersprichst dir selbst.«

In dem *Sutta*, in dem wir diese Diskussion finden, sind viele detaillierte Streitgespräche zwischen *Upāli* und dem Buddha

aufgeführt. In jedem Falle wurde er vom Buddha durch Gegenfragen dazu gebracht, sich selbst zu widersprechen. Am Ende dieser Sitzung bekannte *Upāli*, daß er die Diskussion bewußt verlängert habe, um das kostbare Wissen des Buddha tief in sich aufzusaugen. Er sagte, er sei bereits bei der ersten Gegenfrage bekehrt gewesen.
Nachdem er am *Dhamma*-Diskurs teilgenommen hatte, erlangte *Upāli* spirituelle Transformation. Wie *Sīha* bat auch er darum, in die Anhängerschaft des Buddha aufgenommen zu werden. Der Buddha riet auch ihm, sich seine Entscheidung genau zu überlegen, besonders da er der Hauptförderer des Ordens der nackten Asketen war. Der Gesegnete wollte nicht, daß er seinen Geist gegen seinen früheren Lehrer richtete, in dessen Namen er gekommen war. Dem Buddha lag die Harmonie sehr am Herzen. Aus diesem Grunde nahm er *Upāli* das Versprechen ab, daß er die Asketen auch weiterhin finanziell unterstütze, auch wenn er ihre Ansichten nicht länger teilte.

Mit diesem buddhistischen Ansatz entwaffnete der Buddha viele Gegner und säte Freundschaft in einer sonst zwiespältigen Gesellschaft. In zwischenmenschlichen Beziehungen gründete sich sein liberaler Ansatz auf sein grenzenloses Mitgefühl und seine unendliche Weisheit. Er konnte hart wie ein Fels sein und dennoch unendlich gnädig. Durch seinen entschieden rationalen Ansatz waren der General und der Millionär überzeugt worden, ebenso wie viele mißgeleitete Menschen durch seine reine Liebe und sein Mitgefühl errettet wurden.

Bharadvāja

Bharadvāja, der hochmütige Brahmanenlehrer, zürnte seiner Frau, da sie eine Anhängerin des Meisters geworden war. Sie war eine aufrechte *Upasikā*, und anders als viele andere stand sie stets dazu. Religiöse Vorurteile konnten sehr bedrückend sein. Viele Menschen wagten nicht, dagegen anzukämpfen, und zogen es vor, Konfrontationen aus dem Wege zu gehen. Nicht so die Dame *Bharadvāja*. Sie zeigte ihre Verehrung für den Buddha und seine Lehren offen.

Eines Tages wiederholte sie dreimal: »Ehre sei dem Gesegneten, seiner edlen Lehre und seinem Orden!« Ihr Ehemann entbrannte in Zorn und schrie: »Du Hexe! Bei jeder Gelegenheit mußt du Lobgesänge auf diesen rasierten Mönch singen! Ich werde deinem Meister eine Lehre erteilen!« Mit diesen Worten stürmte er zornig aus dem Haus.

Der Buddha saß gerade mitten in einem Gespräch mit dem König, den Ministern und vielen wichtigen Bürgern. Ohne Ankündigung stürzte *Bharadvāja* hinein und rief: »Was muß vernichtet werden, damit Frieden herrscht?« Der Buddha antwortete, ohne zu zögern: »Der Zorn muß vernichtet werden, damit Frieden herrscht.«

Diese Wahrheit ging dem Brahmanen so ans Herz, daß er mit einemmal vernünftig wurde. Nachdem er den Ausführungen des Meisters gelauscht hatte, durchlebte er eine tiefe spirituelle Wandlung und bat, in den heiligen Orden aufgenommen zu werden. *Bharadvāja* war sehr gebildet und wurde bald ein *Arahat*, ein erleuchteter Heiliger.

Wie ein Lauffeuer verbreitete sich unter seinen Anhängern die Kunde, daß er ein Schüler des Buddha geworden war. Einer seiner Cousins war darob sehr erzürnt und eilte zum Buddha. Dieser hielt gerade eine Rede. Der Cousin bahnte sich einen Weg durch die Menge, baute sich vor dem Buddha auf und spie unflätige Worte aus. Der Buddha rührte sich nicht und ließ dem Zornigen Gedanken der Liebe zufliegen.

Als sich der Cousin so verausgabt hatte, daß er schließlich schwieg, fragte der Meister: »Besuchen dich deine Verwandten und Freunde bisweilen?« – »Natürlich!«, brummte er. – »Und du bietest ihnen nichts zu essen und zu trinken an?« – »Doch, warum nicht?« – »Wenn sie jedoch ablehnen, was passiert mit dem Essen und den Getränken?« – »Sie bleiben bei mir.«

Der Cousin war inzwischen allein durch die Gegenwart des Buddha und durch dessen Liebe und Weisheit zur Ruhe gekommen. Der Buddha sprach: »Schau, so wie möglicherweise deine Besucher deine guten Gaben nicht annehmen, verstehe bitte, daß wir deine Beleidigungen nicht annehmen.« So machtvoll und logisch waren diese Worte, daß sich der Mann sogleich dem Buddha zu Füßen warf und wie sein Cousin um Aufnahme in den Orden bat. Auch er wurde ein *Arahat.*

Māgandiya

Die Königin *Māgandiya* von *Kosambi* galt als junges Mädchen als die schönste Frau ganz Indiens. Eines Tages stattete der Buddha ihrem Vater einen Besuch ab, welcher so beeindruckt von der Persönlichkeit des Meisters war, daß er seine Frau und seine Tochter rief, damit sie ihn kennenlernten. Er bot dem Buddha die Hand seiner Tochter, die bisher alle Bewerber abgewiesen hatte.

Der Buddha sprach ruhig über die Vergänglichkeit des Körpers und dessen Schönheit und darüber, wie wichtig es sei, das Unvergängliche, *Nibbāna,* zu erlangen. *Māgandiyas* Eltern waren sehr bewegt von seiner Rede, machten eine spirituelle Wandlung durch, und auch die Menschen, die dorthin geeilt waren, profitierten sehr von den Lehren des Buddha. *Māgandiya* selbst glaubte, der Buddha habe sie verschmäht und beleidige sie auch noch durch seine Rede über die körperliche Schönheit. Sie schwor sich, dem Buddha eine Lehre zu erteilen und ihn zu vernichten. Um ihren Plan noch wirksamer zu machen, ehelichte sie den König von *Kosambi*, der als nicht sehr religiös galt.

In den fünfundvierzig Jahren seiner Wanderschaft zog der Buddha, die vier Regenmonate ausgenommen, von Ort zu Ort, durch Dörfer, Klein- und Großstädte, und predigte den *Dhamma*. Auf seiner Reise kam er auch durch *Kosambi*. Als *Māgandiya* dies von den Spionen erfuhr, die sie ausgesandt hatte, dingte sie eine Bande Gesetzloser, die den Buddha auf seiner Almosenrunde bedrängen und in jeder erdenklichen Art beleidigen sollte.

Der Ehrenwerte Ananda, ständiger Begleiter des Buddha, fühlte sich durch die Beschimpfungen des Buddha belästigt, die unter anderem lauteten: »Du bist ein Dieb, ein Idiot, ein Hundsfott! Du wirst in der Hölle schmoren! Du wirst niemals errettet werden!« Ananda konnte sein Entsetzen nicht verbergen und bat den Buddha, sie mögen die Stadt verlassen und woanders hinziehen.

»Ananda, wohin sollen wir gehen?« fragte der Buddha. – »Meister, irgendwo anders hin«, antwortete Ananda. – »Wenn die Menschen uns dort auch beleidigen werden, wohin sollen wir dann gehen?« fragte der Buddha weiter. – »Wieder woandershin, Meister«, meinte Ananda. – »Und wenn sie uns dort auch belästigen werden?« hakte der Buddha nach. – »Dann wiederum an einen anderen Ort.« – »Ananda, so geht es nicht. Das Problem sollte gelöst werden, wann immer es auftritt. Erst danach können wir weiterziehen.« Der Buddha fuhr fort: »Ananda, wir sollten geduldig abwarten, bis die bösen Männer ausgesprochen haben, so wie ein Elefant die Pfeile abwartet, die von allen Seiten auf

ihn einschlagen. Auch wenn dieses Übel eine Woche anhält, dann werden diese Menschen sich doch irgendwann ändern.«
Und genau wie er vorhergesagt hatte, geschah es. Die Beleidigungen brachen am siebenten Tage ab, und die Bande wurde von Schuldgefühlen geplagt. Sie traten vor den Meister und baten um Vergebung. Es heißt, während der ganzen Zeit war der Buddha unbewegt geblieben wie ein Fels. Diese Ruhe zeigte seine innere Stärke, die aus seinem Mitgefühl und seiner Weisheit erwuchsen.

Die Kālāmas

Während sich sein Mitgefühl in seiner Toleranz manifestierte, zeigte sich seine Weisheit in dem vernünftigen Ansatz seiner Argumentation. Das *Kālāma Sutta*, welches als des Buddhas Plädoyer für das unabhängige, freie Denken gilt, erzählt von einer wunderbaren Begegnung des Buddha mit den *Kālāma*-Brahmanen, die für ihre rhetorische Macht bekannt und deshalb gefürchtet waren. Wegen ihrer Gewandtheit und Brillanz hatte es noch niemand gewagt, sie zu einem Disput herauszufordern. Aber ihre vernichtenden Fähigkeiten gründeten auf Gewitztheit und nicht auf Weisheit. Als sie also glaubten, den Buddha überlistet zu haben, waren sie im Grunde nur Opfer ihres eigenen Zynismus geworden.
Vernunft wird oft mit Zweifeln und Skepsis gleichgesetzt. Im Buddhismus aber werden Zweifel und Skepsis als abträglich erachtet. Zweifel erwachsen aus Irrtum, *Moha,* der Wurzel allen Übels. Er ist gleichbedeutend mit geistiger Blindheit. Vernunft entspricht im Buddhismus einem offenen, hinterfragenden Geist auf der Suche nach der Wahrheit. Fragen um des Fragens willen, ohne einen Sinn,

kann zu weitschweifigem Denken und geistiger Fragmentierung führen. Aus diesem Grunde sollten Fragen immer der Suche nach dem Wesentlichen, nach der Wahrheit hinter den Dingen, dienen. Die Suche nach der Wahrheit um ihrer selbst willen ist der Eckstein des Vernunftansatzes im Buddhismus.
Im *Kālāma Sutta* wird diese pragmatische Rationalität des Buddha offenbar. Nichts an der freien, direkten Argumentation, mit der er die *Kālāma* konfrontiert, ist aufgesetzt oder theoretisch.

Auf seiner Reise kam der Buddha auch durch das Reich *Kosala*, in die Stadt *Kesamutta*, den Hauptsitz der *Kālāma*. Die *Kālāma* hatten bereits von dem guten Ruf des Buddha gehört und daß der Gesegnete Erleuchtung erlangt hatte, daß er Menschen wie Göttern ein weiser Führer war, daß er allen zum Wohle den *Dhamma* verkündete, Anfängern und Weisen zugleich. Also traten sie in großer Zahl vor den Buddha, tauschten Grüße aus und hoben ohne weitere Worte zu diskutieren an.
Sie sagten dem Buddha, daß sie von Zeit zu Zeit religiöse Lehrer aus aller Welt empfingen und daß diese ihre Lehren allesamt dafür einsetzten, sich über andere zu erheben. Aus diesem Grunde seien sie voller Zweifel und Unglauben und könnten nicht entscheiden, welche dieser Lehrer die Wahrheit und welche Lügen sprachen.
Der Buddha entgegnete: »*Kālāmas*, es ist nur recht, zu fragen, wo man nicht weiterweiß. *Kālāmas*, akzeptiert niemals eine Sache, nur weil sie durch Tradition oder Schriften, Ableitung oder eine rigide Gedankenschule gerechtfertigt wird, weil sie ideologisch oder dogmatisch bevorzugt wird, weil sie euch gerade am besten paßt, oder gar aus Respekt vor einem Lehrer. Aber, *Kālāmas,* wenn ihr für euch selbst entschieden habt, daß diese Dinge unheilsam, beschämend

oder wertlos sind, wenn sie Leiden für euch oder andere nach sich ziehen, weist sie zurück. Nun, was denkt ihr, *Kālāmas*? Wenn Gier in einem Menschen wächst, wird sie ihm zum Guten oder zum Schaden gereichen?« – »Zum Schaden, Meister.«

Dann fragte der Buddha sie, ob nicht Haß und Irrglaube ebenso schädlich seien, was sie wiederum bestätigten. »*Kālāmas*, wenn dieser Mensch nun von seiner Gier überwältigt wird, wird er möglicherweise dafür töten, stehlen, sexuelle Verbrechen begehen, lügen und dadurch anderen ein schlechtes Vorbild sein. Ist das nicht auf lange Sicht zu seinem Schaden?« – »Doch, ehrenwerter Meister.«

Ebenso bestätigten die *Kālāmas*, daß ein von Haß und Irrglaube geleitetes Verhalten unzuträglich sei. Auf diese Weise zeigte der Buddha die Kriterien auf, anhand deren eine Doktrin oder ein Verhalten beurteilt und gegebenenfalls zurückgewiesen werden soll. Anschließend erklärte er auf dieselbe Art, welches Kriterium für das Akzeptieren einer Sache verwendet werden sollte.

»Wenn keine Gier (und ebenso kein Haß, kein Irrglaube) in einem Menschen wächst, wird dieses Verhalten ihm zum Guten oder zum Schaden gereichen?« – »Zum Guten, ehrenwerter Meister.«

»*Kālāmas*, wenn dieser Mensch nun nicht von seiner Gier überwältigt wird, wird er nicht töten, stehlen, sexuelle Verbrechen begehen, lügen und dadurch anderen ein schlechtes Vorbild sein. Ist das nicht auf lange Sicht zu seinem Guten?« – »Das ist es, ehrenwerter Meister.«

Als der Buddha sicher war, daß die *Kālāmas* ihren Geist geöffnet hatten und bereit waren, die Wahrheit zu ergründen, anstatt blind alles zu glauben, lehrte er sie bestimmte Methoden der Meditation. So befähigte er sie, von der intellektuellen Ebene auf höhere, intuitive Ebenen des Bewußtseins zu gelangen. Er lehrte sie die vier Göttlichen Unvergänglichkeiten, z.B. die Meditationen, die zur Entwicklung eines universellen Bewußtseins entsprechend dem der Brahmanen-Götter führt. Dies sind Meditationen der allumfassenden Liebe, des Mitgefühls, der selbstlosen Freude und des Gleichmuts.

Nachdem er sie in diese Form der Meditation eingeführt hatte, offenbarte er ihnen das Rationale des sogenannten mystischen Zustandes, der normalerweise als jenseits der Vernunft liegend erachtet wird. Der Buddha erklärte, daß ein durch Meditation gereinigter Bewußtseinszustand frei von allen geistigen Verunreinigungen wie Gier, Haß, Irrglaube und ähnlichem ist. Auch wenn der Schüler über diesen Zustand hinaus nicht in die überweltliche Dimension gelange, so seien ihm doch die vier Tröstungen gewiß. Auf *Pāli* heißen sie *Assāsa* (wörtlich: Einatmen), und sie stehen für Erleuchtung, Wohlbehagen und hohe Geburt, ungehindertes Atmen. Metaphorisch ist damit gemeint, daß ein moralisch reines Leben *(Sīla)* und Meditation *(Bhāvanā)* ungeachtet der religiösen oder ideologischen Gesinnung zu innerer Zufriedenheit führen.

Dann leitete der Herr diese Tröstungen detailliert her und untermauerte seine Argumentation stichhaltig. Der Schüler findet wie folgt Trost: »Wenn es ein zukünftiges Leben und eine höhere Ebene des Seins gibt und wenn wir dort die Früchte unseres *Kamma* (unserer guten und schlechten Handlungen) ernten, so werden wir nach unserem Tode aufgrund unseres tugendhaften Lebens sicherlich Eingang in die himmlische Welt *(Saggaloka)* erhalten.«

Wenn andererseits ein solches zukünftiges Leben nicht existiert und auch keine höhere Welt im Jenseits, keine Früchte des *Kamma*, selbst dann findet dieser Schüler Trost: »Durch die in diesem Leben gelebte Tugend bin ich frei von geistiger Verschmutzung, fühle mich hier und jetzt glücklich, frei von Haß, Angst und Bedrängnis.«

»Wenn die Frucht des Bösen all jene trifft, die Schlechtes getan haben, wie soll ich dann, der ich doch das Böse gemieden habe, daran leiden?« Dies ist die dritte Tröstung. Und die vierte Tröstung lautet wie folgt: »Wenn diejenigen, die Böses getan haben, dennoch nicht leiden werden, selbst dann werde ich mich an meiner Reinheit und meinem Wohlergehen erfreuen, denn ich bin frei von Schuld.«
Als die *Kālāma*-Brahmanen dies hörten, waren sie so tief bewegt, daß sie alle darum baten, Jünger des Herrn zu werden. Der Buddha zeigte den Suchenden seine Vernunft und seine Rationalität auf verschiedene Weise, stets angepaßt an das Wesen des Suchenden. Für die gelehrten *Kālāmas* war der direkte Weg genau der richtige.

Māluṇkyaputta

Māluṇkyaputta brauchte einen anderen Ansatz. Er war ein verwirrter, aber durchaus ernsthafter Mönch, der sich metaphysischen Spekulationen jeder erdenklichen Art hingab. Wie viele religiöse Suchende zur Zeit des Buddha dachte er darüber nach, ob die Welt vergänglich sei oder nicht, ob Körper und Seele identisch seien oder nicht, ob der Wahrheitsträger *(Tathāgata)* wirklich nach dem Dahinscheiden weiterexistierte oder nicht oder ob er sowohl existierte als auch nicht existierte, ob er weder existierte oder noch nicht existierte.
Da er keine zufriedenstellende Antwort auf seine Fragen fand, ging er zum Buddha, erzählte ihm, welche Gedanken ihn während seiner Meditationen ereilten, und bat dann: »Wenn der Gesegnete die Antworten weiß, so möge er sie mir deutlich machen, wenn er sie nicht weiß, so möge er dies offen zugeben.« Der Buddha fragte zurück: »Nun, *Māluṇkyaputta,* habe ich dich je gebeten, unter mir ein heiliges

Leben zu führen, und dir versprochen, dir solche Fragen zu beantworten?« – »Nein, ehrenwerter Meister.« – »*Māluṇkyaputta*, wer die Antwort auf solche, für die spirituelle Entwicklung bedeutungslose, Fragen sucht, ist wie jemand, der sich weigert, eine Schußverletzung behandeln zu lassen. Stelle dir vor, ein Mann, dem ein Pfeil im Arm steckt, weigert sich, ihn vom Arzt entfernen zu lassen. Ist er weise, wenn er sagt: Bevor ich nicht weiß, wer mich angeschossen hat, zu welcher Kaste er gehört, zu welchem Stamm er gehört, ob er dick oder dünn ist, ob seine Haut hell, dunkel oder mittel ist und von welcher Art dieser Pfeil war, werde ich nicht zulassen, daß der Pfeil aus meiner Wunde gezogen wird. Dieser Mann, *Māluṇkyaputta,* wird sicher sterben, ohne die Details erfahren zu haben. Hätte er gesunden Menschenverstand, ließe sich dieser Mann zunächst behandeln und würde später nach den Umständen forschen. Seine Fragen würden ihm sicherlich nicht aus seiner Situation heraushelfen, und eine weitere Verzögerung würde seinen Tod bedeuten.«

Ebenso, betonte der Buddha, verhalte es sich mit metaphysischen und theologischen Spekulationen. Sie tragen nicht zum spirituellen Fortschritt bei, denn sie sind alle geistige Konstrukte. Wissen darüber, ob die Erde vergänglich sei oder nicht, reinigt weder den Geist, noch macht es weise. Da das Leben flüchtig und unvorhersehbar ist, wird es beendet sein, bevor sichere Antworten gefunden werden können. Der Tod ereilt den Menschen schneller, als die Spekulationen überprüft werden können, und der wahre Sinn des Lebens, die spirituelle Perfektion, bleibt unvollendet. Deshalb riet der Buddha *Māluṇkyaputta,* bei den Grundlagen zu bleiben und sich nicht in Abwegigkeiten zu verlieren.

Ob derlei Spekulationen nun wahr sind oder nicht – an der Tatsache, daß das Leben mit Geburt, Alter, Tod, Kummer, Tränen, Elend, Verzweiflung behaftet ist, ändern sie nichts.

Um dieses Spekulieren zu beenden, wird der D*hamma* gelehrt. Der Buddha legte *Māluṇkyaputta* ans Herz, dies zu beachten. Dieser Realismus ist ein Kennzeichen vieler Lehrreden des Buddha. Es gibt viele Beispiele, in denen die pragmatische Rationalität des Buddha besondere Anwendung auf bestimmte Situationen fand.

Oft heißt es, der Buddha habe wegen des Kastensystems gegen den Hinduismus revoltiert. Dabei gab es den Hinduismus zur Zeit des Buddha gar nicht! Hingegen wies der Buddha die vedische Religion, ihre obskuren und unvernünftigen Praktiken wie das Kastensystem, die Sklaverei, Tieropfer und andere unmenschliche und ungerechte gesellschaftliche wie religiöse Handlungen zurück. Außerdem sprach er sich gegen die vedischen metaphysischen und theologischen Dogmen aus. Diese Zurückweisungen geschahen jedoch aus vernünftigen Gründen und waren nicht Ausdruck einer persönlichen Revolte. So zeigte der Buddha auf: »Ob die Buddhas kommen oder nicht, der D*hamma* ist unvergänglich und unveränderlich.«
Der Realismus und die Rationalität des D*hamma*, der im *Assalyāyana*-Diskurs deutlich wird, bewog den Buddha, solche Praktiken zu verbannen und die Gesellschaft zu reformieren.

Assalyāyana

Der Buddha blieb in *Sāvatthi,* der Hauptstadt von *Māhakosala,* damals dem größten und reichsten Königreich auf dem Subkontinent Indien. An diesem Tag hatten sich gut fünfhundert Brahmanenführer als Abgesandte ihrer Staaten in *Sāvatthi* zusammengefunden. Eines der wichtigen Themen, welche sie in ihrer Konferenz besprechen wollten, war, daß der Buddha unter Beschneidung der vedischen Autorität gepredigt hatte, daß alle Menschen, ungeachtet ihrer Kaste, spirituelle Perfektion erlangen könnten. Aus diesem Grunde sollten die sozialen Unterschiede, die sich auf das Kastensystem stützen, aufgehoben werden. Nach langem Abwägen beschlossen die Brahmanen, einen jungen talentierten Brahmanen mit Namen *Assalyāyana* zum Buddha zu schicken, damit er ihn in eine Debatte verwickele, seine häretischen Ansichten offenlege und ihn dann zum traditionellen vedischen Glauben bekehre.

Assalyāyana, fast noch ein Junge, war sehr gebildet und geschickt, und er wurde sogar als heilig angesehen, da er ein Wanderasket war. Als einer der Mächtigsten forderte er jeden heraus, mit ihm in verbalen Wettstreit zu treten, und er hatte viele berühmte Lehrer besiegt. Als die Gruppe aber *Assalyāyana* bat, den Buddha zum Thema der Kastengleichheit herauszufordern, wies er die Bitte ab mit der Begründung: »Herren, der Mönch *Gotama* ist ein Wahrheitsträger, und mit solchen kann man nicht diskutieren. Also kann ich ihn nicht auf seine Lehre ansprechen.« Nach langem Überreden stimmte er jedoch zu, um die Ehre der Brahmanengesellschaft zu retten. Sie drängten ihn mit den Worten: »Lasse den guten *Assalyāyana* seine Ehre nicht durch einen ungekämpften Kampf besudeln!«

In Begleitung einer großen Gruppe von Brahmanen trat *Assalyāyana* also vor den Buddha, grüßte ihn und stellte sogleich folgende Frage: »Ehrenwerter *Gotama*, die Brahmanen fordern, allein die höchste Kaste zu sein, während andere niedrigeren Kasten angehören. Allein die Brahmanenkaste ist leuchtend, alle anderen dunkel. Nur die Brahmanen sind rein, alle anderen nicht. Allein die Brahmanen sind des Einen Gottes *(Brahmas)* Söhne, geboren aus seinem Munde. Geboren vom Göttlichen, geschaffen vom Göttlichen, die Erben des Göttlichen. Was sagt der ehrenwerte *Gotama* dazu?« Der Buddha sprach: »Aber *Assalyāyana,* die Brahmanenfrauen menstruieren, empfangen, gebären und säugen. Dennoch sollen diese Brahmanen, geboren von Frauen, die ebenso sind wie andere Frauen, einer höheren Kaste angehören?«

Assalyāyana entgegnete, die Brahmanen würden ihre Meinung nicht ändern, egal, was der Buddha sage. Darauf sprach der Buddha: »Habt ihr davon gehört, daß in Ländern wie Yona [Europa, Griechenland und Ost-Ionien, d.h. Teile West- und Zentralasiens] und Kambodscha und jenseits davon nur zwei Kasten existieren, die der Herren und die der Diener? Und daß ein Herr zum Diener und ein Diener zum Herrn werden kann?« – »Ja, davon habe ich gehört«, gab *Assalyāyana* zu. – »Mit welcher Logik und welcher Sicherheit können die Brahmanen dann ihre Forderung stellen?« – »Trotz allem, was du sagst, bleiben wir bei unserer Meinung.«

»Was sagst du dazu: Meinst du, ein *Khattiya, Vessa* oder *Sudda*, nicht aber ein Brahmane, der getötet, gestohlen, sexuellen Mißbrauch getrieben, gelogen, verleumdet, verunglimpft, gelästert, begehrt und perverse Ansichten gehabt hat, wird in Elend wiedergeboren?« – »Natürlich, ehrenwerter G*otama*. Alle Menschen, die einer der vier Kasten angehören und diese Taten begangen haben, werden in Elend wiedergeboren.« – »Auf welcher Grundlage also besteht ihr auf eurer Forderung?« – »All deinen Worten zum Trotz bestehen wir ...«

»Nun, nur die Brahmanen, nicht aber die *Khattiya, Vessa* oder *Sudda*, haben dem Töten, Stehlen etc. abgeschworen. Daher werden doch auch nur sie in einem schönen Leben wiedergeboren?« – »Nein, alle Menschen, ganz gleich welcher Kaste sie angehören, werden, so sie nicht töten, stehlen ... etc. in einem schönen Leben wiedergeboren, im Himmel.« »Auf welcher Grundlage also besteht deren Forderung?« –»All deinen Worten zum Trotz bestehen wir ...«

»Also gut. Dann ist also nur ein Brahmane und kein *Khattiya*, kein *Vessa* und kein *Sudda* in der Lage, ein Gewissen aufzubauen, welches von universeller Liebe und frei von bösem Willen und Übel ist?« – »Nein. Ungeachtet dieser Schlußfolgerung können Angehörige aller vier Kasten ein Gewissen mit universeller Liebe und ohne Übel aufbauen.«
»Auf welche Grundlage baut ihr dann eure Forderung?« – »All deinen Worten zum Trotz bestehen wir ...«
»Gut. Es ist also nur der Brahmane, nicht der *Khattiya, Vessa* oder *Sudda*, welcher sich mit Hilfe von medizinischem Kräuterpulver im Fluß reinigen kann?« – »Aber nein. Ein jeder, ungeachtet seiner Kaste, kann sich mit medizinischem Kräuterpulver im Fluß reinigen.« – »Auf welche Grundlage baut ihr dann eure Forderung?« – »All deinen Worten zum Trotz bestehen wir ...«
»Stelle dir vor, ein gekrönter *Khattiya*-König ruft einhundert Menschen verschiedener Kasten zusammen und spricht zu ihnen: »Kommt, meine Guten, wer *Khattiya* oder Brahmane ist und einer edlen Familie entstammt, möge einen Feuerstock aus Teak, *Sāla, Salasa,* Sandelholz oder Lotusholz bringen und damit Feuer machen! Und ihr, die Unberührbaren, die Fallensteller, Bambuskorbflechter und Aasgeierfamilien, ihr möget Stöcke aus dem Wald oder aus dem Schweinestall bringen und damit ein Feuer machen! Was sagst du dazu, *Assalyāyana?* Das Feuer eines Teakstockes der *Khattiya* oder das Feuer vom Stock aus dem Schweinestall, werden sie eine unterschiedliche Flamme hervorbringen, ihr Licht verschiedenen Zwecken dienlich sein?« – »Natürlich nicht. Beide Feuer werden dieselbe Flamme, dasselbe Licht und dieselbe Helligkeit haben ...« – »Auf welche Grundlage baut ihr dann eure Forderung?« – »All deinen Worten zum Trotz bestehen wir auf unserer Forderung ...«
»Stelle dir vor, ein junger *Khattiya*-Mann tut sich mit einem Brahmanenmädchen zusammen, und sie bekommen einen

Sohn. Kann man diesen Sohn sowohl als Brahmanen als auch als *Khattiya* bezeichnen?« – »Ja, ehrenwerter *Gotama.*« – »Ebenso wenn ein Brahmane sich mit einer *Khattiya* zusammentut und sie einen Sohn bekommen. Kann dieser Sohn sowohl als Brahmane als auch als *Khattiya* bezeichnet werden?« – »Ja, ehrenwerter *Gotama.*« – »Was sagst du dazu: Wenn man ein Pferd mit einem Esel kreuzt, ist das Fohlen dann sowohl ein Pferd als auch ein Esel?« – »Hier verhält es sich anders. Das Fohlen wäre dann ein Maulesel.«

»Und das: Nimm zwei Brahmanenbrüder, von denen einer die Schriften und die traditionellen Praktiken perfekt beherrscht, der andere jedoch nicht. Wem von beiden würden die Brahmanen bei offiziellen Anlässen zuerst dienen?« – »Die Brahmanen würden zuerst dem gelehrten Bruder dienen. Mit welchem Grund sollte man einen Mann nähren, der die Schriften und Traditionen nicht beherrscht?« – »Stelle dir zwei Brahmanen-Brüder vor, der eine beherrscht die Schriften und Traditionen, führt jedoch einen lasterhaften Lebenswandel, ein Mann schlechten Charakters, der andere kennt die Schriften und Traditionen kaum, ist jedoch moralisch, ein Mann guten Charakters. Welchem dieser Männer würden die Brahmanen bei offiziellen Anlässen zuerst dienen?« – »Die Brahmanen würden zuerst dem Bruder dienen, der zwar die Schriften und die traditionellen Praktiken nicht so gut kennt, aber moralisch und ein Mann guten Charakters ist. Welchen Sinn hätte es, einen unmoralischen Menschen zu nähren?« – »Nun, *Assalyāyana,* bedenke deine Worte. Dein erstes Urteil gründete auf Reinheit der Geburt, dann gründetest du dein Urteil auf die Kenntnis der Schriften, dann wiederum auf spirituelle Reinheit. Und nun kommst du zu meiner Erkenntnis, daß nämlich ein jeder Mensch, aus jeder Kaste, die Möglichkeit hat, Reinheit zu erlangen.« *Assalyāyana* war sehr bewegt und bat den Meister, ihn als Schüler anzunehmen.

Der Dialog erklärt sich selbst. Die Vorstellung, die Brahmanen seien aufgrund ihrer Helligkeit, Reinheit und Geburt durch *Brahma* überlegen, die indische Art von Rassismus, wurde zerschlagen. Dies geschah durch die reine Wahrheit, durch biologische, physiologische und medizinische Fakten. Dennoch ist eine Geburt alles andere als rein, amüsant und himmlischen Ursprungs. Sie ist blutig, schmerzhaft und verursacht allen Beteiligten – dem Baby, den Eltern, der Ärzteschaft, den Verwandten und Freunden – erhebliche Angst und Aufregung.

Assalyāyana war ein außergewöhnlich gelehrter und reifer Mann, und er war von Anfang an von den Lehren des Buddha überzeugt. Um jedoch die Ansprüche des Kastensystems aufrechtzuerhalten und die Brahmanen zufriedenzustellen, hatte er die irrationale Forderung der Brahmanen vorgetragen. Er war von der Weisheit des Buddha und dessen schlüssiger Argumentation angetan. Nur damit auch die Brahmanen, die sich versammelt hatten, die Wahrheit des Meisters erkennen konnten, hatte er immer wieder mechanisch die Forderung der Brahmanen wiederholt. Das Ergebnis war eine exzellente pragmatische Argumentation von leuchtender Weisheit.

Rationalität ist hier nicht allein ein Zeichen von Logik oder dialektischer Methodik, mit der eine bestimmte Ansicht durchgesetzt werden soll. Sie ist vielmehr ein Ausdruck der Realität und spiegelt die Wahrheit wider. Wie die Strahlen der Sonne die Macht der Sonne widerspiegeln und wie die Reflektion der Strahlen auf dem See die Gegenwart der Sonne zeigt, so drückte auch der rationale Ansatz des Buddha die Wahrheit aus.

Seine Methodik, in Worten und Gedanken, reflektiert die Wirklichkeiten des Lebens und des Jenseits in aller Klarheit. Jedes Mittel, mit dem die Wahrheit und die Wirklichkeiten des Lebens aus der richtigen Perspektive dargestellt werden, ist von unermeßlichem Wert. Aus diesem Grunde sind Gerechtigkeit, Moral, Mitgefühl, Vernunft und andere Ausdrücke spiritueller Perfektion Werte, die, den Strahlen der Sonne gleich, in den Ausführungen des Buddha das Licht der Wahrheit verbreiten.

Diese Werte sind Teile des großen Mosaiks der Vier Edlen Wahrheiten, welche die Entdeckung des Buddha sind. Diese sind untrennbar und ergeben zusammen die Ganzheit der Wahrheit. In diesem Licht zeigt sich der liberale und vernünftige Ansatz des Buddha, wie wir ihn in der vorherigen Episode erkennen konnten, und formt einen Teil einer größeren Perspektive, des Mittleren Pfades, des *Majjhimā Patipadā.*

Der Ansatz des Mittleren Pfades stellt den einzigartigen Beitrag des Buddha an die fühlenden Wesen dar. Dahinter verbirgt sich kein Mit-dem-Strom-Schwimmen, kein Von-außen-Zugucken, sondern die Transzendenz aller Widersprüche und Extreme. Er repräsentiert den Höhepunkt, die höchste Perfektion in Substanz, Form und Leistung. Der Ansatz des Mittleren Pfades manifestiert sich unter verschiedenen Umständen in den unterschiedlichsten Lehrreden. Die folgende Episode des Sona ist wahrscheinlich die dramatischste:

Sona

Sona war der Sohn des Fürsten des Reiches und ein Verwandter des Königs *Bimbisarā* von *Magadha.* Er hatte eine sehr zarte Konstitution, beispielsweise litt er unter der physiologischen Absonderlichkeit äußerst dünner, leicht behaarter Fußsohlen. Aber er war ein begnadeter *Vīnā*-Spieler [*Vīnā:* ein Musikinstrument].

Als er nach *Rājagaha* kam, stattete er gemeinsam mit dem König, seinem Großvater, dem Buddha einen Besuch ab. Er war ein ernster junger Mann, und die Lehre des Meisters inspirierte ihn. Also wohnte er den Lehrreden regelmäßig bei, und nach einiger Zeit bat er, Mönch werden zu dürfen. Der Buddha riet ihm, zunächst die Erlaubnis seiner Eltern einzuholen. Als dies geschehen war, wurde *Sona* Mönch.

Nachdem er in die Praxis der Meditation eingewiesen worden war, stürzte sich *Sona* eifrig in die Ausübung der Meditation, um übernatürliche Mächte zu erfahren. Eine ganze Nacht schritt er meditativ auf und ab, lief sich dabei jedoch nur seine Füße wund, so daß der Boden mit Blut beschmiert war. Als die Morgendämmerung hereinbrach, hatte er noch nichts Nennenswertes erreicht, und er dachte, vielleicht sei er nicht verdienstreich genug, um den spirituellen Gipfel zu erreichen. Also beschloß er, zu seinem früheren Leben zurückzukehren, um das erforderliche Verdienst zu erlangen, indem er sich in der Erfüllung der *Pāramis* übte und danach wieder ins Kloster zurückkehrte.

Der Herr Buddha erkannte mit Hilfe seiner übernatürlichen Kräfte die Gedanken *Sonas*. Da dieser das spirituelle Potential besaß, ein *Arahat* zu werden, erschien der Meister unverzüglich vor ihm und machte ihm klar, daß seine Bedenken unnötig seien. Ehrfürchtig öffnete *Sona* ihm seinen Geist.

Der Buddha fragte: »*Sona*, warst du nicht ein begnadeter *Vīnā*-Spieler?« – »Doch, Meister.« – »Was sagst du also hierzu: Wenn die Saiten deiner *Vīnā* zu locker oder zu straff sind, kannst du trotzdem den rechten Ton finden?« – »Nein, Herr.« – »Aber wenn die Saiten deiner *Vīnā* weder zu locker noch zu straff, sondern genau richtig gespannt sind, dann kannst du den rechten Ton treffen?« – »Ja, Herr.« – »Genau so, *Sona*, führt zuviel Eifer zu Rastlosigkeit und zuviel Müßiggang zu Gleichgültigkeit.«

Der Buddha sprach dann darüber, wie man ein Gleichgewicht zwischen den Extremen herstellt und spirituelle Harmonie, welche zu *Nibbāna* führt, entwickelt. Der Ansatz des Mittleren Pfades stellt in diesem Zusammenhang die Fähigkeit dar, mentales Gleichgewicht durch das Üben von Bescheidenheit zu erlangen.

Derselbe Ansatz in einem anderen Kontext zeigt sich in der folgenden Geschichte von *Kisā Gotami* als eine Kombination aus tiefer Sympathie und Verständnis mit ernsthafter Weisheit.

Kisā Gotami

Kisā Gotami hatte in fortgeschrittenem Alter einen Sohn geboren, und so blieb dieser Sohn das einzige Kind einer reichen Familie. Er war der Liebling aller. Eines Tages wurde der Junge plötzlich krank und verstarb schließlich trotz der besten Medizin.

Die Mutter verlor vor lauter Kummer den Verstand. In ihrer geistigen Verwirrung redete sie sich ein, ihr Kind lebe noch, und preßte den Leichnam an ihre Brust. Niemand vermochte, ihr das Kind abzunehmen. Mit dem toten Kind lief sie von Arzt zu Arzt, um eine bessere Medizin zu bekommen. Der Leichnam begann schließlich zu riechen und sich zu zersetzen. Dennoch konnte *Kisā Gotami* die Wahrheit nicht akzeptieren. Inzwischen fielen ihr selbst die Kleider vom Leib, sie lief jedoch nackt weiter.

Ein älterer Anhänger des Buddha erblickte sie und wurde von Mitleid übermannt. Er sprach zu ihr und sagte, er kenne einen großen Heiler, der ihr Kind wieder aufwecken könne, und führte sie zum Buddha. Der Meister befand sich gerade in einer Versammlung. Dennoch konzentrierte er all

Absender

Name: ....

Vorname: ....

Strasse: ....

PLZ, Ort: ....

Geburtsdatum: .... Beruf: ....

Telefon: ....

*E-Mail: .... @ ....

*Kann jederzeit abbestellt werden!

Bitte senden Sie mir:

- ☐ Schirner Verlag Katalog
- ☐ Schirner Verlag Newsletter (nur als E-Mail)*
- ☐ Seminar Szene (Veranstaltungsprogramm)
- ☐ Seminar Szene Newsletter (nur als E-Mail)*
- ☐ Interessengruppen und Gleichgesinnte

Folgende Themen interessieren mich besonders:

....

....

Alle Angaben werden vertraulich behandelt.

Bitte freimachen

Schirner Verlag
Zerninstrasse 7
D-64297 Darmstadt

seine Kraft auf ein grenzenloses Mitgefühl mit *Kisā Gotami,* die ihr totes Kind allen persönlichen Leides zum Trotze trug und den Meister anflehte, es zum Leben zu erwecken.

»Meine liebe Tochter, bringe mir eine Handvoll Senfsamen«, bat der Buddha. – »Ja, ich bringe Euch, soviel Ihr wollt, wenn Ihr mein Kind auferweckt.« – »Gut. Bringe sie aber aus einem Hause, das keinen Tod kennt.«

Kisā Gotami drückte ihr Kind an sich und eilte davon. Sie zog von Haus zu Haus, von Dorf zu Dorf. Die Menschen versprachen ihr Körbe voll Senfsamen, aber sie erzählten stets schweren Herzens, daß ihnen bereits Geliebte vom Tod geraubt worden seien. Wie ein Blitz flackerte da die Wahrheit in *Kisā Gotami* auf. Sie begriff die Universalität des Todes.

Als diese Erkenntnis in ihren Geist drang, wurde sie von Scham ergriffen. Der alte *Upāsaka,* der sie begleitet hatte, legte ihr ein Tuch um den nackten Leib. Sie ließ ihr Kind bestatten und begab sich dann unverzüglich zum Meister, um in den Orden aufgenommen zu werden. Bald wurde sie als Nonne eine *Arahat.* – Das Tipitaka ist eine unerschöpfliche Quelle ähnlicher Geschichten.

Der Buddha ist ein Entdecker, ein Wegweiser, keine Inkarnation eines Gottes *(Avatāra),* kein Prophet oder Messias. Der Meister ist ein spiritueller Führer für Menschen und Götter und allen Wesen überlegen. Aus seinem allumfassenden Mitgefühl und seiner Liebe für die fühlenden Wesen verkündete er den Pfad der Erleuchtung. Nachdem er den Pfad entdeckt hatte, leitete er alle an, darauf zu wandeln. Der Buddha erklärte:

Kein Ding befriedigt ganz,
wer's eingesehen hat,

kehrt sich von Leiden ab.
Dies ist der Reinheitspfad.

DHAMMAPADA, VERS 278

Der Weg führt euch dahin,
wo alles Leiden schwindet;
Als ich die Rettung fand,
hab' ich ihn euch verkündet.

DHAMMAPADA, VERS 275

Ananda

Ein ebensolcher Geist wohnte in *Ananda*, als der Gesegnete dem Tode nah war. *Ananda* weinte bitterlich, denn er wußte, daß die Zeit des Meisters gekommen war. Der Buddha tröstete ihn wie eine liebende Mutter:
»*Ananda*, ich habe alle Pflichten eines Lehrers erfüllt. Mir bleibt nichts mehr zum Erreichen des Ziels. Ich habe nicht die geballte Faust des Lehrers. *Ananda*, führe ein heiliges Leben, dann wirst du das Leiden beenden. Sei den Deinen ein Licht! Sei eine Zuflucht für die Deinen! Lasse den D*hamma* dein Licht und deine Zuflucht sein, nichts anderes!«

Die Unberührbaren (Ausgestoßenen)
– Das Vasala Sutta –

Wie gewöhnlich fiel der Buddha in *Mahā Karunā Samādhi* (die übernatürliche extatische Aufnahme grenzenlosen Mitgefühls), was nur ein Allwissender erreichen kann. In diesem Zustand verweilte er zwei Stunden, von 4 bis 6 Uhr morgens. Nachdem er aufgetaucht war, betrachtete er das Universum mit dem Auge eines allwissenden Buddha. Im Netz seiner allwissenden Vision erschien ein Mensch namens *Aggika Bharadvāja,* ein reicher Brahmanenführer aus der Stadt *Sāvātthi,* der Hauptstadt des Königreiches von *Mahā Kosala.* Der Buddha blickte in die Zukunft und sah alle Ereignisse des Tages.

Aggika Bharadvāja, der sich strikt an die brahmanischen Opferrituale hielt, hatte für diesen Nachmittag ein großes *Yagña* (Feueropfer) geplant, zu dem zahlreiche Brahmanen erscheinen sollten. Der Buddha erkannte *Bharadvājas* spirituelles Potential. Auch sah er, daß das Ereignis, welches *Bharadvājas* Transformation vorausgehen sollte, kein angenehmes sein würde. Voll Mitgefühl begab sich der Buddha am Vormittag auf seinem Almosengang zu dessen Haus.

Als *Bharadvāja* ihn erblickte, erregte er sich und hielt des Buddha Ankunft für ein schlechtes Omen. Einen Mönch kurz vor einem Feueropfer zu sehen galt damals als unheilverkündend. Er konnte nicht zulassen, daß der Buddha das Opfer störte. Als der Brahmane den Gesegneten sah, rief er: »Hinfort mit dir, du Rasierter! Bleib stehen, du Mönch! Bleib fort, du Unberührbarer!«

Als er dies rief, sprach der Gesegnete in seiner allumfassenden Liebe *(Mettā)* zu ihm: »Brahmane, weißt du, wer ein Unberührbarer ist und was einen Unberührbaren unberührbar macht?« – »Nein«, entgegnete der Brahmane, »das weiß ich nicht. Es wäre gut, wenn du den *Dhamma* so lehren könntest, daß ich verstehe, wer ein Unberührbarer ist und was einen Unberührbaren unberührbar macht.«

Also sprach der Buddha:

Ein Mensch, der zornig und trotzig ist,
böse und neidisch,

der perverse Ansichten hat und betrügt,
er sei ein Unberührbarer.

Einer, der das Leben zerstört,
das Leben solcher, die ein- oder zweimal geboren wurden,
der kein Gefühl für das Leben hat,
er sei ein Unberührbarer.

Derjenige, der belagert und zerstört
Dörfer und Städte,
ein notorischer Unterdrücker,
er sei ein Unberührbarer.

Ob in Ort oder Wald,
wer Dinge stiehlt,
die anderen gehören und lieb sind,
er sei ein Unberührbarer.

Einer, der sich etwas leiht,
und dann verschwindet, wenn es eingefordert wird,
und sagt: »Ich stehe nicht in deiner Schuld!«,
er sei ein Unberührbarer.

Einer, der selbst das Niedrigste begehrt,
der stiehlt, um des Stehlens willen
und dafür den Wanderer auf der Straße tötet,
er sei ein Unberührbarer.

Einer, der falsch aussagt,
um seine eigene Haut zu retten
oder um sich zu bereichern,
er sei ein Unberührbarer.

Wer Handel treibt mit Freunden,
Verwandten oder Frauen,
erzwungen oder im Einvernehmen,
er sei ein Unberührbarer.

Wer weder Mutter noch Vater stützt,
die alt und gebrechlich sind,
obwohl er selbst vermögend ist,
er sei ein Unberührbarer.

Wer mit Worten eindrischt
auf Mutter, Vater oder Bruder,
Schwester oder Schwiegermutter,
er sei ein Unberührbarer.

Wenn er um guten Rat gebeten wird,
aber schlechten gibt
oder widersprüchlich spricht,
er sei ein Unberührbarer.

Einer, der nach einer bösen Tat
sie vor den anderen vertuscht,
und seine Handlungen verbirgt,
er sei ein Unberührbarer.

Wer kein *Arahat* ist,
aber vorgibt, einer zu sein,
so ist er der größte Dieb
und der bösartigste Unberührbare.

Diese haben den Namen Unberührbare verdient,
Ich nenne sie so.
Nicht durch Geburt wird man unberührbar,
nicht durch Geburt ist man von hoher Kaste.

Allein durch Tat ist man unberührbar,
allein durch Tat ist man von hoher Kaste.

Meine Darstellung wird erklärt:
Einst war der Sohn eines Unberührbaren,
der wurde berühmt als *Mātaṅga*.
Mātaṅga erlangte den Gipfel des Ruhms,
selten für einen seiner Art,
und ihm diente manch ein *Khattiya* und Brahmane.

Aus einer himmlischen Macht geboren,
begab er sich auf den erhabenen Pfad.
nachdem er sich von Sinnlichkeit befreit,
erreichte er die Ebene der Brahmanengötter.
Seine Kaste hielt ihn nicht ab.

Er wurde als Brahmane wiedergeboren
in eine Familie, die das Vedische rezitierte,
Schreiber skriptischer Hymnen.
Auch solche Brahmanen
begehen oft böse Taten.

Bisweilen werden sie sogar verdammt
und in elender Lage wiedergeboren.
Ihre Kaste schützt sie nicht
vor niederer Geburt oder Verdammnis.

Nicht durch Geburt ist man aussätzig,
nicht durch Geburt ist man von hoher Kaste.
Allein durch Tat ist man aussätzig,
allein durch Tat ist man von hoher Kaste.

Verse 116–142

Was macht einen Menschen von hoher Geburt, was einen von niederer Geburt aus?

Die Begegnung mit dem Brahmanen war Auslöser für diese Lehrrede des Buddha. Durch sie wurden grundlegende Veränderungen im damaligen Indien hervorgerufen. Wenn die Einstellung eines Menschen sein Verhalten ändert, dann werden auch seine Taten besser. Ein edler, moralisch gesunder Lebensstil, der von einer solchen Veränderung herrührt, ist der Grundstein für ein sinnvolles menschliches Leben. Durch ein solches Leben wiederum wird zu einer dauerhaften Kultur und Zivilisation beigetragen.
Das *Vasala Sutta* brachte eine solche Kultur und Zivilisation nicht nur in Indien, sondern in aller Welt hervor, wo Anhänger des Buddha lebten und leben. Um ein guter Mensch zu sein, muß man zunächst menschlich sein, besonders seinen Mitmenschen gegenüber. Die Gesellschaft in Kasten, Klassen, Rassen, Religionsgemeinschaften und Geschlechter einzuteilen ist der sicherste Weg, eine gespaltene Kultur und eine zerbrechliche Zivilisation zu erschaffen, die kaum eine Zeit überdauern wird.

Auf die Frage, wodurch jemand zum Unberührbaren [Ausgestoßenen] würde, hatte der Buddha geantwortet: »Ein Mensch, dessen Geist mit Zorn, Trotz, Neid, Hinterlist und fundamentalistischen Ideologien erfüllt ist, ist ein Aussätziger, jedoch nicht, weil er als solcher geboren worden wäre, sondern aufgrund seines Glaubens, Denkens und seines Verhaltens. Es gibt also höhere und niedrigere Menschen. Diese Unterscheidung gründet jedoch nicht auf seiner Geburt sondern allein auf seinen Taten, seinen Reden und seinen Gedanken. Denn unsere Taten machen uns zu dem, was wir sind.«
Widerspricht dies dem buddhistischen Gleichheitsgedan-

ken? Nein. Gleichheit in der menschlichen Gesellschaft ist das Fundament für eine dauerhafte Zivilisation. Mit Gleichheit ist hier die Chancengleichheit gemeint. Ein jeder Mensch sollte die gleichen Möglichkeiten haben, im Leben voranzuschreiten, jeder sollte selbstbestimmende Freiheit in Glauben, Denken und Lebensart genießen.

Nicht zwei Menschen sind identisch. Sie mögen sich ähnlich sein, gleich aber nie. Aufgrund der karmischen Kräfte, die eine bestimmte menschliche Existenz hervorbringen, wird die menschliche Entwicklung in Gang gesetzt. Selbst in ein und derselben Familie, wo alle in derselben Umgebung wohnen, in denselben Lebensumständen, kann das Aufwachsen aller nicht identisch sein. Wenn dieses Prinzip allgemein anerkannt ist, stellt sich die Frage der Gleichheit überhaupt nicht als konzeptioneller Idealismus, sondern als rein praktische Wirklichkeit. Die Unterschiedlichkeit, und nicht die Gleichheit, macht das Leben so viel interessanter und lehrreicher.

Es gibt jedoch Menschen, die durch ihr Verhalten niedriger sind und die möglicherweise den Namen Aussätzige verdienen. Ebenso gibt es auch Menschen, die durch ihr Verhalten und ihre Tugend höher stehen als andere. Die Attribute »hoch« und »niedrig« widersprechen also nicht der Lehre des Buddha.

Der Buddha hatte weitergesprochen: »Ein gefühlloser Mörder, einer, der Leben, Dörfer oder Städte auslöscht, ein Unterdrücker ist ein niederer Mensch. Er verdient es, der menschlichen Gesellschaft ferngehalten zu werden. Denn jemand, der keine Achtung vor dem Leben und dem Eigentum hat, einer, der plündert und Grausamkeiten begeht, kann nicht mit dem Rest der Gesellschaft in Einklang gebracht werden. Er ist durch sein Wesen nieder.«

Der Buddha fuhr fort: »Gleichermaßen kann ein Dieb, ein Straßenräuber oder Taschendieb nicht als gleichwertiges

Mitglied der Gesellschaft erachtet werden und ist daher ein Aussätziger. Einer, der nicht zurückgibt, was er sich geliehen hat, der betrügt, läuft der zivilisierten Gesellschaft zuwider. Ein Lügner ist ein Vergewaltiger der Wahrheit, ein Betrüger, ein unzuverlässiger Mensch und eine Bürde für die Gesellschaft. Da niemand sich in seiner Gesellschaft sicher fühlt, muß er aus der Gesellschaft verbannt werden.«
Weiter führte der Buddha aus: »Ein Ehebrecher ist ebenso aussätzig. Als einer, der Werte der Familie und des moralischen Lebens bricht, ist eine solche Person eine Schande für die Menschheit. Ein unmoralischer Mensch sollte in einer ethischen Gesellschaft keinen Platz haben. Ein gutsituierter, aber böser und egoistischer Mensch, der seine alten, schwachen und armen Eltern nicht unterstützt, zeigt wahre Undankbarkeit. Dankbarkeit ist ein Kennzeichen eines guten Menschen. Wer keine Dankbarkeit kennt, dem mangelt es auch an menschlicher Güte, und er darf aus diesem Grunde als nieder erachtet werden.«
Der Buddha sprach weiter: »Dasselbe gilt für einen Gewalttäter, jemanden, der seine Eltern und Verwandten schlägt. Ein Mensch, der das Vertrauen anderer bricht und mißbraucht, der seine Handlungen vor anderen verbirgt oder eine liebe Geste nicht erwidert, ein Elender, der den Bedürftigen nichts gibt, anderen falsche Wahrheiten vorspiegelt, ein arroganter, selbstherrlicher Mensch wird in der Gesellschaft immer als nieder erachtet werden. Ein Provokateur, der moralische Integrität nicht kennt, der andere schmäht, auch einen Buddha, ein heuchelnder Mönch, der vorgibt, ein *Arahat* zu sein, diese Charaktere spiegeln menschliche Schlechtheit wider und können daher aus der Gesellschaft ausgeschlossen werden. Aber von allen niederen Menschen ist derjenige am meisten zu verabscheuen, der vorgibt, ein Heiliger zu sein, denn er ist der König der Diebe.«
Der Buddha teilte mit: »Diese Menschen werden auf Grund

ihres Charakters als aussätzig empfunden. Dem stimme ich zu. Nicht durch Geburt wird man ein niederer Mensch oder ein hoher Mensch, allein durch seine Taten wird man ein niederer Mensch, allein durch seine Taten zu einem erhabenen Menschen.« Diese Bezeichnungen beschreiben die Qualität des menschlichen Lebens.

Der Buddha berichtet von dem Sohn eines Aussätzigen, der als *Mātaṅga* der Weise bekannt wird und so viel Ruhm erlangte, daß er von *Khattiyas*, Brahmanen und vielen anderen verehrt wurde. Indem er sein sinnliches Erdenleben aufgab, wurde er ein Heiliger. Neben dem Mönch *Mātaṅga* gab es eine Vielzahl anderer Heiliger, die niederen Kasten entsprungen sind. Beispielsweise der Aasfresser, der ein *Arahat*, ein Vollkommener, wurde. Ihre sogenannte niedere Geburt konnte sie nicht von der spirituellen Befreiung abhalten, beispielsweise davon, ein Schüler des Buddha zu werden. *Aggika Bharadvāja* war so inspiriert und spirituell derart transformiert, daß er bei dem Buddha, dem D*hamma* und dem *Sangha* Schutz suchte und fortan ein heiliges Leben führte.

Mātaṅga Jātaka

Eine Geschichte aus einem früheren Leben (Jātaka) des Buddha

Die folgende Geschichte aus einem früheren Leben des Buddha wurde dem Ehrenwerten *Piṇḍola Bharadvāja* in J*etavana* beim Ältestenrat erzählt. *Piṇḍola Bharadvāja* war offenbar sehr gewandt in allen Arten übernatürlicher Kräfte, die er darauf verwandte, den *Dhamma* zu verbreiten.

Der ehrenwerte *Piṇḍola Bharadvāja* verbrachte die heißen Mittagsstunden gern im Park von König *Udena* in *Kosambi*, wo er *Nidordha Samāpatti,* den tiefen Zustand der Freude, in dem er in Frieden von *Nibbāna* verweilte, genoß. Eigentlich lebte er in *Jetavana*, doch er pflegte durch die Luft zu fliegen, um im etwa 150 Kilometer entfernten Park von *Kosambi* die Mittagszeit zu verbringen.

Der König von *Kosambi* war als *Udena* der Schreckliche bekannt. Er hatte einen großen Harem. Seine Hauptinteressen bestanden darin, alle Arten körperlicher Gelüste zu befriedigen und militärische Expeditionen in die Nachbarländer zu unternehmen. Da er undurchschaubar und gefürchtet war, nannten ihn die Menschen ›den Schrecklichen‹.

Eines Tages kam *Udena* sturzbetrunken in den Park, gefolgt von seinen Frauen, legte sich auf eine Couch und schlief in den Armen einer seiner Haremsdamen ein. Andere Frauen, die gesungen und musiziert hatten, legten ihre Instrumente nieder, als sie sahen, daß der König schlief, und schlenderten durch den Park. Als sie den *Bodhisatta* unter dem Baum sitzen sahen, gingen sie zu ihm, grüßten ihn und setzten sich. Der Ältere war in *Samādhi* gesunken. Als er die Gegenwart der Frauen spürte, erwachte er und sprach zu ihnen.

Udena erwachte ebenfalls und fragte die Frau, in deren Armen er lag: »Wo sind die anderen?« Sie erklärte, sie säßen mit einem Mönch unter einem Baum. Als *Udena* dies hörte, erzürnte er sich, lief zu dem Baum und schrie: »Du da, dich werde ich von Riesenameisen auffressen lassen.« Daraufhin ließ er einen Korb roter Riesenameisen über dem Körper des Mönchs ausschütten. Der Ältere erhob sich und wies den König zurecht.

Er flog zurück nach *Jetavana* und erschien nahe der Strohhütte (Gandha Kuti) des Buddha. Der Meister hatte die Episode beobachtet, fragte *Piṇḍola Bharadvāja* aber dennoch: »Woher kommst du?« Als der Ältere berichtet hatte, sprach er: »Dies ist nicht das erste Mal, daß *Udena* dies einem Mönch angetan hat.« Dann erzählte er folgende Geschichte:

Zu der Zeit, da *Brahmadatta* – so der Titel des Königs von *Kāsi* – in *Bārānasi* herrschte, wurde der *Bodhisatta* in einem Armenviertel der Aussätzigen außerhalb der Stadt geboren. Seine Eltern riefen ihn *Mātaṅga,* was zwei Bedeutungen hat. Zum einen bedeutet es Elefant, eine Metapher für ein mächtiges Wesen. Zum anderen wird so eine Unterkaste der *Caṇḍāla*-Unberührbaren genannt. *Mātaṅga* wuchs rasch zu einem begabten Kind heran und war bald für seine Intelligenz bekannt. Fortan nannten ihn die Menschen *Mātaṅga* den Weisen.

Der Sitte entsprechend konnten die Aussätzigen sich ihren Lebensunterhalt nur durch Betteln verdienen. Also bettelte auch *Mātaṅga,* um für den Unterhalt seiner Familie zu sorgen. Wenn er als Unberührbarer die Straße betrat, mußte er die anderen Menschen warnen, indem er auf seine Metallschale schlug und »Ausgestoßener, Ausgestoßener« rief.

In dieser Stadt lebte auch ein reicher Oberkasten-Millionär. Er hatte eine Tochter namens *Diṭṭha Maṅgalikā,* was ›Eine, die gute Omen erkennt‹ bedeutet. Immer wenn sie etwas mied, wurde dies als schlechtes Omen gedeutet. Die Tochter ging oft mit ihrem Gefolge in den Stadtpark, um dort Festen beizuwohnen.

Eines Tages betrat *Diṭṭha Maṅgalikā* die Stadt durch das Haupttor, und dort erblickte sie auf dem Weg zum königlichen Park einen Aussätzigen. Das war *Mātaṅga.* Er trat rasch zur Seite, damit er nicht gesehen würde, doch *Diṭṭha Maṅgalikā* hatte ihn bereits bemerkt. Sie fragte ihre Baldachinträger: »Wer ist das?« Als sie hörte, daß es sich um einen Aussätzigen handelte, brach sie in Klagen aus: »Oh, ich mußte einen Anblick ertragen, der Unglück bringt.« Rasch spülte sie sich die Augen mit Duftwasser und befahl ihrem Gefolge, sie umgehend nach Hause zu bringen. Das Gefolge, das sich auf ein Fest mit gutem Essen und Likör gefreut hatte, war sehr enttäuscht und schrie den Aussätzigen an: »Du Aussätziger! Du hast uns um das Fest gebracht!« Und sie schlugen ihn brutal. Als er bewußtlos wurde, und auf dem Boden liegenblieb, sagten sie: »Er hat genug«, und gingen davon.

Nach einiger Zeit kam *Mātaṅga* wieder zu sich und dachte: »Mein ganzer Körper schmerzt. Obwohl ich unschuldig bin, ließ mich *Diṭṭha Maṅgalikā* grundlos verprügeln, und dies allein, weil ich ein Aussätziger bin.« Mit eisernem Willen schleppte er sich zum Hause des Millionärs und legte sich auf die Schwelle. Die Menschen fragten, was er dort tue. Er entgegnete: »Ich wünsche *Diṭṭha Maṅgalikā* als Entschädigung für all die Ungerechtigkeiten, die mir angetan wurden.«

Am nächsten Tag lag er immer noch dort, ohne Essen, und rührte sich nicht. Dies war die alte Form von Hungerstreik. Ein weiterer Tag verging, noch einer und schließlich ein vierter, und immer noch lag der Aussätzige regungslos. *Diṭṭha Maṅgalikās* Diener und andere wichtige Bürger versuchten, ihn mit Geld zu vertreiben. Sie begannen mit einer Kupfermünze und gingen auf und ab, bis daraus eintausend Goldmünzen geworden waren. Aber der Aussätzige ließ sich nicht bestechen. Er lag da, entschlossen zu sterben.

Am siebenten Tag erschien eine Gruppe wichtiger Brahmanen und reicher Oberklassenbürger und erklärte *Diṭṭha Maṅgalikās* Vater, was die Sitte in einem solchen Falle von einem Brahmanen verlange. Nicht nur sei das Haus damit unwiederbringlich besudelt, dasselbe Schicksal ereile auch sieben Häuser zu jeder Seite. Aufgebracht beklagten sich die Hausbesitzer dieser vierzehn Häuser: »Treibe uns wegen deiner Tochter nicht in den Ruin! Er wünscht deine Tochter als Entschädigung für das Unrecht, das ihm angetan worden ist. Gib sie hinweg, und rette uns alle!«

Also wurde *Diṭṭha Maṅgalikā* als Zeichen ihrer Verbannung in

einen rauhen blauen Stoff gehüllt und *Mātaṅga* übergeben. Sie war nun eine Aussätzige, die einem Aussätzigen angehörte. Als sie *Mātaṅga* bat, sie zu seinem Haus zu bringen, erklärte dieser: »Ich bin so schrecklich verprügelt worden und habe seit sieben Tagen nichts gegessen, so daß ich zu schwach bin. Bitte trage mich auf deinem Rücken.«
So wurden alle Bürger Zeugen, wie *Diṭṭha Maṅgalikā* ihn zur Aussätzigenhütte trug. Er behandelte sie mit größter Höflichkeit und rührte nicht an ihre Keuschheit. Als er sich erholt hatte, dachte er: ›Nur wenn ich das häusliche Leben aufgebe, kann ich meiner Dame mit Geschenken dienen.‹ Also sprach er zu ihr: »Meine Dame, ich muß in den Wald, um unseren Lebensunterhalt zu bestreiten. Bitte warte, bis ich zurückkehre. Ich habe meinen Leuten aufgetragen, dich nicht zu vernachlässigen. Sie werden sich um dich kümmern. Bitte sorge dich nicht.« Dann ging er in den Wald und wurde ein Asket.
Ein *Bodhisatta* ist kein gewöhnlicher Mensch. Er übt sich Leben um Leben in der Erfüllung der zehn Vollkommenheiten *(Pārami),* um ein Höchster Erleuchteter Buddha zu werden, ein Allwissender und spiritueller Meister der Götter und Menschen. Er hat über die Hunderttausende von Leben eine Menge spiritueller Verdienste *(Puñña)* angehäuft. Aufgrund dieser Verdienste vermag er, wenn erforderlich, übernatürliche Leistungen zu vollbringen.
Im Wald gab sich *Mātaṅga* mit Eifer der Meditation hin und entwickelte bald all jene extatischen *(Jhāna)* und übermenschlichen *(Abhiññā)* Kräfte. Nachdem er diese außergewöhnlichen Fähigkeiten erworben hatte, dachte er: ›Nun kann ich *Diṭṭha Maṅgalikā* meinen Schutz bieten.‹ Mit Hilfe seiner übermenschlichen Kräfte erhob er sich in die Luft und flog zu seinem alten Haus. *Diṭṭha Maṅgalikā* hatte all diese Tage hindurch geweint. Auch jetzt schluchzte sie: »Warum hast du mich verlassen, um ein Asket zu werden?«

Er sprach: »Meine Dame, sorge dich nicht. Ich werde deinen ehemaligen Lebensstandard wieder erreichen. Dein Leben soll noch viel ruhmreicher werden. Du brauchst nur zu verkünden, daß dein Gatte nicht nur ein *Mātaṅga*-Aussätziger ist, sondern ein göttliches Wesen. Wenn ihr mir nicht glaubt, dann schaut am siebenten Tage von heute an, wie er am Vollmondtag die Mondscheibe durchbricht. Wenn er vom Brahmanenhimmel zurückkehrt, werdet ihr alle Zeugen sein.«

Er sagte ihr, sie solle sich nicht sorgen und auf seine Rückkehr warten. Dann flog er zum Himalaya zurück. *Diṭṭha Maṅgalikā* tat, wie er ihr geheißen hatte, und verkündete die Neuigkeiten in der ganzen Stadt *Bārānasi.* Zuerst waren die Menschen skeptisch, aber als sie fortfuhr, beschlossen alle, dem Schauspiel des Durchbruchs der Mondscheibe beizuwohnen.

Die *Bodhisatta*s dachten, ein Brahmanengott würde kommen, und erleuchteten das gesamte Königreich *Kāsi.* Nachdem *Mātaṅga* die Mondscheibe durchbrochen und aus dem Himmel hinabgestiegen war, flog er dreimal um die Stadt *Bārānasi.* Dann erschien er inmitten der Menge, die sich angesammelt hatte. Die Menschen waren voller Ehrfurcht und boten ihm Girlanden, Blumen und Düfte zu Füßen des Brahma *Mātaṅga* dar. Dann schritt der Brahmane vor aller Augen zurück zu seiner Aussätzigenhütte.

Diṭṭha Maṅgalikā hatte derweil die Böden geschrubbt, Blumen zermahlen und den Raum mit einer Duftlampe beduftet. Sie hatte einen prachtvollen Sitz für den *Bodhisatta* bereitet und wartete nun auf der Türschwelle liegend auf ihren Mann. Sie wurde Zeugin dessen, was auch die Menschenmenge gesehen hatte, und dann kam ihr Mann, der mächtige Asket, heim. *Diṭṭha Maṅgalikā* war in ihrer fruchtbaren Phase, und so berührte *Mātaṅga* ihren Nabel mit einem Finger, und siehe, sie war schwanger!

Er sprach: »Meine Dame, du trägst nun ein Kind unter deinem Herzen, und du wirst einen Sohn gebären. Er wird ein Herrscher unter den Menschen sein und die höchsten Ehrerbietungen empfangen. Als Brahmanenfrau wirst du mit noch größerer Würde behandelt werden. Du und dein Sohn werdet in einem Palast leben. Sie werden dir die Füße mit Duftwasser waschen, welches sie dann als heilig betrachten. Die Menschen werden sich ihre Köpfe damit besprenkeln, denn sie glauben, daß es Unheil fernhält. Alle Bürger der oberen Klassen, Brahmanen, *Khattiyas* und die anderen werden vor dir ihre Köpfe neigen und dich ehren. Jeder Reiche wird dir tausend Goldstücke anbieten. Wer deine Füße nicht berühren darf, deiner aber ansichtig wird, wird dir einhundert Goldstücke schenken und dich grüßen. Wer dich nicht sieht und hört, wird immerhin ein Goldstück aufbringen und es dir mittels eines Boten senden.«
»Sei auf der Hut!« ermahnte er sie und erhob sich dann vor aller Augen in den Himmel, wo er im Mond verschwand. Darauf kehrte er in die Wälder des Himalaya zurück, und alles, was er vorhergesagt hatte, trat ein.
Die *Brahma*-Verehrer, welche die ganze Nacht über die wundersame Verwandlung des *Mātaṅga* zu einem Brahmanen feierten, der durch die Luft und dreimal über *Bārānasi* flog, um schließlich durch die Mondscheibe zu verschwinden, riefen *Diṭṭha Maṅgalikā,* die Gattin des großen Brahmanen. Sie trugen sie unter einem goldenen Baldachin durch die ganze Stadt und erwiesen ihr große Ehre. Dann überreichten sie ihr eine große Tasche voller Goldstücke.
Anschließend brachten sie sie zu einem atemberaubenden Pavillon in der Stadtmitte, wo sie ruhmreich leben sollte. Nahe des Pavillons errichteten die Menschen einen siebenstöckigen Palast mit sieben Toren und ließen die Brahmanenfrau dann unter großem Pomp und höchsten Ehrerbietungen dort einziehen.

Als *Diṭṭha Maṅgalikā* den Palast bezog, hatte sie ihren Sohn bereits geboren. Zu seiner Taufzeremonie wurden viele gelehrte Brahmanen, Wahrsager und Astrologen geladen, die einen passenden Namen für das Kind wählen sollten. Sie nannten den Sohn *Maṇḍavya Kumāra,* den Prinzen des Pavillons. An diesem Tag wurden Tausende Hungernder genährt. Der Prinz, geschmückt mit Juwelen, trug goldene Schühchen und in der Hand einen goldenen Stab. Er wurde umhergetragen und von jedermann enthusiastisch gefeiert.
Der Prinz wuchs unter der strengen Aufsicht der Brahmanen auf, führte ein luxuriöses Leben und hatte schlechten Umgang. Er ließ den falschen Menschen Almosen zukommen, denn er fiel auf ihre Schmeicheleien herein.
Eines Tages fragte sich *Mātaṅga* in seiner Klause im Himalaya, wie es wohl seiner Frau und ihrem Sohn gehe. Er erkannte, was mit seinem Sohn geschah, daß er den falschen Weg einschlug und sich die falschen Werte und Ansichten aneignete. Er beschloß, dem jungen Mann zu helfen und ihn den *Dhamma* zu lehren.
Er legte seine Bettlerkutte an, nahm seine irdene Schale, schritt durch die Luft und trat zu *Maṇḍavya.* Als er den Asketen sah, rief der Junge: »Du mit deinem schrecklichen Anblick und deiner zerschlissenen Kutte, was willst du hier?« *Bodhisatta Mātaṅga* sagte: »Nun, du verteilst gutes Essen unter den Menschen. Hier bin ich also.«
Maṇḍavya aber sprach: »Dieses Essen ist für die Brahmanen, nicht für jemand so Heruntergekommenen wie dich. Wenn ich es den Brahmanen zur Speise reiche, erlange ich damit Segen für mich. An dich wäre es nur verschwendet.« Der Weise entgegnete jedoch: »In der Hoffnung auf eine gute Ernte säen wir Menschen. Manche auf fruchtbarem Boden, manche im Marschland, beide hoffen auf eine reiche Ernte. Wenn der Empfänger würdig ist, wird der Same reiche Früchte tragen.« – »Ich kenne das Land, auf dem ich säe. Brahma-

nen sind hochgeboren, und sie kennen die heiligen Schriften. Sie sind der fruchtbare Boden für meinen Samen.« Der Weise sprach: »Wer auf seine Geburt stolz ist, ist selbstverliebt, und sein Herz ist voller Geiz, Haß und Ignoranz. Auf diesem Boden kann die Frucht nicht aufgehen. Aber diejenigen, die frei von solchen Verirrungen sind, mögen fruchtbare Felder sein. Säe dort, wo du am meisten erntest.«

Maṇḍavya wurde sehr zornig und wies seine Männer an, den Aussätzigen ordentlich zu verprügeln und anschließend vor die Palasttüren zu setzen. Als aber die Männer den Weisen ergreifen wollten, erhob er sich in die Lüfte und belehrte seinen Sohn: »Einen Weisen zu schmähen ist, wie Feuer zu schlucken. Überdenke dein Verhalten.« Vor aller Augen flog er dann ostwärts davon. In den Vororten landete er und begab sich auf seine Almosenrunde. Schließlich ließ er sich in einer Halle nieder, welche die Dorfbewohner für Almosensammler errichtet hatten, und nahm seine Mahlzeit ein.

Die Gottheiten der Stadt erkannten, was *Maṇḍavya* getan hatte, und sie beauftragten ihre himmlischen Ratgeber, die *Yakkhas*, Dämonen, Geister und Trolle, ihn gebührend zu bestrafen. Diese schlugen auf *Maṇḍavya* ein, bogen seinen Nacken und warfen ihn schließlich bewußtlos zu Boden.

Diṭṭha Maṅgalikā spürte, daß etwas mit ihrem Sohn geschehen war. In Begleitung ihrer Hofdamen kam sie zu dem Ort, an dem ihr Sohn lag. Sie fragte die Menschen, die dort standen: »Was ist passiert?« Die Leute berichteten, daß ein Eremit um Almosen gebeten, und ihr Sohn ihn schlecht behandelt habe. Dann sei der Eremit in die Lüfte aufgestiegen und gen Osten geflogen. *Diṭṭha Maṅgalikā* wußte sogleich, daß es sich um den Weisen *Mātaṅga* gehandelt haben mußte, der seinen Sohn bessere Manieren hatte lehren wollen. Mit seinem Stolz und seiner Arroganz hatte ihr Sohn sich in diese mißliche Lage gebracht. Allein *Mātaṅga* konnte ihm vergeben und ihn retten.

So eilte *Diṭṭha Maṅgalikā* also mit ihren Damen nach Osten und erkannte alsbald die Fußspuren des Weisen nahe dem *Caṇḍala*-Dorf. Sie folgte den Spuren und fand ihren Gatten in der Almosenhalle, wo er gerade aß. Sie näherte sich ihm, grüßte und setzte sich. Klagend berichtete sie, was ihrem Sohn zugestoßen war. Sie bat im Namen ihres Sohnes um Vergebung für sein Verhalten. *Mātaṅga* beendete sein Mahl, wusch seine Hände in der irdenen Schale und sprach: »Meine Dame, ich lasse dir die Reste meines Essens. Gib sie deinem Sohn in den Mund, spüle dann die Schüssel aus und gib das Wasser den Brahmanen zu trinken, die ebenfalls auf dem Boden liegen. Sie werden dann alle wieder zum Leben erwachen.« Alsdann erhob er sich in die Lüfte und flog in Richtung des Himalaya.

Diṭṭha Maṅgalikā tat, wie ihr geheißen, und rettete ihren Sohn und die anderen. Die *Yakkhas* flohen. Als der Sohn seine Mutter erblickte, fragte er: »Was ist geschehen, Mutter?« Sie berichtete ihm von dem Übel, das er durch sein schlechtes Verhalten angezogen hatte. Reue ergriff ihn, als sie wiederholte: »Mein Sohn, du bist ein Dummkopf. Du bist trunken von Stolz; du weißt nicht, wie man den wirklich Bedürftigen Geschenke bereitet. Die sogenannten Hochgeborenen um dich herum sind nicht bedürftig. Den Bedürfnissen des Bedürftigsten, des *Mātaṅga* des Weisen, hast du dich verschlossen. Er ist wahrhaft edel und heilig, auch wenn er eine zerrissene Kutte trägt.«

Sechzehntausend Brahmanen wohnten *Maṇḍavyas* großzügigem Fest bei. Da sie die Reste eines Aussätzigenmahls zu sich genommen hatten, wurden sie von den anderen Brahmanen ausgegrenzt. In Schande mußten sie *Bārānasi* verlassen und im Königreich von *Mejja* Zuflucht suchen. Dieses Königreich lebte in Unfrieden mit dem von *Kāsi.* Die Brahmanen standen dort unter dem Schutz des Königs.

Eines Tages fragte sich der *Bodhisatta Mātaṅga,* wie es den sechzehntausend Brahmanen gehe, die verbannt worden waren. In seiner göttlichen Weitsicht erkannte er, daß sie das Leben von Flüchtlingen führten. Also beschloß er, ihnen einen Besuch abzustatten. Er erhob sich in die Lüfte und flog in die Vororte der Stadt *Vettavati*. Am Strand blieb er in einer Blätterhütte.

Weiter unten am Fluß lebte der asketische Brahmane *Jātimanta* ebenfalls in einer Blätterhütte. Der Asket war sehr stolz auf seinen Brahmanenstatus und sah auf andere herab, besonders auf die Aussätzigen. Der *Bodhisatta* beschloß, dem stolzen Mann eine Lehre zu erteilen.

An einem frühen Morgen reinigte sich der Weise *Mātaṅga* die Zähne mit einem Zweig eines Heilbaums und warf ihn schließlich in den Fluß. Weiter unten im Fluß badete *Jātimanta,* und das Ästchen verfing sich in seinem langen Haar. Als der Asket das Ästchen in seinen Locken fand, fragte er sich, wie es dahin gekommen sei. »Das werde ich herausfinden«, sprach er und ging das Flußufer entlang.

Als er *Mātaṅga* sah, rief er: »Welcher Kaste gehörst du an?« – »Ich bin ein Unberührbarer«, sprach der *Bodhisatta*. – »Hast du einen Zahnstocher in den Fluß geworfen?« – »Ja, das war ich.« *Jātimanta* wurde zornig und schrie: »Du wilder Ausgestoßener! Verflucht seist du. Geh den Fluß weiter hinab.« Das tat der *Bodhisatta*.

Eines anderen Morgens benutzte er erneut einen Ast, den er anschließend in den Fluß warf und der sich wiederum im Haar des Asketen verfing. Wieder schimpfte der Asket: »Du Ungeheuer, wenn du noch sieben Tage hierbleibst, soll dein Kopf in sieben Teile zerfallen.«

Mātaṅga dachte: »Wenn ich zulasse, daß ich zornig werde, dann beschmutze ich nur meine Tugend. Aber ich muß einen Weg finden, seinen Stolz zu brechen.« Früh am Morgen, als er aus *Samādhi* erwachte, bemühte er seine übernatürlichen Kräfte und hinderte die Sonne am Aufgehen.

Das ganze Land war ohne Licht und Wärme, denn die Nacht endete nicht.
Die Menschen gingen zu dem Asketen und fragten. »Herr, warum läßt du die Sonne nicht aufgehen? Bist du über jemanden erzürnt?« – »Nein. Das muß dieser Aussätzige unten am Fluß sein.« Also gingen die Leute zum Bodhisatta und fragten: »Herr, hinderst du die Sonne am Aufgehen?« – »Ja, meine Freunde«, gab er zu. – »Warum?« wollten sie wissen. – »Der Brahmane oberhalb des Flusses, der euer Lehrer ist, hat mich geschmäht, obwohl ich ein unschuldiger Mensch bin. Erst wenn er kommt, sich vor mir verneigt und mich um Verzeihung bittet, lasse ich die Sonne aufgehen.«
Die Schüler kehrten zu *Jātimanta* zurück und schleppten ihn mit Gewalt zu *Mātaṅga.* Dann baten sie: »Bitte, laß die Sonne wieder aufgehen.« Er aber sprach: »Ich kann die Sonne nicht aufgehen lassen. Wenn ich es tue, dann wird der Kopf dieses Mannes in sieben Teile zerfallen.« Erneut flehten sie: »Verehrter Herr, was sollen wir nun tun? Die ganze Welt leidet wegen ihm.« Der *Bodhisatta* sprach: »Bringt mir eine Handvoll Lehm.« Als sie den Lehm gebracht hatten, fuhr er fort: »Legt den Lehm auf den Kopf des Asketen, und taucht ihn im Wasser unter.«
Als dies geschehen war, ließ *Mātaṅga* der Weise die Sonne wieder aufgehen. Die Nacht war vorüber, und der Lehm auf dem Kopf des Asketen zersprang in sieben Teile. Vor aller Augen tauchte der Asket demütig in die Fluten. Später wurden sechzehntausend ehemalige Brahmanen auf dieselbe Art allein durch die Gegenwart des aussätzigen B*odhisatta* erniedrigt.
Am Ende seiner Erzählung deckte der Buddha die Identität der Personen auf: »Damals war ich der Aussätzige *Mātaṅga,* und König *Udena* war Prinz *Maṇḍavya.*«

Sopāka

Ein Unberührbarenkind wird zum erleuchteten Heiligen

Die *Sopākas* – eine Untergruppe der Unberührbaren – haben ihren Namen bekommen, weil sie tote Hunde entsorgten, aus deren Haut Lederwaren machten und deren Fleisch aßen. Sie galten als die niedersten Aussätzigen, und es war ihnen nicht erlaubt, im Dorf zu leben. Um eine niedere Arbeit auszuüben, wie beispielsweise Müll zu entsorgen, tote Tiere fortzutragen und um Essensreste zu betteln, durften sie die Ortschaft jedoch betreten.

Manche *Sopākas* verdienten gutes Geld, da sie sehr geschickte Lederarbeiter waren und Sandalen und Schuhe fertigten. Einer dieser Schuhmacher führte mit seiner Frau und ihrem siebenjährigen Sohn ein gutes Leben in einer *Sopākas*-Straße. Frau und Mann fertigten Lederwaren, und das Kind spielte mit den anderen Kindern auf der Straße. Eines Tages starb der Schuhmacher unverhofft. Die junge Witwe und das Kind machten eine schwere Zeit durch.

Schließlich heiratete die Frau einen Mann aus demselben Gewerbe. Dieser Mann jedoch war grausam und neidete dem kleinen Sohn die Zuneigung der Mutter. So beschloß er, das namenlose Kind loszuwerden. Die Menschen nannten den Jungen nach seiner Kaste: *Sopāka.* Der Stiefvater behandelte *Sopāka* schlecht, auf jede erdenkliche Art, schlug ihn und schrie ihn ständig an.

Eines Tages aber zeigte er sich seinem kleinen Stiefsohn gegenüber sehr freundlich. *Sopāka* war erstaunt, aber erfreut. Der Trunkenbold sprach: »Sohn, wir machen einen Spaziergang«, und nahm den Jungen mit sich. Er sagte seiner Frau, sie seien bald zurück. Die Mutter war ebenfalls sehr froh über seinen Sinneswandel.

Der grausame Mann aber nahm das Kind mit in den Krematoriumsbau, in dem sich Leichname, Skelette und

Knochen befanden. Der Ort war überaus furchteinflößend. Plötzlich griff er *Sopāka* und band ihn mit Händen und Füßen an einen Leichnam. Der Junge schrie zum Erbarmen, aber der Stiefvater verließ den Ort und ging heim.
Bald brach die Nacht herein. Das Kind schrie, als es immer dunkler und beängstigender wurde. Die Rufe der Schakale und anderer wilder Tiere waren zu hören. Schluchzend begann der Junge, unkontrolliert zu zittern. Plötzlich sah er ein blendendes Licht, das auf ihn zukam. Eine freundliche Stimme sprach: »*Sopāka*, mein Lieber, fürchte dich nicht, ich werde dir helfen.« Dann lösten sich die Fesseln, und der Junge war frei.
Schon stand er im Kloster vor dem Buddha. *Sopāka* traute seinen Augen nicht. Das Kloster war weit vom Krematorium entfernt, und doch stand er hier im Kloster, und vor ihm der Buddha, der ihm gerade ein Bad bereitete. Auch frische Kleidung und etwas zu essen reichte er ihm. Mit dieser liebevollen Sorge tröstete der Buddha das Kind, so daß es bald seine schreckliche Erfahrung vergaß.
Dann fragte der Buddha ihn, ob er ein Mönch werden und mit den anderen Mönchen im Kloster leben wolle. Das Kloster hatte viele Novizen, manche kaum sieben Jahre alt, genau wie *Sopāka*. Der Knabe war so dankbar und entzückt, daß er den Buddha bat, ihn zum Mönch zu machen, was dieser dann auch tat.
Als der grausame Stiefvater heimkehrte, fragte *Sopākas* Mutter: »Wo ist das Kind?« Ihr Mann sprach: »Ich habe ihn vorgeschickt. Er muß irgendwo hier sein.« Die Mutter suchte überall, und als sie ihren Sohn nicht fand, hob sie ein Wehklagen an. Je tiefer die Nacht wurde, desto größer wurde auch die Sorge der Mutter. Am Morgen dachte sie: ›Der Buddha weiß alles. Er ist der liebende Allwissende. Ich werde ihn um Hilfe bitten.‹ So wanderte sie den ganzen Weg zum Kloster zu Fuß.

Bei ihrer Ankunft begab sie sich direkt zum Buddha, der ihr Kommen bereits vorausgeahnt hatte. Als sie sich ihm weinend zu Füßen warf und fragte, wo ihr Sohn sei, sprach der Herr: »Setze dich, und beruhige dich. Dein Sohn ist hier, und du wirst ihn bald sehen.« Mit Hilfe seiner übernatürlichen Kräfte hatte er den Sohn, der nun ein Mönch war und neben dem Buddha saß, für die Mutter unsichtbar gemacht.

Der Buddha gab der Mutter ihren Seelenfrieden zurück und erfüllte sie mit Freude. Dann entfernte er den Schleier, den er vor ihre Augen gelegt hatte, und die Mutter erblickte ihren Sohn, der inmitten anderer gleichaltriger Mönche neben dem Buddha saß. Sie war gerührt und von Liebe und Demut erfüllt. Mit Tränen der Freude neigte sie ihr Haupt vor dem Buddha zum Zeichen, daß sie ihr Leben dem *Dhamma* widmen wolle.

Wie ein Lauffeuer verbreitete sich die Kunde von *Sopāka* dem Aussätzigen, der ein Mönch geworden war und sich der Meditation und einem heiligen Leben widmete. In kurzer Zeit wurde *Sopāka* ein *Arahat*, ein erleuchteter Schüler des Buddha. Er wurde sogar erhoben in den Rang der achtzig *Mahā Sāvakas,* der bedeutenden erleuchteten Schüler des Buddha, und wurde für seine Weisheit und Heiligkeit geehrt. Der Buddha erteilte trotz *Sopākas* zarten Alters von elf Jahren die Erlaubnis für dessen höhere Ordination, und zwar allein aufgrund dessen kluger und einsichtiger Antworten auf zehn Fragen. Diese gefeierte Lehrrede ist als *Kumāra Paṇha* bekannt und findet sich im *Khuddaka Pāṭha,* dem ersten Buch der *Khuddakanikāya.* Es ist Teil des Lehrbuches für klösterliches und spirituelles Leben von Mönchsnovizen.

Kumāra paṇha
Eka nāma kiṃ? Sabbe sattā āhāraṭṭhikā.

Dve nāma kiṃ? Nāmaṇca rūpaṇca.
Tini nāma kiṃ? Tisso vedanā.
Cattāri nāma kiṃ? Cattāri ariyasaccāni.
Paṇca nāma kiṃ? Paṇcupādānakkhandhā.
Cha nāma kiṃ? Cha ajjhattikāni āyatanāni.
Satta nāma kiṃ? Satta bhojjhangā.
Aṭṭha nāma kiṃ? Ariyo aṭṭhaṇgiko maggo.
Nava nāma kiṃ? Nava sattāvāsā.
Dasa nāma kiṃ? Dasahaṇgehi samannāgato arahāti vuccati.

Fragen an junge Mönche

1. Was ist das Eine*? Alle Wesen erhalten sich durch Nahrung.
2. Was sind die Zwei? Geist und Sinn.
3. Was sind die Drei? Die drei Gefühle.
4. Was sind die Vier? Die Vier Edlen Wahrheiten.
5. Was sind die Fünf? Die fünf Aggregate der Bindung.
6. Was sind die Sechs? Die sechs inneren Wesenscharaktere.
7. Was sind die Sieben? Die sieben Faktoren der Erleuchtung.
8. Was sind die Acht? Der Edle Achtfache Pfad.
9. Was sind die Neun? Die neun Sphären der empfindsamen Existenz.
10. Was sind die Zehn? Wer von den zehn übernatürlichen Eigenschaften beseelt ist, ist vollkommen.

Diese zehn Fragen wurden *Sopāka*, der bereits ein *Arahat* war, vom Buddha persönlich gestellt. Als er klar antwortete, wurde seine Kenntnis des *Dhamma* offenbar für die Mönche und Novizen, die bei der Befragung zugegen waren.

---

*Gemeint ist: Was ist der eine Faktor, der universell gilt? Was sind entsprechend die zwei, drei, vier ... Faktoren, die universell gelten. Alle zehn Fragen sollten in diesem Sinne verstanden werden.

Üblicherweise erhält ein Novize die höhere Ordination erst ab dem Alter von zwanzig Jahren. Aufgrund seiner Kenntnisse des *Dhamma* und seiner spirituellen Reife jedoch wurde *Sopāka* vom Herrn selbst ordiniert. Er wurde einer der berühmten *Arahats*, bekannt als *Mahāsāvako,* ein bedeutender erleuchteter Schüler.
All diese zehn Fragen handeln von den Grundlagen des *Dhamma*. Wenn sie intensiv studiert und verinnerlicht werden, wird der Schüler nicht nur gebildet, sondern auch weise und vermag die wahre Natur empfindsamer und nicht empfindsamer Existenz zu durchschauen.
Beispielsweise bezieht sich die erste Frage auf das, was universell gilt. Das heißt, alle Wesen – vom höchsten Brahmanengott bis zu den niedrigsten Höllenwesen – sind von derselben Nahrung abhängig, um sich am Leben zu erhalten. Körper und Geist brauchen ihre eigene Nahrung. Der Körper ist abhängig von materieller Nahrung *(Kavaliṇkāra Ahāra),* und der Geist braucht drei Arten von Nahrung:

1) Sinneseindrücke,
2) Aktionen des Geistes oder des Willens,
3) Bewußtsein.

In diesem Zusammenhang nährt das erste Wiedergeburtsbewußtsein *(Paṭisandhi Viṇṇāna)* den neuen Bewußtseinszustand.
Die verbleibenden Fragen sind in der gleichen Art zu verstehen. Eine jede Frage bezieht sich auf Fakten, die universell gültig sind.

Straßenfeger Sunīta

Sunīta war ein junger Aussätziger, der weder eine Arbeit noch ein Zuhause hatte. Er gehörte der Unterkaste der Aasesser an. Also wurde er Straßenfeger, um sich am Leben zu erhalten. Da er keine anständigen Kleider besaß, bedeckte er sich mit Lumpen. Er schlief im Rinnstein im Armenviertel der Stadt *Sāvātthi.*

Er lebte in Armut und war sehr unglücklich über die Ungerechtigkeiten des Kastensystems. Wenn er die Straße fegte, mußte er oft die Straße verlassen, damit sein Schatten nicht auf eine Person höherer Kaste fiel. Selbst wenn ein Mensch höherer Kaste von sich aus auf *Sunītas* Schatten trat, wurde er beschimpft und geschlagen. Immer wieder war er von Striemen übersät.

Das wenige Geld, das er verdiente, reichte gerade aus, ihn am Leben zu erhalten. Daher mußte er oft, wie andere Aussätzige, betteln. Wegen seiner Kastenzugehörigkeit war es ihm untersagt, Kontakt zu anderen aufzunehmen. Eine Ausbildung hatte er nicht erhalten, denn solche Einrichtungen gab es für Aussätzige nicht. Auch konnte er aus demselben Grund keinen Glauben pflegen.

Eines Tages, als er schmutzverkrustet die Straße fegte, rief jemand: »Weg von der Straße, du dreckiger Aasfresser!« Als *Sunīta* den verstreuten Müll aufgesammelt und in seinen löchrigen Korb gesteckt hatte, um diesen auf dem Kopf davonzutragen, erschien plötzlich der Buddha mit seinen Anhängern auf der Straße.

Als *Sunīta* den Buddha in all seiner Pracht erblickte, war er erschrocken und emotional erregt zugleich. Er rannte los, um sich hinter einer Mauer zu verstecken. Dort stand er dann und legte die Hände in ehrfurchtsvoller Grußhaltung über dem Kopf zusammen.

Der Buddha blieb stehen und sprach freundlich zu ihm: »Mein lieber *Sunīta*, möchtest du ein Mönch werden?« Zu seiner eigenen Überraschung brach es mit tränenfeuchten Augen und demutsvollem Herzen aus *Sunīta* hervor: »Herr, wer außer Euch vermag mir dieses Recht zu verleihen? Ich bin ein Elender, mit dem niemand spricht, außer um mich zu schelten. Herr, wenn ich dieses Dasein hinter mir lassen könnte, würde ich es sicher tun.«

An Ort und Stelle ordinierte der Buddha *Sunīta* zum Mönch des heiligen Ordens. Und siehe da! *Sunīta* war nicht länger ein Straßenfeger in Lumpen, sondern ein Mönch in einer ehrenwerten Kutte.

Nun, da er *Bhikkhu* war und damit einer hohen Kaste angehörte, wurde er allerseits respektiert. Eifrig widmete er sich seiner spirituellen Entwicklung und übte sich in der Meditation. Bald war er unter den gelehrten und tugendhaften Mönchen bekannt. Könige, Minister und andere wichtige Persönlichkeiten neigten achtungsvoll ihre Häupter vor ihm.

Seine einst niedere Kaste und das System, das diese ungerechte Praxis erschaffen hatte, konnten ihn nicht davon abhalten, ein Mönch zu werden. Das unendliche Mitgefühl des Buddha hob ihn in die erhabene Höhe eines Heiligen.

Was zählt – Kaste, Bildung oder Sittlichkeit?
Sīlavīmaṃsa Nātaka – 362

König *Pasenadi*, der Herrscher über K*osala*, war ein demütiger Anhänger des Buddha. Er hatte einen königlichen Priester, einen Brahmanen, der für seine Bildung und seine Tugend bekannt war. Der König verehrte ihn mehr als andere Brahmanen in seinem Dienste, da er Zuflucht zum Buddha, dem *Dhamma* und dem *Sangha* genommen hatte und die fünf Prinzipien der Tugend sehr ernst nahm. Wegen seiner Tugend, und nicht vorrangig aufgrund seiner Bildung oder seiner hohen Geburt, wurde er von den Bewohnern der Hauptstadt von *Sāvātthi* geehrt.

So fragte er sich eines Tages: ›Warum werde ich mehr als

andere Brahmanen geehrt? Aufgrund meiner hohen Geburt oder aufgrund meiner Kenntnis der Veden und meiner Bildung im allgemeinen oder aufgrund meines tugendhaften Lebens?‹

Er beschloß, herauszufinden, welcher Grund der wichtigste sei, und zwar sowohl im privaten als auch im öffentlichen Leben.

Er sah, daß alles in einem bestimmten Zusammenhang seinen Sinn hat. Aber er überlegte: ›Man muß sich auszeichnen, indem man sich auf dem Pfad der spirituellen Vervollkommnung hervortut, und zwar diesseits wie jenseits.‹ Also wollte er wissen, welcher Weg der wichtigste sei, jener der Sittlichkeit, jener der Kaste oder jener der Bildung. Außerdem entschied er, die Prüfung auf praktischem Wege durchzuführen.

Eines Tages, als er auf dem Wege in den Palast zum König war, der ihm als weisem Ratgeber vertraute, besuchte er die königliche Schatzkammer. Der Schatzmeister brachte ihm großen Respekt entgegen, deshalb gestattete er ihm, sich umzusehen, wo immer er wollte. Während er umherschritt, nahm er eine Goldmünze an sich und ging davon, ohne dem Schatzmeister etwas davon zu sagen. Der Schatzmeister bemerkte den Verlust, tat aber nichts. Am folgenden Tag besuchte der Brahmane erneut die Schatzkammer und entwendete diesmal zwei Goldmünzen. Der Schatzmeister bemerkte es wiederum, schwieg aber aus Respekt. Bei der dritten Gelegenheit entwendete der Priester eine Handvoll Goldmünzen und steckte sie in seine Tasche. Der Schatzmeister hatte Sicherheitskräfte aufgestellt. Als diese sahen, daß der Priester stahl, ergriffen sie ihn.

Diesmal ließ der königliche Schatzmeister den Priester einsperren und sprach: »Immer hast du vorgegeben, tugendhaft zu sein, und aller Respekt bekommen. Jetzt habe ich dich auf frischer Tat ertappt, als du dich am königlichen Besitz

vergriffen hast.« Dann befahl er seinen Männern, ihn vor den König zu führen, der gerade mit dem Staatsrat zusammensaß, zu welchem eigentlich auch besagter Priester zählte.
Der König war sehr überrascht und enttäuscht, als ihm sein Priester als Dieb vorgeführt wurde, ebenso die anderen Ratsmitglieder. Der Rechtsgelehrte berichtete: »Mein König, er hat die königliche Schatzkammer dreimal besucht. Am ersten Tag stahl er eine Goldmünze. Der Schatzmeister schwieg aus Respekt. Am zweiten Tag stahl er zwei Münzen. Der Schatzmeister war verwundert und ließ ihn wiederum aus Respekt davonkommen. Am dritten Tage aber nahm er eine Handvoll Goldmünzen an sich. Diesmal wurde er auf frischer Tat ertappt, festgenommen und hier vor Euch geführt.«
Unglücklich fragte der König: »Brahmane, warum hast du so etwas Schlechtes getan?« Dann befahl er den Wachen, den vor ihm knienden aufzurichten, damit das Gericht Recht über ihn spreche. Der Brahmane sprach furchtlos und selbstbewußt: »Eure Majestät, weder bin ich ein Dieb noch glaube ich an das Stehlen, schon gar nicht bin ich daran interessiert, mich am königlichen Besitz zu vergreifen. Laßt mich also erklären, warum ich so handelte: Ich wollte erproben, was mehr gilt, Tugend, Kaste oder Bildung. Ich wollte wissen, warum Ihr mir mehr Respekt zolltet als den anderen Brahmanen – wegen meiner Geburt, meiner Tugend oder meiner Wissensleistung. Nachdem ich eine beachtliche Zeit nachgesonnen und schließlich erkannt hatte, daß ein jedes der drei in seinem Zusammenhang eine wichtige Bedeutung hat, wollte ich herausfinden, welches den größten Einfluß auf den Fortschritt auf dem Weg zur spirituellen Freiheit, *Nibbāna,* habe. Also beschloß ich, den Verdienst der drei zu erproben. Da mich dieser Test vor das königliche Gericht gebracht hat, bin ich nun vollkommen

davon überzeugt, daß Tugend allein zählt, sowohl hier als auch jenseits, sowohl für den spirituellen als auch den materiellen Fortschritt. Ich möchte daher dem Gesetz entsprechend bestraft werden, denn ich habe gegen das Gesetz der Moral verstoßen. Eure Majestät, ich bin ferner davon überzeugt, daß ich, um mich voll und ganz der Ausübung der Tugend zu widmen, meinen Hausstand aufgeben muß.« Der König und die Ratsherren waren sehr bewegt und entließen ihn mit den besten Wünschen für sein Dasein als Mönch. Der königliche Priester verließ sie mit folgenden Versen (*Sīlavīmaṃsa Nātaka* J. 362. 5.2.2):

Sīlaṃ seyyo sutaṃ seyyo,
iti me saṃsayo ahu;
sīlameva sutā seyyo,
iti me natthi saṃsayo.

Was wiegt schwerer, Tugend oder Bildung?
Diese Frage drängte mich.
Doch Tugend allein übertrifft die Bildung.
Jetzt hege ich keine Zweifel mehr.

Moghā jāti ca vaṇṇo ca,
sīlameva kiruttamaṃ;
sīlena anupetassa,
sutenattho na vijjati.

Allein die Tugend,
was bringt Geburt oder Kaste andres als Eitelkeit?
Und ohne Tugend
hat die Bildung keinen Wert.

Khattiyo ca adhammaṭṭho,
vesso cādhammanissito;

te pariccajjubho loke,
upapajjanti duggatiṃ.

Und ein König, dem es an Tugend mangelt,
ein Kaufmann, der unmoralisch ist,
ungeachtet der Güter dieser und auch jener Welt,
leben sie in der Welt des Elends.

Khattiyā brāhmanā vessā,
suddā caṇḍālapukkusā;
idha dhammaṃ caritvāna,
bhavanti tidive samā.

Ob Prinz, Priester oder Kaufmann,
Arbeiter, Straßenfeger oder Ausgestoßner –
führen sie ein tugendhaftes Leben,
so werden sie im Himmel alle gleich sein.

Na vedā samparāyāya,
na jāti nāpi bandhavā;
sakaṇca sīlaṃ saṃsuddhaṃ,
samparāyāya sukhāya cāti.

Weder Bildung noch Geburt,
noch Verwandte bestimmen unser späteres Leben.
Allein unsere Tugend
schenkt uns Glück in zukünftigen Leben.

Viele Menschen, einschließlich der Familienmitglieder und Freunde, die dieses außergewöhnliche Geschehen beobachtet hatten, scharten sich um ihn und wollten ihn überreden, kein Mönch zu werden. Sie wollten, daß er weiterhin königlicher Ratgeber und religiöser Lehrer bliebe. Er aber hörte nicht auf ihre Worte, warf kaum einen Blick auf sein

Haus und schritt geradewegs nach *Jetavana,* wo er dem Buddha zu Füßen fiel.

Dieser erwartete ihn bereits. Nachdem er frühmorgens aus dem Zustand des *Mahā Karunā Samāpatti*, der Aufnahme grenzenlosen Mitgefühls, erwacht war, hatte der Buddha die Geschehnisse vorhergesehen. Nachdem er den Brahmanen zum Mönch ordiniert hatte, unterwies er ihn in der Praxis der *Vipassanā*-Meditation. Der Mönch gab sich der Meditation voller Eifer hin und wurde bald ein *Arahat*, ein Vollkommener, ein erleuchteter Schüler des Höchsten Erleuchteten.

Viele Mönche versammelten sich in der Gebetshalle und sprachen darüber, wie der königliche Priester die Bedeutung von Kaste, Bildung und Tugend erprobt hatte. Da kam der Buddha vorbei und fragte, worüber sie sprächen. Als sie es ihm gesagt hatten, erklärte er: »Mönche, auch ich habe dies in den verschiedenen Leben als *Bodhisatta* getan.« Dann erzählte er (siehe *Jātaka* Verse 86, 290, 305, 330, 362, vgl. Kapitel V).

Kapitel VII

Der Dhamma: Lehren

Yo ca buddhaṇca dhammaṇca
sanghaṇca saraṇaṃ gato,
cattāri ariyasaccāni,
samappaṇṇāya passati.

Nur wer die Zuflucht sucht
bei Buddha, bei der Lehre
und bei der Jüngerschaft
die Wahrheit schaut, die hehre.

Dukkhaṃ dukkhasamuppādaṃ,
dukkhassa ca atikkamaṃ,
ariyaṃ caṭṭhaṇgikam maggaṃ,
dukkhūpasamgāminaṃ.

Vom Leiden, wie's entsteht und
wie das Leiden schwindet,
und vom achtfachen Weg,
wie man es überwindet.

Etaṃ kho saraṇaṃ khemaṃ,
etaṃ saraṇamuttamaṃ,
etaṃ saraṇamāgamma,
sabbadukkhā pamuccati.

Der hat die beste Zuflucht,
höchste Sicherheit,

denn so wird er gewiß
von allem Leid befreit.

DHAMMAPADA, VERSE 190–192

Die Lehren des Buddha basieren auf der Tatsache, daß die Natur der weltlichen Existenz nicht vollkommen ist. Erst die Fähigkeit des Menschen zur Vervollkommnung verleiht dieser unvollkommenen Dimension ihre Bedeutung und ihr Ziel. Dieses Paradox erklärt sich, wenn man die widersprüchliche Natur der Welt und die Möglichkeit, sich durch eine reine Lebensweise davon zu lösen, versteht.

Es gibt zwei Arten von Wirklichkeit: die konventionelle oder relative *(Sammuti Sacca)* und die ultimative oder absolute *(Paramattha Sacca)*. Vom konventionellen Standpunkt betrachtet erscheinen die weltlichen Dinge stabil und dauerhaft. Deshalb halten die Menschen an ihnen fest. In Wirklichkeit aber sind sie vergängliche, sich wandelnde Erscheinungen ohne innere Stabilität oder Wert. Wie eine Kerzenflamme befindet sich alles Existierende im Fluß. Jegliche Form von Existenz ist ein Prozeß, der sich ohne Unterbrechung immerwährend erneuert. Selbst der härteste Felsstein ist von fließender Natur. Nur wegen unseres unwissenden Festhaltens erscheinen die Dinge als stabil und gleichbleibend.

Die logische Folge der dynamischen Natur aller Dinge ist die Wahrheit der Körperlosigkeit. Grundlage der Dinge ist also weder eine Substanz noch ein ultimativer Faktor, ebensowenig gibt es ein individuelles ›Ganzes‹, das jenseits der Teile existiert. Ganz gleich, wie minutiös es betrachtet wird, eine Sache ist gerade mal ein Konglomerat von Qualitäten und Eigenschaften, ein Zusammenschluß von Teilen. Nur aus konventioneller Sicht wird es als selbstständiges Etwas gesehen. Mit intuitiver Einsicht betrachtet wird deutlich, daß es keine grundlegende, unveränderliche Einheit gibt. Statt des »Seins« ist dort ein »Werden«. Das ist unendliche Schöpfung ohne einen Schöpfer.

Weil die Dinge vergänglich *(Anicca)*, unbefriedigend *(Dukkha)* und substanzlos *(Anattā)* sind, können sie keinen wahren Trost bieten. Aus Unwissenheit und Bindungsbedürfnis hängen sich die Menschen an Dinge. Dann trauern sie, wenn sie diese Dinge verlieren, was in einer dynamischen Wirklichkeit unweigerlich geschehen muß. Jegliche Erfahrung ist unbefriedigend, unvollkommen, begrenzt und daher im Rad des Werdens von Leiden und Anhaftung gezeichnet. Diese drei Zustände – *Anicca, Dukkha und Anattā* – bilden die Essenz weltlicher Existenz.

Siddhattha Gotama hatte das im Leben verankerte D*ukkha* erkannt, als er zum ersten Mal das Alter, das Siechtum und den Tod erblickt hatte. Diese Einsicht hatte ihn dazu bewogen, das Palastleben hinter sich zu lassen, um den Frieden und die vollkommene Freiheit von allen Fesseln zu suchen. Diese Suche manifestierte sich in der tiefen Meditation unter dem heiligen Bodhi-Baum, wo dem *Gotama* der letzte Schritt zum Höhepunkt der Spiritualität gelang, die Höchste Erleuchtung, *Sammāsambodhi.*

Als er aus seiner Meditation erwachte, verbrachte er die ganze Nacht damit, über das Gesetz des abhängigen Ursprungs nachzusinnen, in aller Tiefe, Breite und in den drei Richtungen – vorwärts, rückwärts und sowohl vorwärts als auch rückwärts. Das Nachdenken über dieses Gesetz, welches als *Pāṭicca Samuppāda* bekannt ist, war eine philosophische Zusammenführung der drei übermenschlichen Visionen, die er in der Nacht seiner Erleuchtung erlangt hatte. Im Zustand *Samsāra* hatte er seine eigene Reise durch Hunderttausende von Leben geschaut, bald als Brahmane *(Brahma)*, bald als Gott *(Deva)*, bald als Mensch, bald als Titanenwesen *(Asura)*, als Geist *(Peta)*, Tier *(Tiracchāna)* und als Bewohner der Hölle *(Nerayika)*.

Er hatte eine klare Vision davon, wie er von einem Leben zum anderen hilf- und ziellos hin und her geworfen worden war, getrieben von den mächtigen Kräften der moralischen Bedingtheit *(Kamma)*. Durch eine gesunde Lebensweise hatte er aber auch dem *Kamma* eine positive Wendung verleihen können. Durch alle Schlingen und Fallstricke, in denen sich die Wesen mitleidlos verfangen, erkannte er aber ganz deutlich die Möglichkeit der Befreiung.

Diejenigen, die einen wachen, offenen Geist besitzen, sehen die Möglichkeiten in Form von guten und verdienstvollen Taten. Ebenso wie böse und ungesunde Handlungen das *Kamma* und dessen Bindung beeinflussen, so sind gute Handlungen, die in Weisheit wurzeln, hilfreich für eine Entwicklung des Geistes und des spirituellen Potentials. Die Möglichkeit zur Vervollkommnung des Menschen hat sich in der Leistung des Buddha gezeigt.

Der Buddha ging noch einen Schritt weiter. Durch sein allwissendes Auge hat er den Mechanismus des Lebens erkannt, wie er sich in allen Wesen in allen Existenzformen zeigt. Mit seiner »allwissenden göttlichen Vision« durchblickte er alle Winkel der Zeit, wanderte in die Vergangenheit und die Zukunft und durchschaute sie in ihrer ungeheuerlichen Komplexität und ihrem Facettenreichtum. Er sah, wie Wesen zu Willenshandlungen getrieben werden und dadurch ihre eigene Zukunft mit Hilfe der *Asavas,* der geistigen Übel*, formen und sich so unermüdlich weiter und weiter im scheinbar endlosen Raum der Zeit bewegen. Die dritte übermenschliche Leistung bestand darin, daß er alle Auswüchse und damit alles Böse – Gier, Haß und Irr-

*Es gibt vier geistige Übel: 1) sinnliche Begierde, 2) der Wunsch nach ewigem Leben, 3) falsche Ansichten, 4) Unwissenheit; die geistigen Übel sind schlummernde Anlagen, die – wenn sie aktiviert werden – Geist, Kamma und Wiedergeburt beeinflussen.

glauben – vernichtete, welche die samsarische Existenz durchdringen. In diesem abschließenden transzendentalen Meisterstück entdeckte er das wichtige Heilmittel, nicht nur für seine eigene Befreiung von der weltlichen Existenz, sondern auch für die Emanzipation aller Wesen, welche die Freiheit anstreben.

Der Abhängige Ursprung verkörpert mit seinen Aspekten der Bindung und der Freiheit all diese Einsichten in vollkommener Zusammensetzung deutlich und präzise. Das Wirken des Geistes ist durch Bedingungen und Handlungsspielräume begrenzt. Wird der Geist durch bestimmte Beziehungen begrenzt, bestätigt er das weltliche Dasein. Wird er durch andere Beziehungen begrenzt, wendet er sich vom weltlichen Dasein ab. Um das weltliche Dasein zu stützen, müssen wir uns an das Rad des Werdens halten. Um frei davon zu sein, müssen wir das Überweltliche stärken und damit die Dimension der Freiheit.

Bedingter Ursprung

Die *Pāṭicca-Samuppāda*-Formel sieht simpel aus, doch hat sie einen tiefen Sinn: »Wenn dies geschieht, folgt jenes. Wenn dies nicht geschieht, folgt jenes nicht.« Diese Faktoren, welche das Leben und die Freiheit bedingen, sind kausal voneinander abhängig. Das bedeutet, daß die karmische Energie der Vergangenheit und der Gegenwart durch die Synchronizität verschiedener Faktoren bedingt wird, die zueinander in Abhängigkeit stehen und somit einen Entwicklungsprozeß in Gang setzen.

Die gegenwärtige Existenz ist also ein Komplex passiver und aktiver, schlafender und aktivierter Facetten des Lebens. Jede Facette ist eine in sich vielschichtige Welt, und die Interaktionen und gegenseitigen Abhängigkeiten sind die Grundlage des psychophysikalischen Mechanismus, den wir als Leben bezeichnen.

Die Vorgehensweise des abhängigen Ursprungs kann mit den Eintragungen in ein Wirtschaftsbuch verglichen werden. Am Ende einer jeden Seite werden Soll und Haben verrechnet und die Differenz auf der nächsten Seite vermerkt. Das Leben funktioniert ganz ähnlich. Bei der Wiedergeburt erbt ein Lebewesen die Summe seiner karmischen Energie. Im Laufe seines Lebens zehrt es nicht nur vom Karma der Vergangenheit, sondern auch von dem der Gegenwart. Im Augenblick seines Todes werden die kumulierten Kräfte der gesamten Vergangenheit und der Gegenwart in die Zukunft transportiert. So setzt sich der Prozeß des Lebens fort wie ein immerwährender Fluß.

Alle guten und schlechten Taten eines Menschen hinterlassen karmische Eindrücke in seinem Geist. Aus deren Akkumulation entwickeln sich bestimmte Tendenzen zu einem Temperament in einer Persönlichkeit. Der Prozeß setzt sich die ganze Lebensspanne lang fort und bestimmt so, wie der Mensch ist und wie er sich entwickelt. Sind seine Handlungen böse und unvernünftig gewesen, so wird er ein gewalttätiges, grausames Temperament haben.

Zwischen dem Augenblick des Todes und dem Moment der Geburt gibt es keine Kluft. Die beiden Ereignisse sind lediglich Stationen im dynamischen Fluß des Bewußtseins, der häufig mit einer Flamme verglichen wird, die sich beständig nährt und beständig erneuert. Mit dem Entstehen des ersten Bewußtseins im Mutterleib wird der bereits existente physische Same vitalisiert, und mit dem Wachstum entwickeln sich die Sinnesorgane. Das Kind wird geboren, und im Laufe der Zeit wird es aktiv, handelt gut oder böse. So setzt sich der Fluß des Lebens spiralförmig von Geburt zu Geburt fort.

Nur wenn der Mensch Einblick in die wahre Natur der Existenz, d.h. in ihre Vergänglichkeit, Unbefriedigung und Körperlosigkeit, gewinnt, überwindet er den Irrglauben und das Streben, die zweifache Matrix des weltlichen Daseins. Indem er frei von Leidenschaften wird, mischen sich seine Handlungen nicht mehr mit den in ihm schlummernden *Kamma*-Energien, welche die Wiedergeburt nach dem Tod bedingen. So wird er ein edler Heiliger, der die Fesseln von Geburt und Tod überwindet.

Das Prinzip des Unabhängigen Ursprungs wird vom Buddha folgendermaßen beschrieben:
Abhängig von der Unwissenheit *(Avijjā)* entstehen karmische Prägungen *(Saṅkhārā).*
Abhängig von den karmischen Prägungen entsteht das vernetzte Bewußtsein *(Viññana)*, das alles Leben verbindet.
Abhängig von dem vernetzten Bewußtsein entsteht psychophysisches Ganzes *(Namā-rūpa*, die Geist-Körper-Basis des Lebens).
Abhängig vom psychophysischen Ganzen entstehen die sechs Sinnesorgane [einschließlich des Geistes] *(Salāyatana).*
Abhängig von den sechs Sinnesorganen entstehen Sinneseindrücke *(Phassa).*
Abhängig von den Sinneseindrücken, entstehen Gefühle *(Vedanā).*
Abhängig von den Gefühlen entsteht Streben *(Taṇhā).*
Abhängig vom Streben entsteht das Festhalten *(Aṇkhārā).*
Abhängig vom Festhalten entsteht der Prozeß des Werdens *(Bhava).*
Abhängig vom Prozeß des Werdens entsteht Geburt *(Jāti).*
Abhängig von der Geburt entstehen Alter, Tod, Kummer, Tränen, Schmerz, Niedergeschlagenheit und Verzweiflung *(Jāra, Maraṇa, Soka, Parideva, Dukkha, Domanassa Upāyāsa).*
Auf diese Art und Weise entsteht alles Leiden.

Umgekehrt sieht die Kette der Verknüpfungen wie folgt aus: Mit dem vollständigen und endgültigen Verlöschen des Irrglaubens *(Avijjā)* verschwinden die karmischen Prägungen *(Saṇkhārā)*.
Mit dem Verlöschen der karmischen Prägungen verschwindet das vernetzte Bewußtsein *(Viññana)*.
Mit dem Verlöschen des vernetzten Bewußtseins verschwindet das psychophysische Ganze *(Namā-rūpa*, die Geist-Körper-Basis des Lebens).
Mit dem Verlöschen des psychophysischen Ganzen verschwinden die sechs Sinnesorgane [einschließlich des Geistes] *(Salāyatana)*.
Mit dem Verlöschen der sechs Sinnesorgane verschwinden Sinneseindrücke *(Phassa)*.
Mit dem Verlöschen der Sinneseindrücke verschwinden die Gefühle *(Vedanā)*.
Mit dem Verlöschen der Gefühle verschwindet das Streben *(Taṇhā)*.
Mit dem Verlöschen des Strebens verschwindet das Festhalten *(Aṇkhārā)*.
Mit dem Verlöschen des Festhaltens verschwindet der Prozeß des Werdens *(Bhava)*.
Mit dem Verlöschen des Prozesses des Werdens gibt es keine Geburt *(Jāti)*.
Mit dem Verlöschen der Geburt verschwinden Alter, Tod, Kummer, Tränen, Schmerz, Niedergeschlagenheit und Verzweiflung *(Jāra, Maraṇa, Soka, Parideva, Dukkha, Domanassa Upāyāsa)*.
Auf diese Art und Weise wird alles Leiden beendet.

Der Triumph des Buddha eröffnet eine vollkommen neue Dimension der Spiritualität und beweist die menschliche Fähigkeit zur Vervollkommnung für alle, die ihren Geist auf die Erleuchtung konzentrieren. Um die Edlen Wahrheiten bekannt zu machen, die er durch ein solches Opfer und viele Mühen erkannt hatte, begab sich der Buddha nach *Isipatana*. Dort lebten seine fünf ehemaligen Schüler [aus seiner Zeit als Asket]. Diese traf er, und sie gaben sich ihm gegenüber gleichgültig und respektlos. Dennoch beschloß er, seine große Entdeckung mit ihnen zu teilen.

Das Rad der Wahrheit in Bewegung setzen

Die erste Lehrrede des Buddha, die er hielt, nachdem er die Höchste Erleuchtung erlangt hatte, ist bekannt als »Das Rad der Wahrheit in Bewegung setzen« *(Dhammacakka Pavattana Sutta)*. Durch ihre Verkündung wurde die Verbreitung der Offenbarung *(Sāsana)* des Buddha in Gang gesetzt. Die Offenbarung ist eine Lebensweise, welche die weltliche Existenz mit der überweltlichen Dimension der Freiheit verbindet. Das ganzheitliche Symbol des Rads drückt unter anderem die dynamische Rolle der Selbsttranszendenz aus.

Die Predigt von *Saranath* bildet das Kernstück des Buddhismus und läßt sich zusammengefaßt wie folgt darstellen:

1. die Vier Edlen Wahrheiten,
2. die zwölf Charakteristika der Vier Edlen Wahrheiten, die beschreiben, wie die spirituelle Transformation von der weltlichen in die überweltliche Dimension erfolgt,
3. das Vermeiden von Extremen durch den Mittleren Pfad,
4. der Edle Achtfache Pfad, der durch den Mittleren Pfad konkretisiert wird.

Alles, was der Buddha in den fünfundvierzig Jahren seiner spirituellen Mission lehrte, ist auf diese grundlegende Lehre zurückzuführen.

Die Vier Edlen Wahrheiten
(Cattāri Ariya Saccāni)

»Mönche, dies ist die Edle Wahrheit des Leidens: Geburt ist Leiden, Verfall ist Leiden, Krankheit ist Leiden, Tod ist Leiden, Kontakt mit solchen, die man nicht mag, ist Leiden, Trennung von denen, die man liebt, ist Leiden, nicht zu erhalten, was man sich wünscht, ist Leiden, kurz: die fünf Aggregate des Festhaltens sind Leiden.«
»Mönche, dies ist die Edle Wahrheit der Ursache des Leidens: das Streben, welches zur Wiedergeburt führt, welches von Freude und Lust begleitet wird, uns bald an diesem, bald an jenem Gefallen finden läßt, sprich: das Sehnen nach sinnlichen Freuden, das Streben nach wiederkehrender Existenz und das Streben nach Unvergänglichkeit.«
»Mönche, das Auflösen und Beenden dieses Strebens, die völlige Aufgabe dieses Strebens, die Befreiung davon – das ist die Edle Wahrheit vom Ende des Leidens.«
»Mönche, dies ist die Edle Wahrheit vom Pfad, welcher zum Ende des Leidens führt: Dies ist der Edle Achtfache Pfad: Rechte Erkenntnis, Rechte Gesinnung, Rechte Rede, Rechte Tat, Rechter Lebenserwerb, Rechte Anstrengung, Rechte Achtsamkeit, Rechte Sammlung.«

Die Vier Edlen Wahrheiten – das Leiden, die Ursachen des Leidens, sein Ende und der Weg dahin – bilden eine meditative Erfahrung und nicht allein eine religiöse Doktrin. Hat ein Meditierender *Samādhi* entwickelt, wird er immer mehr Einsicht in die Meditation gewinnen, die verschiedenen Stufen der intuitiven Weisheit *(Nāṇa)* perfektionieren und schließlich die Vier Edlen Wahrheiten als eine spirituelle Erfahrung erleben.

Die zwölf Charakteristika der Verwirklichung der Vier Edlen Wahrheiten
(Dvādasākāra)

»Mönche, mit der Erkenntnis ›Dies ist die Edle Wahrheit des Leidens ... und ich muß sie vollständig verstehen ... und ich habe sie vollständig verstanden‹, erhob sich in mir die Vision von Dingen, die mir bisher unbekannt waren, Einsicht, Weisheit, Durchdringen und Licht!«
»Mönche, mit der Erkenntnis ›Dies ist die Edle Wahrheit der Ursache des Leidens ... und ich muß sie überwinden ... und ich habe sie vollständig überwunden‹, erhob sich in mir die Vision von Dingen, die mir bisher unbekannt waren, Einsicht, Weisheit, Durchdringen und Licht!«
»Mönche, mit der Erkenntnis ›Dies ist die Edle Wahrheit des Endes der Leiden ... und ich muß sie erkennen ... und ich habe sie erkannt‹, erhob sich in mir die Vision von Dingen, die mir bisher unbekannt waren, Einsicht, Weisheit, Durchdringen und Licht!«
»Mönche, mit der Erkenntnis ›Dies ist die Edle Wahrheit des Pfades zur Beendigung aller Leiden ... und ich muß ihn entwickeln ... und ich habe ihn entwickelt‹, erhob sich in mir die Vision von Dingen, die mir bisher unbekannt waren, Einsicht, Weisheit, Durchdringen und Licht!«

Eine jede der Vier Wahrheiten wird auf drei verschiedene Arten verinnerlicht. In dieser Vision sieht der Meditierende ganz klar: »Dies ist das Leiden, ich muß es vollständig verstehen, ich habe es vollständig verstanden.« Ebenso verfährt er bei der Ursache des Leidens, dem Ende des Leidens und dem Pfad. Alle werden in drei Stufen vollständig begriffen, wobei die drei Stufen für das Überwinden, das Erkennen und die Entwicklung stehen. Wie ein Edelstein mit zwölf klaren Facetten, so ist auch die Vision der Vier Edlen Wahrheiten eine einzige intuitive Erfahrung.

Der Mittlere Pfad
(Majjimā Patipāda)

Der Mittlere Pfad erhielt seinen Namen aufgrund dessen, daß er *Samsāra* transzendierte, indem er die Extreme, welche den samsarischen Zustand prägen, überwindet. Der Geist, nicht der Körper vollbringt das Höchste. Aus diesem Grunde sind die Reinigung und die Entwicklung des Geistes essentiell. Indem der Körper gegeißelt wird, erreichen wir nichts außer Selbstgerechtigkeit.

So sprach der Buddha:
»Wer dem weltlichen Leben entsagt hat, sollte die folgenden beiden Extreme meiden: Körperliche Vergnügungen, die nieder, vulgär, weltlich, unehrenhaft und unheilsam sind, und Demut bis zur Selbstkasteiung, die schmerzhaft, unehrenhaft und unheilsam ist.«
»Mönche, der Mittlere Pfad, der keines dieser Extreme birgt, sondern klare Visionen eröffnet, Einsicht weckt und zu Frieden, direkter Erfahrung und Erleuchtung, zu *Nibbāna*, führt, wurde vom Wahrheitsträger *(Tathāgata)* entdeckt.«

Der Edle Achtfache Pfad
(Ariya-aṭṭhaṅgikamagga)

Als spiritueller Fortschritt von der Fessel *Samsāras* zum Frieden von *Nibbāna* ist der Buddhismus keine schlichte Doktrin oder eine philosophische beziehungsweise religiöse Schule. Vielmehr ist er eine Hingabe an das Wahre, Echte und Richtige. Der Mittlere Pfad konkretisiert sich im Edlen Achtfachen Pfad, der dem Buddha zufolge der einzige Weg zum Beenden allen Leides ist. Bestehend aus acht Faktoren, ist er eine systematische Methode der spirituellen Entwicklung im Alltagsleben.

Rechte Erkenntnis Rechte Gesinnung	Reinigung von Weisheit *Pañña*
Rechte Rede Rechte Tat Rechter Lebenserwerb	Reinigung der Moral *Sīla*
Rechte Anstrengung Rechte Achtsamkeit Rechte Sammlung	Reinigung des Geistes *Samādhi*

1. Rechte Erkenntnis
(Sammā Diṭṭhi)

Die Praxis des spirituellen Lebens, wie sie vom Buddha gelehrt wird, beginnt mit der Rechten Erkenntnis, einem echten Begreifen der Wahrheiten mit intuitiver Einsicht. Dies betrifft nicht nur die wahre Natur des Menschen und den Ursprung des Universums, sondern auch das Jenseits und den Pfad, der dorthin führt. Dieses richtige Verständnis inspiriert den Schüler, alle Hindernisse zu überwinden und den Pfad zur ultimativen Glückseligkeit zu beschreiten.

Die Rechte Erkenntnis ist das Herz des Buddhismus, denn es besteht aus dem intuitiven Begreifen der Vier Edlen Wahrheiten als Einsicht, als direkte existentielle Erfahrung. Umgekehrt wird jede einzelne Wahrheit auf intellektueller Ebene separat verstanden. Im *Sammā Diṭṭhi Sutta* (M-9) werden die zahlreichen Möglichkeiten des Verstehens für die Wahrheit beschrieben.

In dem Maße, in dem man die Wirklichkeit hinter guten und schlechten Handlungen *(Kamma)* sowie ihre Wurzeln oder Motivationen erkennt, in diesem Maße versteht man auch die Wahrheit des Lebens, der Welt und des Jenseits. Das Leben kann auf Handeln, Sprechen und Denken reduziert werden. Eine heilsame oder unheilsame Handlung wird durch den guten Willen kreativ. Der Wille versieht eine Handlung mit der Fähigkeit, eine Konsequenz in Form einer Wiedergeburt und verschiedener schöner oder schlimmer Erfahrungen im Leben zu erzeugen.

Das eigentliche heilsame oder unheilsame, verdienstreiche oder charakterschwache, gute oder schlechte Wesen einer Willenshandlung wird durch ihren psychologischen Ursprung *(Hetu)* bestimmt, nämlich Nichtgier, Nichthaß, Nichtirrglaube beziehungsweise Gier, Haß, Irrglaube. Die Wurzeln nähren die Handlung in moralischer Hinsicht und bestimmen so die eigentliche Natur des Ergebnisses durch eine gute oder schlechte Wiedergeburt, angenehme oder unangenehme Erfahrungen. In einer modernen Analogie würde man es so ausdrücken: Die Wurzeln sind wie der Sprengkopf, der die wirkliche Verteidigungs- beziehungsweise Angriffskraft einer Rakete bestimmt, während der Wille der Treibstoff ist, der die Rakete antreibt.

Ein klares Verständnis für die verschiedenen Implikationen von Handlungen erfordert das vollständige Begreifen des Lebens selbst, seines Ursprungs, seines Ziels und des Weges, der uns an dieses Ziel führt. Das Leben und das Universum sind untrennbar; das Fühlende und das Empfindungslose sind miteinander verwoben. Um sie intuitiv zu verstehen, muß man alles erkennen. Wie ein einziger Tropfen Meereswasser das Geheimnis des ganzen Ozeans birgt, so liegt im

Durchschauen einer Handlung das Wissen um die ganze Wahrheit.
Die anderen Methoden, durch die Rechte Erkenntnis erreicht werden kann, sind folgende: klares Verständnis der körperlichen und geistigen Nahrung *(Ahāra)* der Existenz; das Durchdringen der Vier Edlen Wahrheiten; das Durchdringen des Abhängigen Ursprungs; das Verständnis, wie das Rad des Werdens sich dreht und wie es stehenbleibt; das Durchdringen des Ursprungs und der Auflösung der geistigen Auswüchse, die der Existenz unterliegen.
So bedeutet Rechte Erkenntnis das Entwickeln eines Sinnes für die Realitäten des Lebens, der Welt und des Jenseits. Bar jeder abenteuerlichen, jeder metaphysischen und jeder philosophischen Ideologie, jeder Spekulation, jeder Vorstellung und jedes Dogmas. Dieser objektive und rationale Ansatz kann ein Leben zu einem erfüllenden Abenteuer machen, in dem allein die Wahrheit zählt. Es befähigt einen Menschen dazu, direkt in das Herz einer Sache vorzudringen und das Wichtige vom Unwichtigen zu unterscheiden.

So wie das richtige Verständnis, wenn es auf seinen ultimativen Inhalt heruntergebrochen wird, ein Verstehen oder eine Einsicht in die zugrunde liegende Wahrheit bedeutet, so werden die anderen sieben Faktoren des Edlen Achtfaltigen Pfads wie folgt auf ihren ultimativen Inhalt heruntergebrochen:

2. Rechte Gesinnung
(Sammā Saṇkappa)

Das rechte Denken ist die geistige Neigung, die sich stets eher der Entsagung zuwendet als dem Begehren, eher dem Guten als dem Bösen, eher dem Mitgefühl als der Grausamkeit.

3. Rechte Rede
(Sammā Vācā)

Das gesprochene Wort als Form eines guten Verhaltens erhält eine positive Richtung, indem es frei von Lüge nach der Wahrheit strebt, frei von Lästerei freundliche Worte wählt, frei von eitlem Geschwätz Sinnvolles spricht.

4. Rechte Tat
(Sammā Kamanta)

Rechte Tat beschreibt ein Handeln, das darauf beruht, nicht zu töten oder sich in irgendeiner Weise der Gewalt zu verschreiben, sondern zu bewahren, zu schützen und allem Leben Gutes zukommen zu lassen; nicht zu stehlen, sondern freigebig zu sein; nicht sexuellen Perversionen zu frönen oder Schwächen nachzugeben, wie beispielsweise dem Trinken etc., sondern edel, bescheiden und rein zu sein.

5. Rechter Lebenserwerb
(Sammā Ajīva)

Hiermit sind eine Lebensweise und ein Lebenserwerb gemeint, die auf Gewaltlosigkeit und Freundlichkeit gegenüber allem Leben beruht und sich bemühen, keinem anderen Lebewesen zu schaden. Unangemessene Handlungen sind der Handel mit Waffen oder Lebewesen, der unmoralische Verkehr, die Wucherei, die Trickdieberei, außerdem die Berufe des Metzgers, Fischers, Soldaten, Weinhändlers, Giftmischers etc.

6. Rechte Anstrengung
(Sammā Vāyāma)

Mit Rechter Anstrengung ist ein ernsthaftes geistiges Üben gemeint, welches auf der einen Seite jegliches Übel in Tat, Rede oder Gedanken vermeidet und überwindet und auf der anderen Seite die Entwicklung guter Gedanken und Handlungen fördert.

7. Rechte Achtsamkeit
(Sammā Sati)

Hierzu gehören die Vier Arten von Kontemplation, die wir im *Satipaṭṭhāna*-System der Meditationen finden. Dabei ist die Aufmerksamkeit bewußt gerichtet auf: alle körperlichen Aktionen und Bewegungen, alle Gefühle, alle Ebenen des Bewußtseins und die Objekte beziehungsweise Inhalte des Bewußtseins.

8. Rechte Sammlung
(Sammā Samādhi)

Dieser Faktor bezieht sich auf die verschiedenen Stufen der Aufnahme und beinhaltet den heilsamen, überbewußten Geisteszustand.

Ein tiefes Verständnis dieser acht Faktoren im Hinblick auf Inhalt und gegenseitige Bedingtheit kann einen heilsamen Wandel der Lebensart herbeiführen, der die Essenz der Spiritualität im Buddhismus ist. Wenn ein Mensch, der sich am Rechten Verstehen und Rechten Denken orientiert, sich bemüht, bestimmte Prinzipien zu beherzigen, die universell gültig sind und zu moralischer Reinigung führen, wird dieses ethische Leben von allen äußerer Verstrickungen frei sein.

Die Ethik befaßt sich mit gut und böse, richtig und falsch. Aber oft wird sie mit religiösen, sozialen, ökonomischen, rassistischen und anderen konventionellen Erwägungen verbunden. Eine derart überladene Ethik ist nur bedingt gültig und zwangsläufig begrenzt. Eine Ethik dagegen, die in Wahrheiten und Werten mit wirklichem Inhalt wurzelt, verfügt über etwas Absolutes und ist daher unbegrenzt und in ihrer Funktion nicht verletzbar. Sie reinigt das Bewußtsein und formt das Leben neu im Hinblick auf ein wahrhaft spirituelles Leben.

Rechte Rede, Rechte Tat und Rechter Lebenserwerb, die auf Rechter Erkenntnis und Rechter Gesinnung gründen, sind höchst wirksame Mittel zur sittlichen Reinigung und gereichen dem Geist so zu innerer Stärke und echtem Trost. Rechte Anstrengung, Rechte Achtsamkeit und Rechte Sammlung bilden die drei untrennbaren und unerläßlichen Faktoren für die vollkommene Ausbildung des Geistes, so daß dieser zu all seinen Möglichkeiten wächst und schlummernde Kräfte geweckt werden.

Die Entwicklung des Geistes ist erst dann möglich, wenn unser Verhalten bis ins kleinste ausgereift ist. Dies gelingt, wenn das Verhalten und die geistige Entwicklung fest auf dem Rechten Verständnis und dem Rechten Denken gründen. Alle Faktoren des Edlen Achtfachen Pfades sind so miteinander verwoben, daß sie ein planvolles Muster bilden. Der Mittlere Pfad kann als drei miteinander verknüpfte Funktionen betrachtet werden: Entwicklung und Reinigung der Weisheit *(Pañña)*, Tugend *(Sīla)* und Bewußtsein oder Geist *(Samādhi)*.

In dem Maße, in dem unser Geist, unser moralisches Leben und unser Verständnis beziehungsweise unsere Einsicht entwickelt werden, gedeiht auch die Blüte unserer Erleuchtung. Der endgültige Zustand höchster Erleuchtung ist das Ziel buddhistischen Bemühens und das Zentrum des Mittelpfads. Ziel und Weg vereinen sich im Edlen Achtfachen Pfad. Sie bringen eine vollkommene Persönlichkeit im Hier und Jetzt hervor.

Kapitel VIII

Der weiterführende Weg

Mattā sukhapariccāgā
passe ce vipulaṃ sukhaṃ,
caje mattā sukhaṃ dhīro,
sampassaṃ vipulaṃ sukhaṃ.

Wenn bei Verzicht auf minderes Glück
sich großes zeigt,
gibt für das große Glück
der Weise minderes leicht.

DHAMMAPADA, VERS 290

In seiner ersten Lehrrede, die den Titel »Das Rad in Bewegung setzen« trägt, deckt der Buddha das Wesen der Erleuchtung, d.h. seine genauen Entdeckungen, auf. Dazu gehören nicht nur die Vier Edlen Wahrheiten, welche alles Weltliche und Überweltliche durchdringen, sondern auch, wie die Wahrheit erkannt und kommuniziert wird, so daß alle sie verstehen und die Freiheit erlangen können.

Die Buddhaschaft ist eine Krönung eines Entwicklungsprozesses, der auf Weisheit und Mitgefühl basiert. Aus diesem Grunde wird der Buddha auch als Verkörperung unendlicher Weisheit und grenzenlosen Mitgefühls bezeichnet *(Vijjācarana sampanno).* Während die höchste Form der Weisheit in der Erleuchtung des *Bodhisatta* mündet, zeigt sich die Leuchtkraft des Mitgefühls in der unnachahmlichen und untadeligen Art, in der die höchste Entdeckung allen vermittelt wird – auf unzähligen Wegen, je nachdem, welches Temperament und welche Fähigkeiten ein Mensch mitbringt. Die Verkettung von Weisheit und Mitgefühl gipfelt in Allwissenheit. Daher erlangte der Buddha auf dem Höhepunkt seiner Spiritualität den Titel *Bhagavā,* der Heilsbringer oder Retter.

Buddho so bhagavā,
bodhāya dhammaṃ deseti.

Erleuchet ist er, der Heilsbringer,
er verkündet den D*hamma,*
auf daß alle erleuchtet werden.

Dasselbe sagt die Juwelen-Lehrrede aus. Im Frühling ist der Wald voller Blüten und erfüllt von unzähligen Düften. Ebenso hat der Buddha seinen *Dhamma* auf unzählige Arten erklärt und damit den Suchenden auf seinem Pfad zur Befreiung bestätigt.

Gleich den Waldhainen zur Frühlingszeit,
die in Myriaden von Blüten aller Pracht erblühn,
so wurde die Erhabene Lehre, welche zu N*ibbāna* führt,
zum höchsten Gut gelehrt.
Wahrlich: Dies ist der nicht aufzuwiegende Schatz
des Buddha
durch diesen Schwur der Wahrheit für
das Wohlergehen aller.

RATANA SUTTA

Eine höchst interessante und lehrreiche Tatsache, die uns bei den Studien des Tipitaka immer wieder begegnet, ist der persönliche Ansatz des Buddha. Er kommunizierte eine tiefe Botschaft in einer nicht nur simplen, sondern auch faszinierenden Art, so daß die Erklärung genau auf den Zuhörer zugeschnitten war. Es ist bekannt, daß nach einer Lehrrede Schüler oft zum Meister liefen, um seinen Segen zu erbitten, da ein jeder von ihnen dachte, die Botschaft sei allein an ihn gerichtet gewesen.

In seinen fünfundvierzig Jahren eifriger spiritueller Mission widmete sich der Meister jeden einzelnen Tag seiner Lehre. Er wanderte von einem Ende des indischen Subkontinents zum anderen und inspirierte Könige, Analphabeten und Gelehrte. In seinen unzähligen Lehrreden übermittelte er eine weite Bandbreite von den Geist befreienden Techniken, die durch buddhistische Mönche und Gelehrte für die Zukunft bewahrt wurden.

Eine dieser Methoden wird als die Fähigkeit der Mittel *(Upāya Kosalla)* bezeichnet. Das Sinnbild des Großen Lotus symbolisiert die Allwissenheit des Buddha. Der Meister setzte dieses Sinnbild geschickt ein, um die unendliche Vielzahl von Befreiungsmethoden zu illustrieren: ›Stellt euch einen wunderbaren Lotus auf einem Untergrund von sieben Juwelen vor. Die Blume hat 84.000 Blütenblätter und ein jedes dieser Blütenblätter hat 84.000 Adern, von denen jeweils 84.000 Strahlen ausgehen, die deutlich zu sehen sind.‹

Die sieben Juwelen verkörpern die sieben Faktoren der Erleuchtung: Klugheit, Achtsamkeit, das Erforschen des D*hamma*, Mühe, Verzückung, Ruhe, meditative Konzentration und Gleichmut. Der majestätische Lotus der Allwissenheit des Buddha erblüht auf dem Nährboden dieser Faktoren der Erleuchtung. Jeder Strahl dieser astronomischen Anzahl steht für eine Technik, die einem bestimmten Temperament angepaßt ist.

Die Zahl 84.000 hat eine mystische Bedeutung, die – mehrmalig vervielfacht – die unendlichen Anwendungsmöglichkeiten verkörpert. In der buddhistischen Philosophie stoßen wir oft auf die Zahl 84.000. Da wären die

84.000 Methoden der Befreiung *(Dhammakhandhas),* die 84.000 Äonen der Lebenszeiten der höchsten Brahmanengötter und viele andere. Ein Blütenblatt ist ein *Dhammakhandha,* eine Ader ist eine Untergruppe des *Dhamma (Anudhamma),* und ein Strahl ist eine ganz bestimmte Art, Befreiung zu erlangen.

Wenn eine Ader über 84.000 Strahlen verfügt, wie viele Strahlen mag es dann in diesem gigantischen Lotus geben, und dementsprechend wieviel Licht! Wenn der klare Schein eines einzigen Strahls das Wissen und Verständnis eines befreiten Heiligen bedeutet, was muß dann die Vervielfachung dieses Wissens und Verständnisses im Lotus des Allwissenden, des erleuchteten Buddha sein! Und wenn ein Strahl für eine Möglichkeit, Befreiung zu erlangen, steht, die der Buddha entdeckte und unendlich vielen Menschen predigte, für jede Phase der Evolution in den verschiedenen Ebenen des Daseins, wie unermeßlich sind dann das Wissen und die Größe des Buddha!

Mit diesem Gleichnis soll eine bestimmte Wahrheit verdeutlicht werden. Der Buddha hat durch seine Höchste Erleuchtung zehn Arten der Meisterschaft erlangt. D*asabala,* eine der Fähigkeiten, das spirituelle Potential eines Individuums zu schauen, ist aus seiner karmischen Bildung erwachsen. Auf Basis dieser Einsicht in die Grundlagen des Wesens entwarf der Buddha die jeweilige individuelle Methode, die am effektivsten wirkte.

Da ein jedes Wesen eine eigenständige Persönlichkeit hat, sind die passenden Methoden ebenso zahlreich wie die Temperamente. In dem Gleichnis wird dies auf eindrucksvolle Weise deutlich. In der ursprünglichen, kanonischen, Fassung, wie sie in den *Pāli Suttas* steht, erwähnt der Buddha neun pragmatische Methoden, die miteinander in Verbindung stehen und gemeinsam einen gradlinigen, stufenweise aufgebauten Pfad bilden. Diese systematische Methodik ist als *Anupubbi Desanā* bekannt, eine gegliederte Lehre, die wie folgt aufgebaut ist:

1. Die Anweisung zum Geben
(Dāna Kathā)

Dies ist der Ansatz der Großzügigkeit und Wohltätigkeit, der im Gegensatz steht zum Streben, dem Erwerben, Besitzen und Festhalten.

2. Die Anweisung zur Tugend
(Sīla Kathā)

Dies ist der Ansatz der moralischen Reinheit durch den Zugang zu einem Verhaltenskodex und zu gewissen Werten, die universelle Gültigkeit haben und zu allen Zeiten wirksam sind. S*īla* steht im direkten Kontrast zu einer prinzipienlosen und ambivalenten Einstellung und einem entsprechenden Verhalten. Es gründet auf dem festen Glauben an das Gesetz der moralischen Kausalität, d.h., daß jede gute Tat und jegliches edle Verhalten zu einer Reinigung des Geistes führen, während eine böse Tat den Geist verdunkelt und so eine spirituelle Degeneration nach sich zieht. Aus diesem Grunde sind gutes und schlechtes Handeln nicht allein konventionelle Moralvorstellungen zur Regelung gesellschaftlicher Normen, vielmehr haben sie ultimative Gültigkeit auf der Ebene des freien Willens.

3. Die Anweisung des göttlichen Lebens
(Sagga Kathā)

Hier geht es um das göttliche Leben, wie es sich im Reiche der Devas, der Götter, zeigt. Die Götter sind auf kosmologischer Ebene Wesen höherer Spiritualität und genießen daher ein unermeßliches Glück und eine große Langlebigkeit. Die Tatsache, daß ein Verhalten, in dem sich göttliches Leben widerspiegelt, fähig ist, jemanden in göttliche Sphären zu führen, untermauert diese Anweisung.

4. Die Anweisung der Gefahr sinnlicher Vergnügen
(Kāmānaṃ-ādīnava Kathā)

Dieser Ansatz lehrt moralische Charakterstärke, Geradlinigkeit und spirituelle Integrität. Sie basiert auf einem tiefen Verständnis des zerstörerischen Einflusses von Leidenschaft in Befriedigung, Freude und Vergnügen.

5. Anweisung über die Wohltat der Entsagung
(Nekhamme Anisaṃsā Kathā)

Dieser Ansatz heiligen Lebens basiert auf Sparsamkeit, Keuschheit, Loslösung und freiwilliger Armut.

6. Anweisung zur Edlen Wahrheit des Leidens
(Dukkha Ariya Sacca Kathā)

Diese Anweisung handelt von den Unerfreulichkeiten und Unvollkommenheiten der weltlichen Existenz.

7. Anweisung zur Edlen Wahrheit über den Grund des Leidens
(Dukkha Samudaya Ariya Sacca Kathā)

Bei dieser Anweisung geht es um das, was Leid erzeugt, nämlich das Streben.

8. Anweisung zur Edlen Wahrheit über das Ende des Leidens
(Dukkha Nirodha Ariya Sacca Kathā)

Dieser Ansatz besagt, daß sich Leid beenden läßt, und zwar in der Dimension N*ibbānas*, der spirituellen Freiheit.

9. Anweisung über die Edle Wahrheit des Pfades
(Dukkha Nirodha Gāmini Paṭipadā Ariya Sacca Kathā)

Diese Anweisung zeigt den Weg, welcher zur Beendigung des Leides führt, nämlich der Edle Achtfaltige Pfad.

Wie bereits erwähnt, bezieht sich die gesamte Lehre des Buddha auf diese neun Faktoren. Ein jeder ist ein eigener Ansatz, und gemeinsam bilden sie eine verknüpfte Methodik, welche zur Freiheit von allen Fesseln und zur Überwindung der endlosen Kette aus Geburt, Tod und Wiedergeburt führt. Mit ›*Anuppubbi*‹ ist wörtlich ein graduell und systematisch angelegter Pfad gemeint, dessen Steigung und Progression individuell bestimmt wird. Unter graduell wird hier keine müßig-träge Entwicklung verstanden, sondern ein methodisches, kontinuierliches, freiwilliges und progressives Voranschreiten auf dem spirituellen Pfad. Er ist methodisch, da es keine sporadische oder plötzliche Richtungsänderung gibt. Gleichzeitig gibt es keine abrupte oder schnelle Bewegung. Dennoch wird der Pfad stets kontinuierlich fortgesetzt. Diese systematische und regelmäßige Übung des *Dhamma* kann nicht absichtslos sein. Sie umfaßt bewußte und bedachte Handlungen, Worte und Taten.
Der freie Wille spielt in jeder aktiven Entwicklung im Buddhismus eine zentrale Rolle. Denn der Wille ist das kreative Zentrum des *Kamma*, ganz gleich, ob gut oder böse. Der Buddhismus lehnt die Vorstellung von einem Schöpfergott ab und stützt sich vielmehr auf das Prinzip der Kreativität. Der Wille ist der Kern dieses Prinzips. So sprach der Buddha: »Den Willen, Mönche, nenne ich *Kamma*, die Handlung. Durch den Willen entschließen wir uns zu einer Tat, einem Wort oder einem Gedanken.« Der Schöpfung liegt also die Folge von Aktion und Reaktion zugrunde. Der spirituelle Fortschritt in Anlehnung an den Ansatz von *Anupubbi Desanā* muß ein Schöpfungsprozeß sein, der auf jeder Ebene Höchstes leistet, um am Ende ein positives Ergebnis hervorzubringen. Es reicht nicht, allein nach dem Höchsten zu streben, man muß beständig innere Freiheit in sich spüren. Jeder der neun Faktoren dient dem Zweck, hier und jetzt Freiheit zu erfahren.

Ein weiterer wichtiger Aspekt des buddhistischen Ansatzes ist eine Methode, mit Hilfe deren die Fähigkeit und das Potential eines Menschen ermessen werden können. Auf dieser Basis wird dann auf seine Bedürfnisse geschlossen. Es ist unerläßlich, zu erwähnen, daß diese Methode mit ihren neun Faktoren nicht zwei identische Lehrwege beinhaltet, welche auf gleiche Weise auf ein Individuum angewendet werden. Schon allein durch seine Definition ist der Ansatz flexibel, vielseitig und kaleidoskopisch ausgerichtet, damit er allen Möglichkeiten und Potentialen gerecht werden kann.

Selbst wenn die neun Faktoren allen bekannt sind, treten sie in verschiedenen Individuen in unterschiedlichem Maße zutage, zudem zu verschiedenen Zeiten und an verschiedenen Orten unterschiedlich. Verantwortlich dafür ist der jeweilige karmische Hintergrund eines Individuums, wobei ein bestimmtes Niveau und ein bestimmter Grad sowohl der *Pāramis* als auch der *Saṃyojanas* berücksichtigt ist.

Die zehn *Pāramis* bilden die Grundlage des spirituellen Fortschritts und dienen als fundamentales Handwerkszeug auf dem Weg ins *Nibbāna.* In jedem Individuum sind sie unterschiedlich ausgeprägt. Auch die zehn *Saṃyojanas,* die den Menschen unerbittlich an das weltliche Dasein, *Samsāra,* fesseln, sind in jedem Menschen entwickelt. Sie sind bekannt als die Werkzeuge von *Māra,* dem Bösen, das ein Wesen im goldenen Käfig aus Vergnügen, Freude und Besitz oder Liebe, Zuneigung und Eigeninteresse, oder Ansichten, Einstellungen und Werten einsperrt.

Die zehn *Saṃyojanas* sind: Selbsttäuschung, skeptisches Zweifeln, Abhängigkeit von äußeren Regeln und Ritualen, Böswilligkeit, Streben nach Sinnenfreuden, Streben nach himmlischer Existenz in *Brahmaloka* in feinstofflicher Form und das Streben nach himmlischer Existenz im immateriellen *Brahmaloka*, Einbildung, Rastlosigkeit, Ignoranz

(hierbei stehen die ersten fünf im Vordergrund, die anderen folgen).
Um mit diesen hellen und dunklen Aspekten der Persönlichkeit umgehen zu können, bedarf es einer äußerst präzisen, sorgsamen und mehrdimensionalen Anwendung. Und aus diesem Grunde bezieht sich die kompositorische Methodik direkt auf die Persönlichkeit des Individuums, wie sie durch die erfüllten *Pāramis* geformt ist, und auf die geistigen Zerstörungen und Verletzungen durch die *Saṃyojanas.* Sich anzuschauen, wie diese neun Ansätze sich im Alltagsleben bewähren, ist anregend. Man kann nicht nur einen Ansatz anwenden, weil man ihn für den passendsten oder attraktivsten hält; genausowenig können alle gleichzeitig in gleichem Maße zum Einsatz kommen. Das wäre eine zu große Herausforderung, besonders für einen Anfänger. Da sie alle aber untereinander vernetzt sind, sich überlappen, führt einer automatisch zum anderen, wenn man sie angemessen einsetzt. Die ersten fünf Faktoren dieses Ansatzes gehen Schritt für Schritt vor und entfalten so gewisse Grundlagen der Moral und der spirituellen Entwicklung. Die anderen vier verkörpern die Essenz der Entdeckung des Buddha, nämlich die Vier Edlen Wahrheiten.
Bevor der Buddha eine Lehrrede einleitete, betrachtete er mit Hilfe seiner übermenschlichen Fähigkeiten das Potential des Hörers. Er begann eine Lehrrede nie mit den Vier Edlen Wahrheiten, da die meisten Menschen eine Einführung benötigen, bevor sie bereit sind für die Einweisung. Immer fing der Meister mit der Grundlage jeder höheren spirituellen Erfahrung, nämlich mit der Einweisung in den Ansatz des Gebens *(Dāna)* etc., an.
Die Lehrrede für *Suppabuddha*, den Leprakranken aus U*dāna,* belegt, wie der Meister Schritt für Schritt vorging, bis *Suppabuddha* die überweltliche spirituelle Erfahrung besaß, die ihn befähigte, den Strom von *Samsāra* zu passieren und

Zugang zur Dimension der Freiheit, *Nibbāna,* zu erlangen. *Suppabuddha*, ein ungemein unglücklicher Mensch, erkrankte an Lepra und lebte allein von Almosen. Er lief gewöhnlich durch die Straßen von *Rājagaha* und bettelte, und wann immer sich Menschen irgendwo versammelten, eilte er dorthin, denn er hoffte, nach dem Essen Reste ergattern zu können.

Eines Tages sah er eine große Ansammlung von Menschen im Bambushain, wo damals der Buddha lebte. Die Menschen hatten sich zu Tausenden versammelt, um den Meister zu hören. Als der Buddha sich im Geiste die Möglichkeiten jedes einzelnen anschaute, wurde er *Suppabuddhas* außergewöhnlichen Potentials gewahr. Dann entwickelte er das Thema seiner Lehrrede und konzentrierte sich auf den Pfad. Das *Sutta* berichtet:

»Der Gesegnete sah *Suppabuddha*, den Leprakranken, der sich unter die Außenstehenden mischte. Als er ihn sah, erkannte er: ›Dieses Individuum hat das Potential, die Wahrheiten zu begreifen.‹ So schnitt er seine Lehrrede auf *Suppabuddha*, den Leprakranken, zu, entwarf für ihn eine langsam fortschreitende Schritt-für-Schritt-Technik, mit Hilfe deren sich nach und nach Anweisungen zum Geben, zur Reinigung des moralischen Betragens, über das himmlische Leben, die Gefahren, Nachteile und Entbehrungen des sinnlichen Lebens und über die Vorzüge des heiligen Lebens (wörtl.: Entsagung) entfalteten.

Als der Gesegnete erkannte, daß *Suppabuddha*, der Leprakranke, nun die rechte Aufnahmefähigkeit erreicht hatte und erfüllt war von reinem und inspirierendem Glauben, entfaltete der Meister die Bestandteile des D*hamma*, der höchsten Lehre des Erleuchteten, als da sind das Leiden, dessen Ursprung, die Beendigung des Leidens und den Pfad dorthin.«

Gleich einem reinen Stück Stoff – vollkommen frei von

Schmutz –, der sich leicht färben läßt, so reagierte *Suppabuddha*, der Leprakranke, frei von Unreinheiten auf die Vision der Wahrheit: »Was entsteht, das muß auch unweigerlich verfallen.« Im folgenden wird beschrieben, daß *Suppabuddha* nach seiner spirituellen Transformation ein Heiliger wurde. Mit höchster Demut zeigte er dem Buddha seine tiefe Dankbarkeit. Dann nahm er Zuflucht zum Buddha, seiner Lehre und dem heiligen Orden und verabschiedete sich.

Nach einiger Zeit erfuhren die Mönche, daß *Suppabuddha*, der Leprakranke, verstorben war, nachdem er von einer jungen Kuh auf die Hörner genommen worden war. So gingen sie zum Buddha und berichteten ihm von dem Unglück und fragten, wo er wiedergeboren würde. Der Buddha teilte ihnen mit, daß *Suppabuddha* bereits die spirituelle Transformation erlangt und den Fluß ins *Nibbāna* gekreuzt habe.

Erstaunt fragten sich die Mönche, warum gerade ein Leprakranker, ein armer Bettler, das Überweltliche erlangt haben sollte. Der Buddha offenbarte ihnen *Suppabuddhas* schlechtes *Kamma*, aufgrund dessen er ein solch schreckliches Leben hatte ertragen müssen. Weit in der Vergangenheit hatte er als Sohn eines Millionärs einen *Pacceka*-Buddha auf seiner Almosenrunde beleidigt und ihn als Leprakranken bezeichnet. Dieses in Haß wurzelnde *Kamma* hatte sich zu seinem heutigen Elend ausgewachsen. Aber er hatte in der Vergangenheit auch die zehn *Pāramis* entwickelt, die ihn befähigten, die weltlichen Bindungen zu überwinden und den überweltlichen Einblick zu erlangen.

1. Anweisung zur Freigebigkeit

Was dem Bauern sein Land ist, ist *Dāna* für das Leben des Buddhisten. Es ist das Fundament der spirituellen Praxis, dessen Ziel es ist, das Streben zu vernichten und statt dessen innere Freiheit aufzubauen, welche aus Selbstlosigkeit geboren wird. Aus diesem Grunde bedeutet das Geben im Buddhismus auch das Aufgeben, beispielsweise das Aufgeben von Egoismus, Bindung, Sinnlichkeit, Aneignung, Zorn, Irrglauben, Unwissenheit und anderer negativer *Kamma*-Faktoren.

Wenn schädliche Handlungen uns in Fesseln legen, so befreien uns heilsame Handlungen nicht nur aus diesen Fesseln, sondern sie eröffnen uns auch den Pfad zur Freiheit, führen uns dorthin, wo es kein Gut und Böse gibt. Auf der Reise vom Gefesseltsein zur Freiheit spielt *Dāna* eine zentrale Rolle. So sprach der Buddha: »*Dānaṃ tānaṃ manussānaṃ.* – Dem menschlichen Wesen ist das Geben *(Dāna)* der Pfad in die Freiheit.«

In buddhistischen Ländern beziehungsweise an Orten, an denen Gruppen von Buddhisten leben, fällt an ihrer Lebensart der breitgefächerte Enthusiasmus für Programme auf, die auf *Dāna* beruhen. Selbst der ärmste Mensch bietet von seinem wenigen noch in respektvoller, feierlicher Manier an.

Im Jahre 1952, als ich in *Thātana Yeiktha,* einem berühmten Meditationszentrum in Rangoon, weilte, begab ich mich mit anderen Mönchen auf eine Almosenrunde. Ich fühlte mich privilegiert zu sehen, wie die Buddhisten von Birma [heute Myanmar] voller Demut anboten, was sie besaßen. Ein armer indischer Riksha-Zieher aus Birma, der täglich nur eine winzige Summe verdiente, spendete oft fast die Hälfte seiner Tageseinnahmen. Dies tat er mit einer Überzeugung und Freude, daß es selbst das Herz eines Zynikers rühren mußte. Als er gefragt wurde, warum er so viel spende, entgegnete er: »Heute leide ich unter meiner Armut, weil ich in der Vergangenheit nicht freigebig war.« Dann zitierte er den Buddha, der gesagt hatte, nur wer gibt, wird auch bekommen.

Ganz Asien ist von Armut und Ausbeutung durch die Kolonialmächte gezeichnet, aber die Buddhisten scheinen nicht so sehr darunter gelitten zu haben wie andere. Ein Grund dafür kann die weitverbreitete Praxis von *Dāna* sein, der Tugend des Teilens. Der Geist der Besitzlosigkeit, der aus dem Praktizieren von Großzügigkeit und Entsagung erwächst, hat den asiatischen Buddhisten eine ansteckende Freude verliehen. Obwohl die Menschen mittellos wirken, da sie im Vergleich zu westlichen Standards nicht viel besitzen, sind sie doch reich in ihrer Zufriedenheit und ihrer positiven Lebenseinstellung. Sie sind auf heitere Weise mit dem wenigen zufrieden, das sie haben, und nicht an einer Erweiterung ihrer Bedürfnisse interessiert.

Das Ausmaß der modernen Zivilisation und ihrer materiellen Ausrichtung verändert dieses Bild zum Nachteil für die menschlichen Werte. Das reiche Leben, welches auf Zufriedenheit basiert, kann nur durch den Geist von *Dāna* erlangt und nicht durch materielle Güter erkauft werden. Der Buddha pflegte zu betonen: »Zufriedenheit ist das höchste Gut.« Die nobelste Zivilisation wurde aus dieser großen Wahrheit geboren, wie ein wunderschönes Bild in einen jungfräulichen Felsen gehauen wird.

Das Geben als spiritueller Akt *(Pārāmi),* bedarf einer Weisheit und Entschlossenheit *(Adhṭṭhana).* Der Akt des Gebens wird spirituell produktiv, wenn ihm eine Absicht zugrunde liegt. Der Wille, der dem Akt vorausgeht, sollte immer der sein, Freiheit *(Nibbāna)* zu erlangen und die guten Dinge, die einem helfen, dieses Ziel zu erreichen. Langlebigkeit, Gesundheit, Reichtum, Einfluß, Bildung, Komfort – wenn sie weise eingesetzt werden, können sie uns auf unserem spirituellen Weg gute Dienste leisten. Diese Dinge an sich als Lebensziele haben nicht nur wenig Sinn, sondern sind sogar häufig Hindernisse.

Die Buddhisten haben daher *Adhṭṭhāna* zu einem Teil des

Aktes von *Dāna* erklärt. *Dāna*, frei von niederen Motiven wie beispielsweise dem Spekulieren auf Gegengeschenke und sonstigen selbstbezogenen Erwartungen, wird zu einem edlen Akt des Opfers erhoben. Zur Zeit des Buddha wurde die Tradition verschiedener Tier- und Feueropfer sehr geschätzt. Der Opfernde erhoffte sich dadurch himmlische Gaben. Der mitleidige Buddha verbannte Tieropfer, erkannte sie als abergläubische und grausame Rituale. Er erklärte *Dāna* zur besten, nobelsten Form des Opferns. Allein durch die moralische Absicht wurde das Geben von einer Geste zu einer rituellen Handlung erhoben.

Als eine große Anzahl von Menschen sich zu dieser neuen Opferpraxis bekannte und infolgedessen nur noch solchen Menschen Opfer brachten, die ein gutes Leben führten, waren die Priester natürlich erzürnt. Dies war ihnen ein Anlaß, falsche Gerüchte aller Art zu verbreiten.

Vaccagotta, ein vielerorts respektierter Brahmanenasket, ging zum Buddha und fragte ihn geradeheraus, ob das, was er gehört hatte, richtig sei. Er erklärte, er habe gehört, der Buddha lehre folgendes: »Meine Schüler sollen nur mir *Dāna* anbieten, niemand anderem. *Dāna* sollte nur meinen Schülern und nicht den Schülern anderer Meister angeboten werden. Allein *Dāna,* welches mir angeboten wird, kann große Früchte tragen, wenn es anderen angeboten wird, trägt es keine großen Früchte. *Dāna*, das meinen Schülern angeboten wird, trägt große Früchte, wird es aber anderen Schülern angeboten, trägt es keine großen Früchte.«

Der Buddha sprach: »*Vacca*, wer dies sagt, spricht nicht die Wahrheit. Sie lästern mir. Ich betone, *Vacca*, daß ein jeder, der einen anderen daran hindert, *Dāna* anderen gegenüber zu üben, in dreierlei Hinsicht ein Hindernis ist. Welche sind diese drei Hindernisse? Erstens wird er ein Hindernis dem Gebenden gegenüber, der sich auf den spirituellen Weg begeben möchte. Er wird auch ein Hindernis für denjenigen, der die Gabe erhalten sollte. Und drittens verletzt er sich selbst, schadet seinem eigenen Wohlbefinden, indem er seinem Ruf schadet. Sei versichert, *Vacca*, daß derjenige, der einen anderen daran hindert, jemandem etwas zu schenken, dreimal Schaden anrichtet. Ich gehe sogar noch weiter. Denke an die Kanalisation, die Kloaken, in denen niedere Kreaturen leben. Wenn einer im Sinne von *Dāna* seinen Essensteller dort von Essensresten reinwäscht und dabei wünscht ›Mögen diese Reste anderen Kreaturen zum Mahle dienen‹, so wird auch dieser Mensch durch seinen Akt des Gebens spirituelles Verdienst erlangen. Was ist aber mit *Dāna,* welches Menschen angeboten wird? *Vacca*, ich sage, wenn wir guten, tugendhaften Menschen etwas schenken, wird dies reiche Früchte tragen, schenken wir jedoch bösen und unreinen Menschen etwas, so wird dies keine solchen Früchte tragen.«

Damit wir die unglaubliche Bedeutung erfassen, die der Buddha dem Akt des Gebens zumißt, und damit wir erkennen, welch herausragende Position *Dāna* im buddhistischen Wertesystem und im spirituellen Leben einnimmt, ist eine detaillierte Analyse erforderlich. *Dāna* ist das erste der zehn *Pāramis.* Erst wenn *Dāna* erfüllt wurde, können die anderen erfüllt werden. *Dāna* ist der erste der drei Teile *(Sāsana)*, in welche die Lehre des Buddha unterteilt ist. Diese sind *Dāna* (das Geben), *Sīla* (die Tugend) und *Bhāvanā* (die Meditation). Ein gewöhnlicher buddhistischer Dorfbewohner oder Arbeiter, der weder schreiben noch lesen und daher die Lehren des Buddha nicht im Detail kennen kann, versteht doch die drei Aspekte seiner Lehren und ist vollkommen zufrieden. Er oder sie fühlt sich den Problemen seines Lebens gewachsen und kann sein Leben mit Freude und Bedeutung füllen.

Wie ein facettenreiches Prisma ist auch *Dāna* multidimensional mit vielen Perspektiven. Von diesen ist eine beson-

ders wichtig und bekannt als die Basis von Wohltätigkeit *(Puñña Kiriyāvatthu)*. Hier ist *Dāna,* Wohltätigkeit, das Fundament aller Tugenden, Werte und Perfektionen.
Darüber hinaus gibt es eine ganz besondere Art des Gebens, bekannt als *Pattidāna*, das Teilen des durch gute Taten erlangten Verdienstes mit allen Lebewesen. Eine weitere Kategorie ist das Geschenk der Spiritualität *(Dhamma Dāna)*. Von allen Gaben ist diese die bedeutendste. So heißt es im *Dhammapada*: »Die Gabe des *Dhamma* überragt alle anderen Gaben.«
Das Teilen von Verdienst ist eine für den Buddhismus typische Praxis, die überall in der Welt ausgeübt wird. Wie Wissen geteilt werden kann und durch das Teilen vermehrt wird, so wird auch das spirituelle Verdienst vermehrt. Dieser Ansatz ist ein Versuch, Werte und Wahrheiten zu konkretisieren. Aus diesem Grunde ist *Dāna* nicht allein Geben. Wohltätigkeit, wie sie im modernen Sinne verstanden wird, ist eine konzeptionelle Geste. Im buddhistischen Sinne ist das Geben ein Akt der Selbstaufgabe und bedeutet ein Zurücknehmen des Strebens zugunsten eines Verdienstes. So konkretisiert *Dāna* Werte und Wahrheiten. Ohne diese Konkretisierung kann die Wahrheit keine Gültigkeit erlangen und würde eine abstrakte Vorstellung bleiben.

Überaus aufschlußreich sind die vier Faktoren von *Dāna*. Ohne diesen Hintergrund ist das Geben nicht vollständig. Diese Faktoren sind:

1) *Vatthu,* die Dinge, die gegeben werden;
2) *Citta,* das Bewußtsein des Gebens;
3) *Paṭiggāhaka,* der Empfänger;
4) *Dāyaka,* der Gebende.

Damit *Dāna* ein wahrhaft bedeutungsvoller und spiritueller Akt wird, sollte nur gegeben werden, was uns wirklich gehört und was wir auf moralische, legale Art und Weise erlangt haben. Besitz, ganz gleich ob es sich um Geld oder um andere Dinge handelt, sollte von uns für *Dāna* als würdig befunden werden. Wenn etwas gestohlen oder unrechtmäßig erworben, unnütz oder einfach überflüssig ist, und wir es nur verschenken, um es loszuwerden, dann ist es von geringem Wert. Mit Wert ist nicht der finanzielle Wert gemeint sondern der ideelle Wert eines rechtmäßig erworbenen Objektes.

In Bezug auf *Dāna* mit rechtem Bewußtsein werden drei verschiedene Stadien gemeint. Diese sind Gedanke und Wille, welche *Dāna* vorausgehen, sowie die Überzeugung, zu geben, welche mit dem Akt des Schenkens einhergeht und zu jeder beliebigen Zeit danach empfunden wird. Wir sollten mit großer Überzeugung und erfüllt von Ehrfurcht geben, stolz darauf sein, geben zu können. Und wir sollten von Dankbarkeit erfüllt sein, wenn der andere unsere Gabe annimmt. Dieser bescheidene buddhistische Ansatz steht im krassen Gegensatz zu der althergebrachten Vorstellung eines philanthropischen oder wohltätigen Menschen. Zu jeder Zeit des Schenkensaktes sollte also Demut unser Bewußtsein prägen. Auf solch uneigennützige Art bleibt unser Bewußtsein beim Schenken rein und voller Freude.

Ebenso sollten wir nach dem Geben frohlocken und jubilieren, weil wir in der Lage gewesen sind zu geben. Jedesmal, wenn man sich den Akt von *Dāna* ins Gedächtnis ruft, sollte dies mit unbändiger Freude, niemals aber mit Reue geschehen. Wann immer man sich betrogen oder zu einer Gabe genötigt fühlt, sollten diese Gedanken abgeschaltet werden. Selbst wenn sich der Empfänger als unwürdig herausstellt, sollten Selbstvorwürfe oder Bitterkeit nicht empfunden werden. Allein das Geben aus vollem Herzen ist Dank genug.

Man mag Dinge haben, die man verschenken kann. Man

mag auch den guten Willen haben. Aber manchmal hat man nicht die richtige Person, der man etwas schenken könnte, und dann ist *Dāna* fruchtlos. Ein tugendhafter Mensch ist der würdigste Empfänger, ebenso solche, die leiden und Hilfe benötigen. Dies sind die beiden verschiedenen Ansätze bezüglich eines Empfängers. Der eine ist der Ansatz der Ehrfurcht und der andere der des Mitgefühls. Solche, die mit Ehrfurcht behandelt werden sollten, können Mönche, Eltern, Lehrer, ältere Lebewesen sein. Das Geschenk sollte demütig und ehrfürchtig überreicht werden, auf daß wir dafür gesegnet werden. Wer leidet, krank, arm, verzweifelt und hilflos ist, dem sollte die Gabe voller Mitgefühl und Sanftmut überreicht werden, mit Bescheidenheit und einer guten Portion Einfühlungsvermögen. Der Empfänger sollte sich niemals erniedrigt oder in irgendeiner Weise verletzt fühlen.

Es gibt drei Formen der Ehrfurcht eines Gebenden: *Dānapati,* der Meister-Geber, *Dānasahāya,* der Freund-Geber, und *Dānadāsa,* der Diener-Geber. Der Meister-Geber ist ein Mensch, der das Beste, was er hat, anderen schenkt, während er für sich selbst das Schlechteste behält. Der Freund-Geber ist einer, der genau das gibt, woran auch er sich erfreut, nicht mehr und nicht weniger. Der Diener-Geber ist ein solcher, der das Beste für sich selbst behält und nur verschenkt, was er nicht haben will. Er gibt Unwesentliches, deshalb erwachsen auch nur magere Früchte aus seinem Geben. Dem Meister-Geber dagegen bringt seine Großzügigkeit ebenso große Früchte. Der Geber, der zu gleichen Teilen teilt, erhält ebenfalls seinem Geben entsprechende Früchte.

Ein tugendhafter Mensch, der einem anderen tugendhaften Menschen ein Geschenk macht, erntet immer reiche Frucht. Ein böser Mensch, der einem guten Menschen *Dāna* gibt, gewinnt ein gutes Verdienst, da der Empfänger tugendhaft war. Dasselbe gilt umgekehrt: Ein guter Mensch, der einem bösen etwas schenkt, erntet trotz des schlechten Empfängers aufgrund seiner eigenen Tugend reiche Frucht. Das Gute wiegt immer mehr, denn es schützt, erhält und hilft zu wachsen. Das Negative dagegen, wie herausgeputzt es auch erscheinen mag, ist im Grunde schwach und kontraproduktiv. Aus diesem Grunde kann es dem Guten nie das Wasser reichen.

Um *Dāna* zu einem Lebensprinzip zu machen und so in spirituelles Wachstum zu investieren, haben die Buddhisten eine Vielzahl gesellschaftlicher Anlässe entwickelt. Während dieser Anlässe praktizieren sie *Dāna,* in Gruppen oder allein, den Geist erfüllt von Freude und Feierlichkeit. Die wichtigste Gelegenheit ist der Vollmondtag von *Vesākha* (im Mai), der dreifach gesegnet ist durch die Ankunft, die Erleuchtung und das Dahinscheiden des Buddha. Auch Vollmond- und Neumondtage sowie die acht Tage dazwischen werden feierlich begangen. Gelegenheiten wie eine Geburt in der Familie, Hochzeiten, Begräbnisse oder Geburtstage werden genutzt, um *Dāna* auf verschiedenste Arten zu üben. Nachbarn, Freunde und andere kommen ungebeten, um das Verdienst zu teilen und der Gelegenheit noch größere Feierlichkeit zu verleihen.

Von allem *Dāna* jedoch ist *Sānghika Dāna,* das Geben von Almosen zu Ehren des heiligen Ordens, besonders in der Trockenperiode, die fruchtbarste. Dies ist so aufgrund des großen spirituellen Verdienstes der Empfangenden. Es kommt nicht auf das bestimmte Mitglied des Ordens an, denn es wird ja dem gesamten heiligen Orden gespendet, welcher aus erleuchteten Heiligen besteht.

Es gibt weitere Arten von *Dāna,* wie beispielsweise die Kleidersammlung nach Ende der Trockenperiode, welche symbolische Bedeutung hat. *Nibbāna* ist das Lebensziel eines jeden Buddhisten; jeder Buddhist wünscht, ein heiliges Leben zu führen und irgendwann einmal die überweltliche Ebene zu erreichen. Das Schenken der *Kaṭhina*-Robe, der besondere Heiligkeit zugeschrieben wird, führt zur Aufnahme des Schenkenden in den heiligen Orden und zu Spiritualität.

Ganz gleich, welcher Natur oder von welchem Maße *Dāna* ist, nach dem Akt des Schenkens bieten der Schenker und seine Angehörigen von dem Verdienst zuerst den verstorbenen Verwandten und dann allen Anwesenden an. Der Gebende spricht dann seinen Wunsch *(Adhiṭṭhāna)* aus, daß dieser Schenkensakt und das Teilen des Verdienstes seiner spirituellen Vervollkommnung und dem Guten dienen möge.

Die unmittelbare Belohnung von *Dāna* ist die Auflösung jeglichen Strebens und das sofortige Entstehen von Zufriedenheit. *Dāna* ist ein großherziger Ansatz, es bereichert den Geist und befreit ihn von aller geistigen Armut. Wenn die innere Armut beseitigt ist, löst sich auch die äußere oder gesellschaftliche Armut auf. *Dāna* bringt uns all die guten Dinge des Lebens und befreit den Gebenden von Unglück und Entbehrung. Auf diese Weise sorgt *Dāna* für spirituellen, sozialen und ökonomischen Wohlstand.

2. Anweisung zur moralischen Reinheit

Neben den Vorteilen *Dānas* gibt es noch andere Dimensionen des Lebens, die geschützt und bereichert werden müssen. *Sīla* ist ebenso wichtig, wenn nicht wichtiger. *Sīla* befreit den Menschen von dem Gefühl der Unsicherheit, Schuld oder Reue, von Angst und Furcht – Faktoren, die selbst den reichsten, mächtigsten Menschen zu überwältigen vermögen. Die sogenannten guten Dinge des Lebens bedeuten wenig, wenn wir uns nicht sicher und erfüllt fühlen. Ein Mensch, der im Leben nichts bereut, sich weder schuldig fühlt noch Selbstmitleid hat, der nichts zu fürchten hat, ein solcher genießt, selbst wenn er finanziell arm sein sollte, das wirklich Gute des Lebens, nämlich inneren Frieden.

Sīla bringt hier und jetzt reichen Lohn. Wir können niemals die wahren Höhen des Lebens erklimmen, solange wir keinen auf spiritueller Perfektion beruhenden inneren Frieden finden. So sprach der Buddha: »Wie alle Wasser aller Ozeane gleich schmecken, nämlich salzig, so hat auch der *Dhamma* überall denselben Geschmack, nämlich den der inneren Freiheit.«

Erst wenn der Geist frei von Gier, Haß und Irrglauben ist, wenn er Freiheit vom *Kamma* und der Wiedergeburt erlangt, erst dann erreicht er *Nibbāna.* Ebenso wie *Samsāra* die Dimension des Leidens und der Fesseln ist, so ist *Nibbāna* die Dimension der Freiheit, des überweltlichen Zustandes ewigen Friedens.

Allein durch meditative Entwicklung, die zu überweltlichen Einsichten *(Bhāvanā)* führt, kann die Freiheit des Geistes erlangt werden. Der systematische Ansatz graduellen Fortschreitens *(Anupubbi)* deckt diese drei Entwicklungsstufen ab: *Dāna* stellt das Grundstück dar, auf dem das Haus der spirituellen Freiheit errichtet wird. *Sīla* ist das Fundament des Hauses. *Bhāvanā* ist der Oberbau des Hauses, in dem der Wahrheitssuchende sich an seiner Emanzipation erfreuen kann.

Sīla muß auf drei verschiedene Arten verstanden werden, nämlich ethisch, psychologisch und philosophisch. Ethisch gesehen steht es für einen Verhaltenskodex, ein Wertesystem und ein bestimmtes Benehmen. Bestimmte Prinzipien werden willig übernommen, da sie universell gültig sind und das Leben von nutzlosem Streben und Mühen befreit. Diese Prinzipien fördern Selbstdisziplin hinsichtlich

Handlungen und Verhalten, so daß friedvolle, gewaltfreie und harmonische soziale und zwischenmenschliche Beziehungen gewährleistet sind. Unser Verhalten ist der Spiegel unseres Geistes. Hier tritt das Beste und das Schlechteste an einem Menschen zutage. In der buddhistischen Ethik steht ein anständiges und ehrenvolles Verhalten vornan, denn es spiegelt Edle Absichten und einen reinen Geist wider.

Auf psychologischer Ebene basiert *Sīla* auf Selbstbeherrschung, *Saṃvara,* welche sich auf verschiedene Arten und durch zahlreiche geistige Ansichten zeigt. Hier steht *Sīla* auch für die grundlegende Einstellung, die Reinheit der gewählten Wege und Mittel, die ebenso wichtig sind wie der Ausgang einer Sache. Darin manifestiert sich eine moralische Aufrichtigkeit, die – ohne selbstgerecht zu sein – keine Kompromisse eingeht, niemals duldsam oder bigott argumentiert.

Philosophisch betrachtet erfüllt *Sīla* den Ansatz des Mittleren Pfades in Form des rechten Redens, des rechten Handelns und der rechten Lebensart. Durch ein praktisches, gesundes Leben konkretisiert sich *Sīla* außerdem im Gesetz des Abhängigen Ursprungs.

Der Rahmen der moralischen Prinzipien umgibt das Leben eines Buddhisten mit Inhalt und Sinn, seinem spezifischen Geschmack und seiner Besonderheit. Er besteht aus bestimmten Formeln, die mit verschiedenen Bereichen der Gesellschaft verknüpft sind. Die buddhistische Gesellschaft macht keine Unterschiede, weder hinsichtlich Kaste, Klasse, Rasse noch Geschlecht.

Eines der wichtigsten Vermächtnisse des Buddha an die Menschheit ist eine Gesellschaft ohne hierarchisch ausgerichtete Interessen. Buddhisten leiden nicht unter Willkürlichkeiten – wie die Privilegierung und das bevorzugte Behandeln von bestimmten Personengruppen –, durch welche die

Gesellschaft zerklüftet werden könnte. Unter Buddhisten gibt es kein Kasten-, kein Klassenbewußtsein und keinen Rassismus. Der Buddhismus ist die erste Weltreligion, die alle sozialen Barrieren niedergerissen hat, und zwar nicht per Gesetz oder auf politischer Ebene, sondern allein durch einen Wertewandel und durch das Hochhalten moralischer Grundsätze. Der tugendsame Mensch wird respektiert, nicht der materiell reiche oder körperlich überlegene Mensch.
Die buddhistische Gesellschaft setzt sich aus den Mitgliedern des heiligen Ordens und den Glaubensanhängern zusammen, Männern wie Frauen. Die Verhaltensformeln beziehen sich also auf diese zwei Kategorien, spiegeln ihre persönlichen Ideale auf der einen und ihre praktischen Bedürfnisse im Alltagsleben auf der anderen Seite wider.

Die spirituellen Prinzipien

Die fünf Prinzipien
(Pañca Sīla)

Als grundlegender Verhaltenskodex für die Gläubigen stellen die Prinzipien keine Regeln oder Gebote dar, die blind akzeptiert und befolgt werden sollen. Vielmehr sind sie bewußte Entscheidungen, die tatkräftig gelebt werden. Die *Sīlas* leben von Ernsthaftigkeit, nicht von Starre und Dogmatismus. Ein Gebot oder eine Regel, die nicht freiwillig befolgt wird, verkommt zu einer mechanischen oder ritualisierten Ausführung. *Sīla* muß bereits aus seiner Definition heraus absichtsvoll und gewissenhaft praktiziert werden, unbeeinflußt von niederen oder weltlichen Betrachtungen.

Die Formel lautet:
Heil ihm, dem Gesegneten, dem Vollkommenen, dem Höchsten Erleuchteten (dreimal). Ich suche beim Erleuchteten

Zuflucht. Ich suche in seiner Lehre Zuflucht. Ich suche in seinem heiligen Orden Zuflucht.
Heil ihm, dem Gesegneten, dem Vollkommenen, dem Höchsten Erleuchteten (dreimal). Zum zweiten Mal suche ich beim Erleuchteten Zuflucht. Ich suche in seiner Lehre Zuflucht. Ich suche in seinem heiligen Orden Zuflucht.
Heil ihm, dem Gesegneten, dem Vollkommenen, dem Höchsten Erleuchteten (dreimal). Zum dritten Mal suche ich beim Erleuchteten Zuflucht. Ich suche in seiner Lehre Zuflucht. Ich suche in seinem heiligen Orden Zuflucht.
Ich verinnerliche bewußt das Prinzip des Nichttötens.
Ich verinnerliche bewußt das Prinzip des Nichtstehlens.
Ich verinnerliche bewußt das Prinzip, keinen sexuellen Mißbrauch zu treiben.
Ich verinnerliche bewußt das Prinzip des Nichtlügens.
Ich verinnerliche bewußt das Prinzip, keine Rauschgetränke zu mir zu nehmen, welche zu Rücksichtslosigkeit führen.

Ein Gläubiger kann diese Formel zu Hause vor einem Abbild des Buddha feierlich wiederholen und den Tag über im Geiste beten. Wenn ein Mönch in der Nähe lebt, kann der Gläubige das Kloster oder den Tempel aufsuchen, in dem der Mönch lebt, und ihn bitten, die Formel der Prinzipien mit ihm zu sprechen. Diesem Vorgehen liegt die Vorstellung zugrunde, das Unterfangen mit Feierlichkeit und einem Sinn für moralische Verbindlichkeit durchzuführen, so daß Überschreitungen oder Verstöße verhindert werden können. Die Mönche üben die Prinzipien gewöhnlich mit größerem Ernst als Normalgläubige, da sie dies in der bestärkenden Gegenwart eines spirituellen Lehrers tun, der Inspiration auf sie überträgt und ihrem Engagement größeres Gewicht verleiht.
Wenn ein Mensch aus Beschränktheit, Schwäche, Gedankenlosigkeit oder mangelnder Selbstbeherrschung an den

fünf Prinzipien scheitert, wiederholt er das Gelöbnis auf die fünf Prinzipien erneut und unterzieht sich einem neuen bewußten Gelübde. Unter keinen Umständen sollte er sich mit Gewissensbissen quälen, denn diese führen zu Selbstmitleid und Selbstgerechtigkeit, die beide im moralischen Sinne negativ sind. Er sollte statt dessen an seine positiven Errungenschaften denken und neuen Mut fassen, um das Negative aufzulösen. Hierzu eine bekannte buddhistische Analogie: Man stelle sich vor, ein Mann erhält fünf Münzen, von denen zwei gefälscht sind. Natürlich wirft er nicht alle fünf Münzen fort. Er wird die drei echten sorgsam verwahren und versuchen, bestmöglichen Ersatz für die zwei gefälschten zu bekommen.

Alle Prinzipien wurden in der negativen Form formuliert. In der Praxis sind sie aber positiv gemeint. Das Nichttöten kann man nur leben, wenn man das starke Bedürfnis hegt, Leben zu schützen und zu bewahren und allen Lebewesen Gutes zukommen zu lassen. Das bedeutet, daß man den Mut zur Friedfertigkeit und Gewaltlosigkeit aufbringen sollte, anstatt dem Gesetz des Stärkeren zu folgen. Wir sollten Liebe, Sympathie und Mitleid leben, nicht Groll, Rachegelüste und Bösartigkeit. Anders ausgedrückt: Das Prinzip des Nichtzerstörens von Leben steht für Schutz des Lebens und einen Beistand, der es ihm ermöglicht, sich auf seine Art zu entwickeln.

Ebenso sollte dem Prinzip des Nichtstehlens eine grundsätzliche Großzügigkeit, Integrität und Unbestechlichkeit zugrunde liegen. Anders ausgedrückt: Wenn ein Mensch freigebig ist und sich am Geben mehr erfreut als am Nehmen, dann ist das Prinzip des Nichtstehlens erfüllt. Nicht zu stehlen bedeutet zu geben, ebenso wie Nichttöten das Erhalten von Leben bedeutet.

Keinen sexuellen Mißbrauch zu treiben bedeutet, keine unrechtmäßigen, brutalen oder ehebrecherischen sexuellen

Verhaltensweisen zu üben bzw. keine derlei Beziehungen zu unterhalten. Ein monogames, maßvolles und auf moralischen Grundsätzen ruhendes Familienleben ist nicht nur erstrebenswert, sondern auch die Grundlage einer gesunden Gesellschaft, in der Gerechtigkeit, Wohlwollen, Anstand und Kultur herrschen. Ohne Familienwerte kann keine Zivilisation bestehen. Der Schutz der Frauen, besonders jener der Witwen und anderer, die ein schweres Leben führen, untersteht der Verantwortung der gesamten Gesellschaft. Dies kann jedoch nur geleistet werden, wenn dieses Prinzip beherzigt wird. Dasselbe gilt für Männer schwachen Charakters und mangelnder Verantwortung, die vor aggressiven und verführenden Frauen geschützt werden müssen. Nur wenn Männer und Frauen den Wert der Selbstbeherrschung schätzen, ist dieses Prinzip erfüllt.

Nichtlügen heißt, die Wahrheit zu sprechen. Mehrdeutiges oder ausweichendes Reden fördert Falschheit. Man sagt, daß ein Mensch, der sich von Herzen der Wahrheit verschreibt, eine Kraft entwickelt, die ihn automatisch die Wahrheit sprechen läßt, und daß alles, was er sagt, wahr werden wird. Die Wahrheit muß ein abstraktes Prinzip bleiben, solange sie nicht mit den Mitteln der wahrhaftigen Rede konkretisiert wird.

Ebenso wird durch das fünfte Prinzip, keine rauschfördernden Getränke zu sich zu nehmen, die Würde eines reinen Lebens unterstrichen, in der es keine Wirklichkeitsflucht gibt. Abhängigkeit von Drogen und Alkohol erzeugt – neben der zerstörerischen Wirkung, die sie auf den Abhängigen hat – ein ernstzunehmendes mentales Ungleichgewicht und stellt so eine Gefährdung der gesellschaftlichen Harmonie dar.

Der griechische König Milinda (Menander) fragte den Ehrenwerten *Nāgasena,* welche Rolle genau die *Sīlas* im Leben eines Buddhisten spielten. Der Ehrenwerte *Arahat* sprach: »Die der Unterstützung.« Auf die Bitte hin, dies auszuführen, fuhr er fort: »Gleich der Erde, die das Leben des Menschen, der Tiere, der Bäume und Pflanzen sowie die Existenz der Gebirge, Felsen und Flüsse stützt, so fungieren diese Prinzipien als Bedingungen für die Entwicklung der fünf erforderlichen spirituellen Fähigkeiten, nämlich Glauben *(Saddhā)*, Anstrengung *(Vīriya)*, Achtsamkeit *(Satī)*, Sammlung *(Samādhi)* und Weisheit *(Pañña)*. Nur, wenn man fest in der Tugend ruht, kann man Meditation *(Bhāvanā)* entwickeln und so die überweltlichen Einsichten, die zu *Nibbāna* führen, erlangen.«

Die Uposatha-Prinzipien
(Aṭṭhanga Sīla)

Die fünf *Sīlas* werden als moralische Grundlage des Lebens betrachtet. Doch zu bestimmten Gelegenheiten leben Buddhisten einige besondere Prinzipien. Diese sind als *Uposatha Sīla* bekannt, die Prinzipien zum Begehen des Tages des Rückzugs. Es sind entweder acht oder zehn Prinzipien: Die acht Prinzipien sind fünf plus drei, wobei das dritte Prinzip leicht variiert. Die zehn Prinzipien umfassen acht plus eins, während das siebte Prinzip zweigeteilt wird.

Am *Uposatha*-Tag zieht man sich in die Abgeschiedenheit von *Vihāra* oder an einen ruhigen Ort zurück, um den Tag mit dem Üben der *Sīlas*, mit Studieren, Meditieren und dem Anhören oder Diskutieren des *Dhamma* zu verbringen. Es gibt vier *Uposatha*-Tage im Monat: den Vollmondtag, den Neumondtag und den jeweils achten zwischen diesen Tagen.

Abgesehen von diesen Tagen gibt es noch sehr wichtige Gelegenheiten wie *Vesākha* (den Vollmondtag im Mai), den *Dhammacakka-Pavattana*-Tag (den Vollmondtag im Juli), den Abschluß des Regenzeitrückzugs für Mönche *(Vassā Vāsa*,

Vollmondtag im Oktober) und andere Gedenktage. Die acht bzw. zehn Prinzipien werden wie folgt praktiziert:

Wiederholung der Ehrerbietungs- und Zufluchtsformel [wie bei *Paṇca Sīla*]:
Heil ihm, dem Gesegneten, dem Vollkommenen, dem Höchsten Erleuchteten (dreimal). Ich suche beim Erleuchteten Zuflucht. Ich suche in seiner Lehre Zuflucht. Ich suche in seinem heiligen Orden Zuflucht.

Die acht Prinzipien

1. & 2. (wie bei den fünf Prinzipien):
Ich verinnerliche bewußt das Prinzip des Nichttötens.
Ich verinnerliche bewußt das Prinzip des Nichtstehlens.
3. Ich verinnerliche bewußt das Prinzip der Keuschheit.
4 & 5. (wie bei den fünf Prinzipien):
Ich verinnerliche bewußt das Prinzip, keinen sexuellen Mißbrauch zu treiben.
Ich verinnerliche bewußt das Prinzip des Nichtlügens.
6. Ich verinnerliche bewußt das Prinzip, ab Mittag keine feste Nahrung mehr zu mir zu nehmen.
7. Ich verinnerliche bewußt das Prinzip, keine Tanz-, Sing- und Musikvorstellungen oder unziemliche Shows zu besuchen und keinen Schmuck, Düfte oder Kosmetik zu verwenden, um mich zu zieren.
8. Ich verinnerliche bewußt das Prinzip, keine luxuriösen und teuren Betten (Sitze und Möbel eingeschlossen) zu verwenden.

Die zehn Prinzipien

1.–6. (wie bei den acht Prinzipien):
Ich verinnerliche bewußt das Prinzip des Nichttötens.
Ich verinnerliche bewußt das Prinzip des Nichtstehlens.

Ich verinnerliche bewußt das Prinzip der Keuschheit.
Ich verinnerliche bewußt das Prinzip, keinen sexuellen Mißbrauch zu treiben.
Ich verinnerliche bewußt das Prinzip des Nichtlügens.
Ich verinnerliche bewußt das Prinzip, ab Mittag keine feste Nahrung mehr zu mir zu nehmen.

7. Ich verinnerliche bewußt das Prinzip, keine Tanz-, Sing- und Musikvorstellungen oder unziemliche Shows zu besuchen.
8. Ich verinnerliche bewußt das Prinzip, keinen Schmuck, Düfte oder Kosmetik zu verwenden, um mich zu zieren.
9. Ich verinnerliche bewußt das Prinzip, keine luxuriösen und teuren Betten (Sitze und Möbel eingeschlossen) zu verwenden.
10. Ich verinnerliche bewußt das Prinzip, nicht mit Gold und Silber (und Geld) zu handeln.

Die acht bzw. zehn Prinzipien werden auf dieselbe Art und Weise praktiziert wie die fünf Prinzipien. Ist kein Mönch zugegen, können sie auch von jedem selbst gepflegt werden. Sollten allerdings Mönche in der Nähe sein, sollten die *Uposatha*-Prinzipien am besten in einem *Vihāra* unterhalten werden. Wie im Falle der fünf Prinzipien sollten diese acht bzw. zehn Prinzipien vom Standpunkt einer positiven Anwendung verstanden werden.
Das dritte Prinzip beispielsweise, bei dem es darum geht, nicht nichtzölibatär zu leben, ist in Wirklichkeit die Aufforderung zu einer zölibatären Lebensführung für einen Mönch. Ebenso verbirgt sich hinter der Formulierung ›ab Mittag keine feste Nahrung zu sich zu nehmen‹ ein halber Tag des Früchteessens, der Bescheidenheit und der Zurückgezogenheit. Manchmal wurde *Uposatha* mit ›Fastentag‹ übersetzt, vielleicht aufgrund des Prinzips, das besagt, man

solle keine feste Nahrung zu sich zu nehmen. Dies ist jedoch offensichtlich nicht die wahre Bedeutung.
Das siebente, achte, neunte und zehnte Prinzip heben eine Hinwendung des Geistes zu bestimmten höheren Werten wie der Besitzlosigkeit, der eigenen Anstrengung, einem zurückgezogenen, schlichten Leben fernab von Freude und Komfort hervor. Durch diese Werte soll der meditative Rückzug unterstützt werden.

Für die Mitglieder eines Klosters umfaßt der grundlegende Verhaltenskodex die zehn Prinzipien. Die Novizenmönche *(Samaneras)* üben diese zehn *Sīlas* in intensiverer Form. Wenn ein Gläubiger ein Prinzip bricht, so sind für ihn die anderen immer noch intakt. Ein Mönch dagegen muß, wenn ein Prinzip gebrochen wurde, alle *Sīlas* mit höchster Wachsamkeit erneuern. Für die *Bhikkhus* (voll ordinierte Mönche) gilt ein sehr ausgefeilter Klosterkodex. Dieser beinhaltet nicht nur moralische Prinzipien, sondern auch Klosterregeln, die den Geist der Entsagung, der freiwilligen Armut und des heiligen Lebens akzentuieren sollen. Es gibt 227 klösterliche Regeln für die *Bhikkhus,* welche als *Pāṭimokkha,* der klösterliche Verhaltenskodex, bekannt sind.

Das Zehnfältige Edle Verhalten
(Sucarita Sīla)

Es gibt noch einen weiteren Rahmen für moralisches Verhalten. Dieser basiert auf dem zehnfältigen heilsamen Verlauf einer Handlung und repräsentiert den idealen Verhaltenskodex. Aus diesen Grunde trägt er den Namen *Sucarita,* den Kodex Edlen Verhaltens.

Die Vorgehensweise ist wie folgt:

Wiederholung der Ehrbezeugung und der Zufluchtsformeln, sodann aussprechen der Bekenntnis zu den zehn Prinzipien:

Heil ihm, dem Gesegneten, dem Vollkommenen, dem Höchsten Erleuchteten (dreimal). Ich suche beim Erleuchteten Zuflucht. Ich suche in seiner Lehre Zuflucht. Ich suche in seinem heiligen Orden Zuflucht.
Ich verinnerliche bewußt das Prinzip, Abstand von folgenden Handlungen zu nehmen:

1. Töten 2. Stehlen 3. Sexuelles Fehlverhalten	Unheilsame körperliche Handlungen
4. Lügen 5. Schmähen 6. Verunglimpfen 7. Tratschen	Unheilsame verbale Handlungen
8. Begehren 9. Böswilligkeit 10. Falsche Ansichten	Unheilsame geistige Handlungen

Die ersten sieben, also die körperlichen und verbalen, Handlungen, verkörpern *Sīla* als heilsame Willenskraft *(Cetanā)*. Die letzten drei, die geistigen, Handlungen, repräsentieren S*īla* als bestimmten geistigen Faktor *(Cetasika),* wie Nichtbegehren *(Alobha),* Gutwilligkeit *(Adosa)* und rechtes Verständnis *(Amoha)*. Diese drei Faktoren sind auch als die drei Wurzeln *(Hetu)* heilsamen Bewußtseins und guter Handlungen bekannt.
Vom Standpunkt des Verhaltens betrachtet, lassen sich diese zehn Prinzipien auf Selbstbeherrschung, *Saṃvara,* redu-

zieren. Im *Visuddhi Magga* wird die Selbstbeherrschung in fünf verschiedene Faktoren untergliedert, auf die S*īla* auf die reduziert werden kann.

1. Selbstbeherrschung, basierend auf dem Verhaltenskodex, welchem eine Person bewußt folgt und den sie mit aller Mühe nicht zu brechen sucht. Der Verhaltenskodex der *Bhikkhus, Pāṭimokkha Saṃvara,* wurde bereits erwähnt. Für andere Gläubige sind – ihrer Verpflichtung entsprechend – die fünf *Sīlas* bindend.
2. Selbstbeherrschung durch Bedachtsamkeit *(Sati Saṃvara)*
3. Selbstbeherrschung durch Wissen *(Nāna Saṃvara)*
4. Selbstbeherrschung durch Geduld *(Khanti Saṃvara)*
5. Selbstbeherrschung durch persönliches Bemühen *(Viriya Saṃvāra)*

Erlangen spirituellen Verdienstes

Die Ausführungen des Buddha zum D*hamma* in geregelter Reihenfolge, *Anupabbi Dasanā,* muß auch vom Standpunkt des Verdienstes, *Puñña,* betrachtet werden. Das Verdienst ist ein spirituelles Kapital, ein Geschenk individueller Qualität, welches beispielsweise durch Freigebigkeit erlangt wird. Dieses spirituelle Geschenk bestimmt zwei Dinge: zum einen die guten Dinge des Lebens, glückliche Umstände im Hier und Jetzt; zum anderen eine glückliche Wiedergeburt auf einer guten Daseinsebene *(Sugati),* wo sich alle Bedingungen für eine weitere Entwicklung finden. Die schönen, angenehmen Erfahrungen, Privilegien, die Macht und der Besitz, die wir im Leben erwerben, sind die Früchte verdienstreicher Taten. Werden diese weise genutzt, können sie beim Erwerb weiterer Verdienste nützlich sein, welche dann zu spirituellem Fortschritt führen. Werden sie mißbraucht, führen sie durch Akkumulation negativer Verdienste zu spiritueller Degenerierung. Verdienst und negatives Verdienst sind die positiven beziehungsweise negativen geistigen Reserven mit dem Potential zu spiritueller Entwicklung beziehungsweise Degenerierung.

Es gibt drei Möglichkeiten, Verdienst aufzubauen *(Puñña Kiriyavatthu)* durch:

- das Üben von Freigebigkeit *(Dānamaya)*,
- das Üben von Sittlichkeit *(Sīlamaya)*,
- das Üben von Meditation *(Bhāvanamaya)*.

Das Aufbauen von Verdienst durch *Dānamaya* und *Sīlamaya* wird durch die ersten beiden Anweisungen der graduellen Methode abgedeckt. Das Aufbauen von Verdienst durch Meditation *(Bhāvanamaya)* wird durch die restlichen sieben Anweisungen, z.B. ein göttliches Leben *(Sagga Kathā)* etc., abgedeckt.

Verdienst aufbauen (A. 8.36)

»Mönche, dies sind die drei Wege, Verdienst zu erlangen. Welche drei? Das Erwerben von Verdienst durch das Üben von Geben, das Üben moralischer Prinzipien und durch das Üben der Meditation.«

»Hier, Mönche, haben wir einen Menschen, der nur wenig Verdienst durch Freigebigkeit, kaum Verdienst durch moralische Prinzipien und überhaupt kein Verdienst durch Richten des Geistes auf die Meditation erlangt. Nach Versagen seiner Körperfunktionen, also nach seinem Tode, wird er als Mensch, aber unter unglückseligen Bedingungen wiedergeboren.«

»Hier, Mönche, haben wir einen Menschen, der viel Verdienst durch Freigebigkeit, viel Verdienst durch moralische Prinzipien, aber kaum Verdienst durch Richten des Geistes auf die Meditation erlangt hat. Nach Versagen seiner Körperfunktionen, also nach seinem Tode, wird er unter den Menschen in glücklichen Umständen geboren.«

»Hier, Mönche, haben wir einen Menschen, der großes Verdienst durch Freigebigkeit, viel Verdienst durch moralische Prinzipien, aber durch das Richten seines Geistes auf die Meditation kein vergleichbar großes Verdienst erlangt hat. Nach Versagen seiner Körperfunktionen, also nach seinem Tode, wird er unter den *Cātummahārājika* wiedergeboren, die von den vier Großen Regentengöttern beherrscht werden.«

»Mönche, die vier Großen Regentengötter, welche viel Verdienst durch Freigebigkeit und Moral erlangt haben, übersteigen die Götter ihres Reiches durch die Freude an zehn Dingen: der göttlichen Lebensspanne, an göttlicher Schönheit, göttlicher Freude, göttlichem Ruhm, göttlichen Kräften, göttlichen Anblicken, göttlichen Klängen, göttlichen Düften, göttlichen Geschmackserfahrungen und göttlichen Berührungen.«

»Mönche, ein Mensch, der ein enormes Verdienst erlangt hat, wird in der Gemeinschaft der Götter im *Tāvatimsa*-Reich, welches vom göttlichen König *Sakka* regiert wird, wiedergeboren. Dort, Mönche, lebt *Sakka,* der König der dreiunddreißig göttlichen Reiche, nachdem er ein enormes Maß an Verdienst durch Freigebigkeit und Moral angehäuft hatte, und übertrifft dort die Göttlichkeiten seines Reiches an der Freude an zehn heiligen Dingen ...«

»Mönche, ein Mensch ... wird in der Gemeinschaft der Götter im *Yāma*-Reich wiedergeboren, welches vom Gott *Suyāma* regiert wird. Hier lebt der Gott *Suyāma,* nachdem er ein enormes Maß an Verdienst ... und übertrifft dort die Göttlichkeiten seines Reiches an ...«

»Mönche, ein Mensch wird in die Gemeinschaft der Götter des *Tusita*-Reiches wiedergeboren. Hier lebt der Gott *Sanusita* ...«

»Mönche, ein Mensch wird in der Gemeinschaft der Götter des *Nimmarati*-Reichs wiedergeboren. Dort, Mönche, lebt die Gottheit *Sunimmita* ...«
»Mönche, ein Mensch wird in der Gemeinschaft der Götter im Reich von *Paranimmita Vasavatti* wiedergeboren. Dort, Mönche, lebt die Gottheit *Vasavatti* ...«
»Dies, Mönche, sind die drei Arten, Verdienst zu erlangen«

Geistige Entwicklung und Wiedergeburt

Dāna und *Sīla* sind Handlungsmuster mit Verdienstpotential in verschiedenen Intensitäten, wie das obige *Sutta* verdeutlicht. Handlungsmuster *(Kammas)* münden unweigerlich in entsprechenden Ergebnissen *(Vipāka).* So ist die Wiedergeburt in einem glücklichen Reich *(Sugati)* eine Korrelation von *Dānamaya-* und *Sīlamaya*-Taten *(Puñña Kamma).* Offensichtlich gibt es viele Kombinationen und Permutationen der dreifaltigen verdienstreichen Handlung, aus denen in der menschlichen Welt ebenso wie in den sechs Himmelsreichen der Sinnenbegierde *(Kāma Loka)* Resultate erwachsen.
Die gesamte kosmische Dimension, auch als weltliche Existenz *(Loka)* bezeichnet, teilt sich in drei Sphären *(Avacara),* entsprechend den drei Bewußtseinstypen. Diese sind die Sinnensphäre *(Kāma Loka),* die feinstoffliche Sphäre der Brahmanengötter mit subtiler Form *(Rūpa Loka)* und die Sphäre der formlosen Brahmanengötter *(Arūpa Loka).* Diese drei Sphären umfassen einunddreißig verschiedene Daseinsebenen, welche die zahlreichen Stufen der Evolution kennzeichnen.
Kāma Loka ist die grobstoffliche Sphäre. Sie besteht aus elf Ebenen, von denen vier niedriger sind als die menschliche, eine ist die menschliche und sechs sind göttlich. *Rūpa Loka* ist aus feinerer Energie gewebt, sie ist für das Auge nicht

sichtbar und Heimat der sechzehn Ebenen der Brahmanengötter in subtiler Form. Diese Ebenen entsprechen den Stufen und Intensitäten der meditativen Aufnahme *(Samādhi)*. Das bedeutet, das Bewußtsein dieser Brahmanengottheiten ist analog zum *Samādhi*-Bewußtsein, welches von jedem Bewohner des *Kāma Loka* erlangt werden kann. Die nichtmaterielle Sphäre besteht aus vier unkörperlichen Ebenen formloser Brahmanengötter, deren Bewußtsein im Einklang mit den vier *Arūpa Samādhis* stehen. Dies ist das rein geistliche Reich.

Eine Wiedergeburt in den *Brahmalokas Rūpa* und *Arūpa* wird durch das Erreichen der acht *Rūpa* und *Arūpa Samādhis*, auch bekannt als die acht *Samāpattis*, übermenschliche Leistungen, bewirkt. D.h., nur wenn aus meditativen Erkenntnissen erwachsene Verdienste *(Bhāvanāmaya Puñña)* erlangt wurden, ist gewährleistet, daß diese überbewußten erhabenen Stufen der Wiedergeburt erreicht werden können.

Der optimale Erwerb von aus Meditation erwachsenem Verdienst ist allein durch *Samādhi* möglich. Bevor die *Samādhis* jedoch erreicht werden können, liegt ein stufenreicher Meditationsprozeß vor uns. Dieser Prozeß beginnt in dem Moment, da der Geist auf ein auslösendes Objekt, eine gegebene Meditationstechnik gerichtet ist, und fruchtet erst dann, wenn er den höchsten Zustand von *Samādhi* erreicht. Der Zugang zu meditativer Konzentration *(Upacāra Samādhi)* basiert auf einem Objekt oder einer Abbildung *(Paṭibhāga Nimitta)*.

Dieser gesamte vor *Samādhi* liegende Prozeß setzt ein enormes geistiges Durchhaltevermögen und eine sorgfältige Anwendung sowie eine stufenweise Entwicklung des Geistes voraus. Dies umfaßt eine Spannweite unzähliger verschiedener Visionen, oft als höchste mystische Gipfel mißverstandene Erfahrungen. Diese seltsamen und doch angenehmen Erfahrungen in Form von Visionen, Klängen, Düften, verzückenden Gefühlen jenseits normaler Erscheinungen gehören dem *Kāma Loka* an.

Kurz gefaßt gibt es drei *Nimittas* (Objekte der Meditation) und drei Stufen von *Samādhi.* Diese *Nimittas* sind geistige Bilder, auf die das Bewußtsein konzentriert wird. Sie verkörpern außerdem die Entwicklungsstufen der meditativen Konzentration. Sobald sich der Geist auf ein Objekt konzentriert, wird dieses Objekt als Einleitungsbild betrachtet *(Parikamma Nimitta).* Die Konzentration, die durch das beständige Richten des Geistes auf das Einleitungsobjekt erreicht wurde, wird Einleitungskonzentration *(Parikamma Samādhi)* genannt. Mit unablässigem Eifer und einer immer häufigeren geistigen Anwendung werden die fünf geistigen Hindernisse *(Nīvarana)** Stück für Stück überwunden, und das Einleitungsobjekt wird zu einem geistigen Bild, welches wir *Uggaha Nimitta* nennen. Durch beständiges Richten des Geistes auf dieses geistige Bild und mit wachsendem und immer reinerem und integerem Bewußtsein wird auch *Nimitta* einer Transformation unterzogen.

Das Einleitungsbild wird nun in ein [sogenanntes] Gegenbild verwandelt *(Paṭibhāga Nimitta),* in ein leuchtendhelles Objekt, welches zu einer friedvollen und angenehmen Erfahrung führt. Das Objekt der Vision können heller Sonnenschein, die leuchtende Scheibe des Vollmondes, ein glitzernder Stern, wertvolle Edelsteine oder eine besonders schöne Aussicht sein. Das Gegenbild ist nicht notwendigerweise nur ein sichtbares Motiv, sondern kann auch hörbar sein, beispielsweise wenn es mit einer schönen Melodie untermalt ist.

Wie auch immer die Form des Gegenbildes sein mag, es re-

* *Nīvarana*, die fünf Hindernisse, die den Fortschritt der Meditation behindern, sind: Sinnenfreuden *(Kāmacchanda)*, Bösartigkeit *(Vyāpoādā)*, Trägheit und Müßiggang *(Thīnamiddha)*, Rastlosigkeit und Reue *(Uddhacca Kukkucca)* sowie Zweifel *(Vicikicchā)*.

flektiert den Zustand des Bewußtseins, der in der zweiten Stufe auf dem Weg zur meditativen Konzentration, *Upacāra Samādhi,* entwickelt wird. In dieser Stufe ist der Geist vollkommen frei von jeglichen meditativen Hindernissen. Er ist rein. Von dieser Stufe an erwachsen die fünf Faktoren der Aufnahme *(Jhānaṇga)**.

Wenn alle fünf Stufen nacheinander in gleichem Maße entwickelt wurden, dann ist die Endstufe, bekannt als meditativ-aufnehmende Konzentration *(Appanā Samādhi),* erreicht. Diese Stufe kennzeichnet den Eingang in den Zustand *Rūpāvacara Samādhi* und ist analog zum Bewußtsein der Brahmagottheiten in subtiler Form. Wie erwähnt, gibt es viele Stufen nach oben, die den zahlreichen Ebenen von Brahmanengöttern mit und ohne Form entsprechen.

Das Erlangen von Verdienst durch Meditation im fruchtbaren Sinne beginnt mit dem Eintritt in die Ebene *Rūpāvacara (Bhumi).* Alle darunter liegenden Ebenen, die bis dahin durchlaufen werden müssen, fallen unter *Kāmāvacara* und werden als ›Verdienst durch noch nicht vollständiges Üben der Meditation‹ bezeichnet. Der gesamte Prozeß beschreibt die verschiedenen Stufen der geistigen Entwicklung und ihrer Veredelung durch die Erhöhung des Bewußtseins. Aus diesem Grunde entspricht die Wiedergeburt, die aus einem bestimmten Grad der Entwicklung in diesem Prozeß erwächst, der menschlichen und den sechs göttlichen Ebenen der Sinnensphäre. Diese Wiedergeburt in eine bestimmte Daseinsebene beinhaltet ebenfalls den Grad individueller Entwicklung. Eine Analyse des *Sutta* zum Aufbau von Verdienst gewährt eine tiefe Einsicht in den dreifaltigen Erwerb von Verdienst in Gegenüberstel-

---

* *Jhānaṇga* sind die Komponenten von *Samadhi.* Sie sind Initialanwendungen *(Vitakka),* andauernde Anwendungen *(Vicāra),* Verzückung *(Pīti),* Freude *(Sukha)* und Konzentration des Geistes *(Ekaggatā).*

lung mit der Daseinsebene und den entsprechenden Lebensmustern.

3. Anweisung zum göttlichen Leben

Anweisungen zum göttlichen Leben *(Sagga Kathā)* sind um so wichtiger, als dieses Leben nicht sichtbar ist. »Gott oder Götter existieren oder auch nicht«, sagt der Materialist. »Gott der Allmächtige Schöpfer, der das Schicksal aller in Händen hält, ist existent«, versichern die theistischen Religionen. »Es gibt unendlich viele Götter, und der Glaubende mag einen wählen, der ihm zur Erfüllung seiner Träume führen soll«, behauptet der Polytheist. »Gott ist formlos, er ist die allgegenwärtige Realität, die allem und jedem zugrunde liegt«, erklärt der Pantheist.

Die Buddhisten weisen die Vorstellung eines Gottes zurück, akzeptieren aber Götter, ohne dabei Spekulationen, Dogmen und Theorien anzuhängen. Buddhisten sehen in einem Gott ein göttliches Wesen oder eine Gottheit mit höherem spirituellem Potential. Da sie einer ganz anderen Zeitrechnung und kosmischen Ordnung unterworfen sind, erfreuen sich die Götter *(Devas)* immenser Lebenszeiten voller Glückseligkeit. Sie verfügen über große psychische Kräfte, mit Hilfe deren sie Lebewesen niedrigerer Ebenen helfen können. Spirituelle Freiheit aber können sie nicht schenken, und sie sind auch keine Erlöser per se. Das göttliche Leben unterliegt ebenso den moralischen Kausalitäten wie den Gesetzen von *Kamma* und Wiedergeburt wie jegliche Lebensform auf anderen Daseinsebenen.

Der Buddha wird als Höchster Lehrer aller Götter und Menschen betrachtet. In zahlreichen *Suttas* wird berichtet, daß Götter in großen Scharen den Diskursen des Meisters lauschten und für diejenigen sichtbar waren, welche die psychischen Fähigkeiten der Klarsicht besaßen. Zwischen zehn Uhr abends und zwei Uhr früh lehrte der Buddha die Götter und beantwortete ihre Fragen. Diese Diskurse und Dialoge sind Wort für Wort im *Pāli*-Tipitaka verzeichnet. Was immer er nachts den Göttern erzählt hatte, berichtete er am Tag darauf den Mönchen. Unzählige *Arahats*, erleuchtete Heilige, die Göttern überlegen sind, wohnten großen Versammlungen von Göttern bei und lauschten dem *Dhamma*.

Weiterhin gibt es die äußerst interessante und authentische Arbeit mit dem Titel *Vimāna Vatthu* (Abhandlung über göttliche Aufenthaltsorte), die vollständig auf dem Austausch des Buddha und seiner *Arahats*, wie beispielsweise des Ehrenwerten *Moggallāna,* mit zahlreichen Göttern basiert. Diese Dialoge sind zutiefst inspirierend, da sie das Wesen verdienstreicher Taten offenbaren, welche die Götter als Menschen vollbracht hatten und die sie zu Göttern gemacht hatten.

Der Ehrenwerte *Moggallāna,* der dem Buddha nur in der Meisterschaft über die übernatürlichen Kräfte nachstand, verweilte oft in den verschiedenen Ebenen der Götter. Es ist verzeichnet, wie er Götter besucht und ihnen kluge Fragen darüber stellte, mittels welcher verdienstreichen Taten sie in ihren gegenwärtigen glückseligen Zustand versetzt wurden. Der Austausch zwischen ihm und den Gottheiten erhellt das Gesetz der Kausalität.

Dieser verbale Austausch stellt für die Buddhisten eine große Inspiration dar, an der sie ihr Verhalten orientieren und ihr Bewußtsein selbst erhöhen können. Dennoch beeinflussen sie Suchende nicht notwendig so, daß sie verdienstreiche Taten vollbringen, um auf eine göttliche Ebene zu gelangen. Ernsthafte Buddhisten wählen ihr Handeln nicht nach den potentiellen Verdiensten. Die edlen Taten – das Opfer, die Großzügigkeit und die Entsagung, reines Verhalten, basierend auf großen Tugenden und unterstützt durch ein meditatives Leben – ebenso wie die ihnen innewohnende Kraft führen den Gläubigen in höhere spirituelle Reiche. Die Anweisungen des Buddha zum himmlischen Leben beruhen nicht auf himmlischer Größe und Glückseligkeit, damit die Menschen gierig nach ihnen streben, sondern um ihnen zu zeigen, welche Glückseligkeit sie durch ein tugendsames Verhalten erfahren könnten und welch Unglück sie erwartet, wenn sie böse Taten vollbringen. Auch machte er sehr deutlich, daß Glück und Unglück zwei gegensätzliche Faktoren sind, die durch das Erreichen des überweltlichen Pfades und der fruchtbaren Einsicht erlangt werden müssen.

Der göttliche Ruhm *Kāmāvacaras* ist jedoch nichts im Vergleich mit dem Frieden und der Exzellenz der *Rūpa Brahmalokas,* obschon die letzteren ebenfalls überwunden werden müssen, damit die höchste Dimension der Freiheit, *Nibbāna,* erreicht werden kann. ›Sich auf Brahma einlassen‹ ist das ultimative spirituelle Ziel von *Vedanta.* Für Buddhisten bedeutet dies den Zugang zum Ruhm des Brahmareiches, der einen Anfang und ein Ende hat und aus diesem Grunde nicht das endgültige Ziel des spirituellen Lebens sein kann. Beide göttlichen Ebenen, die des *Kāma* und des *Brahama,* bilden den Wohnsitz der vielen erleuchteten Schüler des Buddha, welche die überweltlichen Einsichten erlangt und *Nibbāna* erfahren haben. Als Lohn für ihr Bewußtsein haben sie sich einer spirituellen Transformation unterzogen. Sie sind höchste Gottheiten und bilden den Orden der erleuchteten Heiligenschüler *(Ariyas).*

Die Buddhisten, die Zuflucht im *Sangha,* dem heiligen Orden, suchen, wünschen von den *Ariyas* Schutz und Leitung und verehren sie. Die *Ariyas* bilden das Feld des Verdienstes für einen buddhistischen Wahrheitssucher. Obwohl die Buddhisten nicht an einen Schöpfergott glauben, verehren sie doch diese großartigen spirituellen Wesen, die Götter, die *Ariyas* und Angehörige des *Sangha* geworden sind. Daß diese Götter einem spirituell Suchenden Schutz gewähren, zeigt sich den ernsthaften Anhängern des Buddha in vielerlei Arten.

Im Tipitaka finden sich unzählige Beispiele von Göttern, die ihren ehemaligen menschlichen Verwandten auf unterschiedliche Arten Schutz und Hilfe zukommen lassen. Als der Buddha sieben Wochen in Trance unter dem Bodhi-Baum verbrachte, passierten zwei reiche Händler – der eine hieß *Tapussa*, der andere *Bhallika* –, die mit ihren Waren vom östlichen Teil von *Ukkala* in die Städte Nordindiens unterwegs waren, die Gegend von *Gaya*. Sie waren von *Devas*, ihren ehemaligen Verwandten, eindeutig angewiesen worden, nach *Uruvela* zu gehen und dem Buddha Almosenspeisen anzubieten. Nur durch diese göttliche Führung konnten sie den genauen Ort finden, an dem sich der Buddha befand, und ihm sein Essen reichen, seine erste Mahlzeit nach neunundvierzig Tagen nach der Erleuchtung. Sie waren die ersten Schüler des Erleuchteten und waren als *Dvevācikā Upāsakas* bekannt, gläubige Schüler, die sowohl im Buddha als auch im *Dhamma* Zuflucht suchten, denn dies war vor der Zeit des *Sangha*.

Viele *Suttas* schuf der Buddha auf Anfrage verschiedener *Devas*. Ein Beispiel ist das *Mahāmaṇgala Sutta*, der Diskurs über die Großen Segnungen. In dieser Lehrrede legte der Buddha den schrittweisen Aufbau des spirituellen Pfades dar, dem ein Glaubensschüler leicht, einfach als Teil seiner gesamten Entwicklung, eingebunden in sein Alltagsleben mit sozialen, beruflichen und anderweitigen Verpflichtungen, folgen kann.

4. Anweisungen zu den Gefahren und Nachteilen sinnlicher Begierden

Nach seinen Erklärungen für göttlichen Ruhm und Glückseligkeit als Resultat eines guten Lebens (dargelegt in den Anweisungen zum Geben und zur Moral), legte der Buddha die Faktoren dar, welche ein Wesen daran hindern, solche Glückseligkeiten zu erfahren.

Von allen Hindernissen, die einen Menschen daran hindern, Glück und Sicherheit zu erfahren, ist die sinnliche Begierde das größte, dauerhafteste und heimtückischste. Sie blokkiert nicht nur, was erreicht werden könnte, sondern zieht auch Verderbtheit, Elend und Unsicherheit in vielerlei Hinsicht nach sich. Aufgrund sinnlicher Begierden werden wir unwiderruflich an die Sphäre der Sinnenfreuden gebunden. In diese Sphäre werden wir hineingeboren, wieder und wieder, bis in alle Ewigkeit, weil wir an den Vergnügungen hängen, die auf die fünf Sinne zurückzuführen sind, und den Wunsch hegen, uns endlos daran zu erfreuen.

Kāma Loka ist die größte der drei Welten. Hier herrscht der Körper durch die Sinne über den Geist, solange der Geist nicht so diszipliniert und spirituell ausgebildet ist, daß er nicht von der Begierde überwältigt wird. Gleich dem Fisch, der im Wasser lebt, sich daran erfreut und all seine Nahrung daraus zieht, so sind die Wesen des *Kāma Loka* in Begierde verstrickt, die auf den Sinnen beruht, von ihnen beeinflußt und beherrscht wird. Noch einmal: Wie der Fisch es als schwierig empfindet, außerhalb des Wassers zu leben, und, wenn er aus dem Wasser gezogen wird, zappelt und unbedingt ins Wasser zurückwill, so streben auch die Wesen der Sphäre den Sinnenfreuden zu, und es fällt ihnen schwer, den Sinneseinflüssen zu entsagen und ihre Begierden unter Kontrolle zu halten, um Zugang zur Sphäre des B*rahmaloka* zu finden.

Es ist bezeichnend, daß *Māra* Herr der verlangensgesteuerten Sinnensphäre genannt wird, und zwar nicht nur, weil er ihre höchste Ebene *(Paranimmita Vasavatti)* bewohnt, sondern auch da er mittels der Sinne eine große Macht über die Wesen ausübt. Vertraut mit den Regeln *Kāma Lokas* wehren sich die Geister, wenn sie diszipliniert werden sollen, wie der Fisch, der zappelt, wenn er aus dem Wasser gezogen wird. So heißt es im *Dhammapada*:

Dem auf das trock'ne Land
geworf'nen Fische gleich,
so quält das Denken sich,
zu fliehn aus *Māras* Reich.

DHAMMAPADA, VERS 34

Sinnliche Begierden und ihre Gefahren und Nachteile sollten ethisch, psychologisch und philosophisch verstanden werden, denn sie beherrschen einen immens großen Bereich der fühlenden Welt.
Sinnliche Begierden sind Begierden, die durch die Sinne entstehen, durch die Sinne wirken und durch die Sinne entlohnt werden. Wenn sie einmal erwachen, sind sie schwerer unter Kontrolle zu bekommen als alle anderen Empfindungen, Wahrnehmungen, Gedanken, Interessen, Verpflichtungen und Engagements. Aus diesem Grunde bezeichnete der Buddha die sinnlichen Begierden als eine Flut, die alles verschlingt, das sich ihr in den Weg stellt. Wenn die sinnliche Begierde den Geist einmal überwältigt hat, herrscht sie uneingeschränkt, bis sie von einer größeren, spirituellen Macht übermannt wird. Vorher jedoch gleicht sie einem Fieber und einem ständigen Kampf. So verursacht sie Spannungen und raubt den Seelenfrieden.
Ein Geist, der den sinnlichen Begierden ausgeliefert ist,

unterliegt dem Zufall und ist daher hilflos. Sinnliche Begierden wachsen sich zu Fesseln aus, einer Neigung, die sich wie eine Klammer um das Objekt der Begierde legt. Dann entstehen Leidenschaften, Lust oder Gier, und verzerren den Geist. Das Festhalten an Sinnlichkeit ist die Wurzel allen Übels und der Ursprung des Leidens.

Durch sinnliche Begierden wird der Geist launenhaft, eins führt zum anderen, und schließlich herrscht das Chaos. Allem Wissen, allen Fähigkeiten und aller Ernsthaftigkeit zum Trotz wird man zum Sklaven seiner Wünsche. Aus diesem Grunde wurden die sinnlichen Begierden zum ersten der fünf Hindernisse *(Nivaranas)* eines geistigen, moralischen und spirituellen Fortschreitens erklärt. Die weiteren Hindernisse sind Bösartigkeit, Müßiggang, Schlappheit, Rastlosigkeit und Reue sowie der Hang zum Zweifeln.

Wenn man das Ersehnte greifen kann, wird das Bewußtsein automatisch egozentrisch. Egoismus beziehungsweise das Streben nach Anerkennung ist ein selbstgerechter Grundsatz. Egoismus und Sinnenbegierde sind zwei Seiten ein und derselben Medaille. Gleiches und Ungleiches, Vorlieben und Abneigungen, Liebe und Haß, Stolz und Vorurteil – sie sind das Handwerkszeug des Ego.

In einer dynamischen Welt muß alles Veränderungen unterliegen. Woran wir hängen, müssen wir zwangsläufig irgendwann loslassen. Dies bedeutet, daß der Geist Extremen und Gegensätzen unterworfen wird. In einer widersprüchlichen Situation pendelt das Bewußtsein automatisch von einem Extrem ins andere. So öffnet die Begierde Tür und Tor für Frustration, Furcht und Angst. Deshalb sprach der Buddha: »Aus Sinnenlust erwächst dir Sorge nur und Furcht; wer sich davon befreit, kennt Sorge nicht noch Furcht« *(Dhammapada* 215). Frustration und Angst stehen in enger Verbindung mit Haß. Haß manifestiert sich unter verschiedenen Umständen und Stimmungen auf andere Art

und Weise, zum Beispiel in Groll, Bösartigkeit, Antipathie, Zorn, Gereiztheit, Feindseligkeit etc.
Ein Geist, der zwischen sinnlicher Begierde und Bösartigkeit hin- und herpendelt, gerät in Spannung und schlägt mal in Erregung mal in Depression aus, wodurch die Spannung steigt, bis er irgendwann völlig erschöpft ist. Ein erschöpfter Geist verfällt in Müßiggang und Trägheit. Bei schlechter Konzentration schwingt der Geist notwendigerweise in das andere Extrem und führt so zu Rastlosigkeit. Ein unruhiger Geist ist außerdem ein williges Opfer für Reue, Selbstmitleid und Schuldgefühle. Rastlosigkeit und Reue zerstören den Geist, machen ihn spröde und zerbrechlich. Ein zerbrechlicher Geist zweifelt, ist skeptisch und zynisch. Unsicherheit macht den Geist verwirrt und niedergeschlagen.
Der Weg von der Sinnenbegierde zu Unsicherheit und Zynismus ist eine unweigerliche Kettenreaktion der fünf geistigen Hindernisse. Diese Verkettung, eingeleitet durch die Sinnenbegierde, macht das Leben bedeutungslos, beraubt es seines Sinnes und macht alles Gute der menschlichen Existenz nichtig. Diese geistigen Hindernisse stellen sich, sobald sie den Entwicklungsprozeß erfolgreich verhindert haben, als die Grenzen unseres Daseins heraus. Sie geben keinen Rahmen von Werten, mit Hilfe dessen man ein sinnvolles Leben führen kann.
Sinnliche Begierde steht jeglicher Großzügigkeit diametral entgegen. Begierde verhindert die Praxis des Gebens, *Dāna*. Wenn der Geist auf die Befriedigung der Sinne, auf das Greifen, Vermehren und Horten ausgerichtet ist – wo soll dann Platz bleiben für das Geben, Teilen, Opfern und den Verzicht? Wenn der Geist nur mehr ein Gefangener des Ego ist, wenn allein die eigenen Interessen von Belang sind, alles nur noch nach dem Erreichen eines Ziels strebt – wo ist dann noch Platz für das Aufgeben, die Wohltätig-

keit, Großherzigkeit, Freundlichkeit, Selbstlosigkeit und dergleichen?
Ein sinnlicher Mensch mag viel Geld für sich selbst ausgeben, aber wenn es daran geht, etwas für einen guten Zweck oder für einen Armen zu spenden, dann wird er sich selbst von wenig schlecht trennen können. Wenn die Gabe von ein wenig Geld jedoch einen Rücklauf von einer größeren Summe verspricht, so wird der sinnliche Mensch plötzlich freigebig. Sinnlichkeit und Gemeinheit sind zwei Seiten ein und derselben Münze. Der gemeine Mensch ist nicht nur brutal, sondern neidet dem anderen auch seinen Erfolg und sein Glück. In seinem Garten mögen alle Früchte verfaulen, und doch wird er keinem Hungrigen auch nur einen Apfel geben, und seinem Nachbarn neidet er die tragenden Obstbäume.
Sinnenbegierde raubt einem Menschen Myriaden von Möglichkeiten, Verdienst zu erlangen, während er immer mehr und mehr Mißgunst anhäuft. Seinem Reichtum, seinem Besitz und seiner Macht zum Trotz erlangt er durch Freigebigkeit kein Verdienst, und so gleicht sein Leben einer Wüste, in der tausenderlei Gefahren und Nachteile lauern. Sinnliche Begierde, Egoismus, Lust und Völlerei gehören der gleichen Familie der Gier an: dem geistigen Drang nach Entlohnung. Gier stumpft den Menschen ab und macht ihn grausam. Ein gieriger Mensch hat keine Skrupel, zu töten, Leben zu zerstören, allein um seiner Gier willen; er hat keine Skrupel, auf unredliche Weise Geld zu verdienen, zum Beispiel durch das Jagen, Schlachten, den Fleischhandel etc. Die Anzahl der Morde nimmt zu, wenn der Geist durch Grausamkeit brutaler und durch Gier abgestumpft wird. Stehlen, Rauben, Betrügen, Kidnappen und Erpressen sind Verbrechen, die auf Gier und emotionaler Abstumpfung basieren.
Andere Formen von Sklaverei, beispielsweise Kriege im Na-

men einer Religion oder eines nationalen Interesses, das Jagen und Ausrotten wilder Tiere, das Fangen unschuldiger Tiere, allesamt als Sport und zum Handel, die aber von den Tätern nicht als teuflischer Akt erkannt werden, führen Böses und Schlechtes mit sich. Moralische Degeneration ist die Folge. Die Zivilisation wird dadurch herabgewürdigt.
Das Schadensausmaß eines Krieges ist nicht allein am Verlust menschlichen Lebens und der damit einhergehenden Armut zu messen, sondern an der Brutalisierung des menschlichen Bewußtseins und der Zerstörung aller Werte. Die ethische und psychologische Verwüstung wirkt sich noch in den nachfolgenden Generationen auf die Menschen aus. Das Töten und Stehlen, die sexuelle Freizügigkeit, die Promiskuität, das Lügen und Betrügen, der Drogenmißbrauch und der Konsum von Narkotika, alkoholischen Getränken sowie anderen Rauschmitteln, gemeines Verhalten, barbarische Neigungen, Sextourismus und antisoziale Aktivitäten sind direkte Folgen von Kriegen.
Neben gewalt- und lustorientiertem Verhalten gibt es einen weiteren bedenklichen Aspekt. Dieser bezieht sich auf die Gehirnwäsche und das Verschleiern von Wahrheiten im Auftrage des Staates, der Propaganda und der Werbung. Lust und Haß haben unbewußt tatsächlich auch jegliche Form verbalen Fehlverhaltens – Lügen, Hetzen, Lästern, Betrügen, Bedrohen, Tratschen, frivoles Reden etc. zur Folge. So scheint aus ethischer Sicht zwischen der sinnlichen Begierde und dem Verfall aller Werte eine lückenlose psychologische Kettenreaktion der fünf Hindernisse *(Nivaranas)* stattzufinden.
Die philosophischen Implikationen der Gefahren und Nachteile der sinnlichen Begierde sind noch schädlicher für die Persönlichkeit als die ethischen. Sinnliche Begierde zersetzt auch den Denkprozeß. Durch sie werden unkluge Erwägun-

gen getätigt und Gedanken als wichtig eingestuft, die auf Begehrlichkeit, Bösartigkeit und irrigen Ansichten beruhen. Mit dieser Erkenntnis vervollständigt sich das zehnfache Mißverhalten in Tat, Wort und Gedanken.

Den schlimmsten Schaden jedoch verursacht die Begierde bei den spirituellen Fähigkeiten *(Indriya)* und den geistigen Kräften *(Bala)*. Denn so, wie es fünf Hindernisse in der Entwicklung gibt, so gibt es auch fünf spirituelle Fähigkeiten und geistige Kräfte, die diese spirituelle Entwicklung gewährleisten sollen, nämlich der Glaube *(Saddhā)*, die Anstrengung *(Viriya)*, die Achtsamkeit *(Sati)*, die Sammlung *(Samādhi)* und die Weisheit *(Paññā)*.

Im buddhistischen Kontext verstehen wir unter Glauben die Überzeugung, das heißt einen durch Wissen gestützten Glauben. Blinder Glaube ist entschieden gefährlich, denn er erwächst aus Sentimentalität, Furcht oder Aberglauben. Sinnliche Begierde ist ebenfalls ein blinder Drang, und da sie als solcher förderlich für Angst und Aberglauben ist, hat sie tiefe Auswirkungen auf unsere Fähigkeit, zu glauben. Wahrer Glaube ist eine offenherzige Reaktion auf Wahrheit und Güte. Wenn diese Glaubensfähigkeit jedoch durch Sentimentalität verfälscht wird, entwickelt sie sich zu blindem emotionalem Glauben und reagiert nicht auf die Wahrheit, sondern auf die weltlichen Dinge wie Fehlverhalten und korrumpierte Werte.

Persönliches Bemühen, Anstrengung, ist die unablässige, beharrliche Suche nach Vervollkommnung bis zur Erfahrung von Vollkommenheit. Vorausgesetzt, man entscheidet sich, alles Unheilsame, das nicht zwangsläufig bereits aufgetreten ist, aber bei mangelnder Wachsamkeit auftauchen könnte, aus dem Geist zu verbannen. Gleichwohl faßt man den Entschluß, alles Böse, das bereits zutage getreten ist, zu überwinden. Positiv angewendet bedeutet das persönliche Bemühen nicht nur das Kultivieren des Guten, das bisher nicht entwickelt worden ist, sondern auch das Erhalten und Fördern dessen, was bereits gepflegt und erreicht wurde. Sinnliche Begierde lenkt, allein durch ihr Wesen, diese gesunde geistige Einstellung in eine falsche Richtung, beraubt sie ihres Fundaments und macht sie kontraproduktiv. Jegliche wohlausgerichtete Energie wird verkehrt und wirkt auf diese Weise selbstzerstörerisch.

Bedachtsamkeit ist das Herzstück aller spirituellen Entwicklung, denn sie befähigt uns, immer aufmerksam und uns stets der Realität bewußt zu sein. So kann sich der Geist ohne Ablenkung auf das Objekt konzentrieren und dennoch dauerhaft mit der Realität in Kontakt stehen, ohne sich von Äußerlichkeiten blenden zu lassen. Sinnliche Begierde und ihre Folgen machen es dem Geist schwer, stets wachsam und aufmerksam zu sein. Der Geist wird unbeständig, rastlos und unbeherrschbar. Durch einen Mangel an Bedachtsamkeit werden wir Opfer der schmerzhaften Konsequenzen, die das Streben unweigerlich hervorbringt. Nur die Konzentration verleiht dem Geist Stärke. Durch diese Kraft wird der Geist genährt, und alle geistigen Aktivitäten werden möglich, bis hin zur Erleuchtung. Begehren hat stets eine zerstreuende Wirkung und schwächt dadurch den Geist. Ein schwacher Geist kann nichts Wertvolles erreichen.

Was das Auge dem Körper ist, ist die Weisheit dem Geist. Sie befähigt ihn zu richtigem Verstehen, scharfem Verstand und unverfälschtem Begreifen der Realität oder der Wahrheit hinter den Dingen. Durch diese Fähigkeiten ermöglicht sie dem Geist, den Dingen auf den Grund zu gehen und sich nicht durch Oberflächlichkeiten oder den schönen Schein verleiten zu lassen. Sinnliche Begierde setzt unkluge Gedanken in Bewegung und verzerrt so die Wahrnehmung, die Gedanken, Perspektiven und das Verständnis. Bildlich ausgedrückt trägt das Auge des Geistes nun die rosarote Brille der Begierde.

Im Buddhismus sind alle diese fünf Fähigkeiten von gleich hoher Bedeutung. Denn einzeln können sie zu einem Ungleichgewicht in der Entwicklung und so zu einer Einseitigkeit der Persönlichkeit führen. Glaube und Weisheit sollten daher immer gleichwertig sein, denn sie sind voneinander abhängig. Ebenso stehen Anstrengung und Ruhe zueinander, die beide aus der Konzentration geboren sind und um eines maximalen spirituellen Wachstums willen vereint werden sollten. Die Anstrengung kann sich sonst zu Hyperaktivität, die Ruhe zu Trägheit auswachsen. Wenn sich Kraft und Ruhe gleichwertig verbinden, entsteht Gleichgewicht. Bedachtsamkeit ist der koordinierende Agent, der dieses Gesetz der gegenseitigen Abhängigkeit bewahrt. Durch sie werden die Funktionen aller Fähigkeiten zu einem harmonischen Ganzen zusammengeführt.

Geistige Blindheit, verbunden mit sinnlichem Begehren, trennt und untergräbt die Fähigkeiten nicht nur, sondern läßt auch jeden Versuch, Harmonie und Gleichgewicht herzustellen, scheitern. Die Kettenreaktion des sinnlichen Begehrens stürzt die spirituellen Fähigkeiten ins Chaos. Gleich einem, der sich im dichten Wald verirrt hat, tappt der Geist nur im Dunkeln, ohne Lösungen für die Probleme zu finden, die uns das Leben stellt, und ohne einen Sinn im Leben zu erkennen.

Die vierte Anweisung zu den Gefahren und Nachteilen der Beschäftigung mit sinnlichen Freuden ist von fundamentaler Bedeutung. Indem wir uns den Sinnenfreuden hingeben, können wir sie niemals überwinden. So kann der Pfad des Lasters niemals die Lösung sein. Die Antwort kann nicht darin bestehen, Sinnlichkeit zu rechtfertigen, sie zu rationalisieren oder gar zu unterdrücken. Vielmehr sollte sie in unserem Leben integriert auf kluge Weise sublimiert werden, wodurch sie sich beruhigt und schließlich verebbt. Dies ist die Aufgabe des Edlen Achtfachen Pfades, welcher auf die drei Ansätze reduziert werden kann: Tugend, Meditation und Weisheit.

Die Tugend sublimiert den blinden Drang nach sinnlichen Freuden zu einem wohlgerichteten Wunsch nach spiritueller Freude. Der tosende Ozean des Geistes, aufgewühlt durch die Stürme des Strebens, kommt durch die Meditation zur Ruhe. So gleicht unser Inneres einer ruhigen See, auf der sich die Strahlen der Sonne der Weisheit reflektieren. Weisheit teilt, neben dem Leiten und Koordinieren von Funktionen der Tugend und Meditation, die Dunkelheit, welche durch das blinde Streben verursacht wurde. Sie erhellt den Geist und ermöglicht es ihm, stets in Verbindung mit der Wahrheit zu bleiben. So ermöglicht sie uns, alle Fesseln abzuwerfen und Zugang ins N*ibbāna* zu erhalten.

5. Anweisungen zur Entsagung

Ob Tugend, Meditation oder Weisheit – erst die Fähigkeit zur Entsagung *(Nekkhamma)* ist das wesentliche Element, durch das diese sowohl in ihren individuellen Funktionen als auch in der Gesamtleistung erfolgreich wirken können. Um eine falsche Handlung zu sublimieren, muß man bereit sein, sie aufzugeben. Um einen rastlosen Geist zur Ruhe kommen zu lassen, muß man Zerstreuungen aufgeben. Um geistige Verirrungen auszumerzen, muß man falsche Ansichten und Gedanken loslassen. Damit wir loslassen können, müssen wir aufhören, uns einzumischen. Die Vorteile der Entsagung bilden die fünfte Anweisung in diesem Diskurs zur Entfaltung der Wahrheit.

*Entsagung**

Entsagung zeugt von Reife,
Erfahrung des Lebens.
Diese erreicht man nicht
eilig, sentimental oder blind.

Selbst starke Offenbarung
ist flüchtig,
aber keine Flucht in die Freiheit,
wie sie die echte Entsagung meint.

Es gibt noch andere unberechtigte Formen
der Entsagung, geboren aus
Frustration in der Liebe oder Ehrgeiz,
Niederlagen, trotz Einsatz,
das Scheuen von Verantwortung,
Kummer oder Leid gebor'n aus Verlust
eines Geliebten oder eines Besitzes.

Seinen Lebensunterhalt als
professioneller Asket zu bestreiten,
aus Langeweile oder Trägheit,
auch dies sind Fluchtwege,
die die weltlichen Fesseln festigen,
nicht aber zu Freiheit führen.

Das häusliche Leben aufzugeben,
und sich der Heimatlosigkeit zu verschreiben,
so zeigen wir eine neue Phase an,
in der wir Fesseln zurückweisen.

---

*Text: Acharya Buddharakkhita. Mit freundlicher Genehmigung des Dhamma Magazine, September 1979

Wenn die Zurückweisung tief ist,
und beständig und fest,
es keine Alternative, keine Wahl gibt,
als dem weltlichen Leben zu entsagen,
und in die Freiheit zu fliehen,
die das heimatlose Leben birgt.

Ein Haus schenkt Sicherheit,
glaubt man schlechthin.
Wahrheit dagegen steht dem entgegen.
Auch wenn das häusliche Leben verherrlicht wird,
ist es ein Kampf und ein Ringen.

Das emsige Treiben selbstdienender Aktivitäten,
die Festung aus Stolz und Vorurteil
und der Irrgarten des Beteiligtseins
gleichen einem Wald, in dem man sich verirrt hat.

Im Kampf, im Streben und im Selbstinteresse,
in Stolz, Vorurteil und Beteiligung
gibt es keine Sicherheit;
die gab es nie und gibt es auch nicht jetzt.

In der Sicherheit der Unsicherheit,
die uns die Entsagung bietet,
ist frei und rein der off'ne Himmel.
Die Heimatlosen haben stets
in Buddhas Prinzipien gelebt.

Die Entsagung löst die Bindung an *Kamma* und Wiedergeburt. Sie steht für die Transzendierung aller diametralen Situationen wie Gewinnen–Verlieren, Loben–Schuldzuschreiben, Glück–Unglück und schenkt uns Frieden aus Gleichmut und Gelassenheit. Entsagung bedeutet auch das Loslösen von weltlichen Fesseln und damit Freiheit. Sie wird durch eine Lebensart symbolisiert, so wie die Bindung an die materielle Welt durch das häusliche Leben symbolisiert wird. Ein heiliges Leben, welches auf dem Zölibat, freiwilliger Armut und Gleichmut basiert, verleiht der Entsagung eine konkrete Form.

In jedem Leben kommt eine Zeit, in der man sich der harten Realität stellen und sich für die eine oder andere Richtung entscheiden muß. Auf der Reise durch S*amsāra* kristallisieren sich die Erfahrungen immenser Zeitspannen, unzähliger Leben in verschiedenen Daseinsebenen in bestimmten Einsichten und Einstellungen heraus. Erregt durch eine Einsicht, erkennt man mit einemmal, daß zwischen den weltlichen Wegen und dem spirituellen Pfad keine Gemeinsamkeit besteht; sie führen zu grundlegend verschiedenen Zielen. Auf diese Art und Weise offenbart sich uns unweigerlich eine Sichtweise, nämlich die des Ansatzes der Entsagung, und wir erkennen, daß es weiser ist, loszulassen, als sich durch das Weltliche binden zu lassen. Sobald es uns vollkommen klar wird, daß Friede und Rastlosigkeit, Gier und Freigebigkeit, Lust und Keuschheit, Egoismus und Selbstlosigkeit nicht vereinbar sind, sind wir gezwungen, eine Wahl zu treffen. Wenn der Geist nicht durch Dogmen und falsche theologische Ansichten geblendet ist und wir erkennen, daß es keine Vereinigung von Faktoren, die den Geist zerstören, und jenen, die ihn reinigen und stärken, gibt, dann müssen wir uns für das folgende entscheiden.

So sprach der Buddha:
Nirvana ist ein Ziel, ein andres Weltlichkeit.
Den Buddhamönch, der dies verstanden hat, erfreut
kein Ruhm, er liebt allein Zurückgezogenheit.

DHAMMAPADA, VERS 75

Entsagend allem, wünscht der Weise
nichts, noch klagt er;
ob Glück, ob Unglück kommt,
nicht jubelt noch verzagt er.

DHAMMAPADA, VERS 83

In diesen zwei Versen drückt sich die Philosophie des Ideals der Heimatlosigkeit aus. Das häusliche Leben, ganz gleich wie luxuriös und freudvoll, ist die Quelle von Bindung, die uns an das Rad des Werdens schmiedet. Es ist die Quelle des *Kamma*, endloser Willenshandlungen, die in den ewigen Zyklus von Geburt, Tod und Wiedergeburt münden.

Verschiedene religiöse Gruppierungen zeichnen die Entsagung in leuchtenden Farben. Es wird versucht, einen gemeinsamen Nenner zwischen sogenannten realistischen weltlichen Bedürfnissen und spirituellen Prinzipien zu finden. Ein Kompromiß, egal wie großzügig geartet, bleibt immer ein Kompromiß und bedeutet, zwischen zwei Stühlen zu sitzen. Man würde also durch die Hintertür in das verwunschene Haus schlüpfen, nachdem man es mit viel Aufhebens durch die Haustür verlassen hat. Ein Kompromiß zwischen weltlicher Lebensart und spirituellen Prinzipien ist eine ständige Wiederholung der alten Maskerade von weltlicher Geistlichkeit, *Kamma* und Bindung.

Wer sich auf einen solchen Kompromiß nicht einlassen, aber auch nicht in einer hoffnungslosen Situation steckenbleiben will, entscheidet sich für die Entsagung und widmet sich seinen höheren Wünschen. Manch einer möchte im Rahmen seiner weltlichen Berufung ein spirituelles Leben führen. Nach einer gewissen Zeit jedoch erkennt er, daß man nicht gleichzeitig innen und außen sein kann. Es versteht sich, daß man zugleich in einer Welt und außerhalb einer Welt sein kann, vorausgesetzt man befreit sich von allen Bindungen. Wenn er sich in diesem Dilemma wiederfindet, wird sich der Starke dafür entscheiden, außerhalb der Welt zu leben, was sicherlich ein großes Opfer bedeutet und auf Kosten von Komfort, Neigungen, Vergnügen und Besitz geht.

Der Lohn der Entsagung muß vor dem Hintergrund der Nachteile gesehen werden, die ein weltliches Leben mit sich bringt. Denn das Loslassen *(Nekkhamma)* ist der effektivste Gegenpol zur Sinnlichkeit *(Kāma). Nekkhamma* ist eines der *Pāramis,* das dritte *Pārami* in der *Anupubbi*-Ordnung. Die anderen beiden sind *Dāna* und *Sīla.* So sprach der Buddha im *Anguttara Nikaya* (A.2.7.2.): »Es gibt zwei Arten von Glück. Welche? Das Glück der Sinnenfreuden und das Glück der Entsagung. Von diesen beiden ist das Glück der Entsagung um vieles größer.«

Das drängendste Streben im Leben ist das nach Glück. Die meisten Menschen verbinden das Glück mit den Freuden des häuslichen Lebens. Diese Freuden jedoch sind Fesseln, die das häusliche Leben unsicher und trügerisch machen. Wer über die häuslichen Freuden hinaussehen kann, erkennt, daß das wahre Glück darin besteht, das häusliche Leben mitsamt seinen sinnlichen Freuden abzuschütteln. Das Glück des Heimatlosen, der ein heiliges Leben führt, ist indes unendlich viel größer. Die weltlichen Freuden lassen sich nicht mit dem Glück innerer Freiheit und Selbsterfüllung vergleichen. In diesem Moment entscheidet sich der Weise für die Entsagung. Im *Dhammapada* heißt es:

Indem man einer kleinen Freude entsagt,
kann man eine große Freude erlangen.
Der Weise mag ersterer entsagen
und letztere erlangen.

Das heilige Leben im Buddhismus spiegelt die spirituelle Metamorphose des Individuums wider, welches in sich gereift ist durch verdienstreiche Taten im Geben, in den Prinzipien und der Meditation. Die Seidenraupe zieht sich zunächst in ein beschränktes Leben in ihrem Kokon zurück. Aber wenn sie weit genug entwickelt ist, wachsen ihr Flügel, sie bohrt sich ein Loch aus ihrem Kokon, der so schützend war, und fliegt als wunderschöner Schmetterling in den offenen Himmel hinaus.

Die Semantik des Wortes *Nekkhamma* ist sehr aufschlußreich. Es geht zurück auf die Wurzel ›kamati‹ = ›bewegen', ›wandern‹, ›laufen‹ zurück. Die Vorsilbe ›ni‹ bedeutet soviel wie ›umgekehrt‹ oder ›umgedreht‹. Zusammen bedeutet das in etwa ›sich von etwas wegbewegen‹, ›sich zurückziehen‹. Bildlich ist damit das Sich-Abwenden vom häuslichen Leben und den weltlichen Bindungen und Freuden gemeint. Das verneinende Präfix bezeichnet das Sich-Abwenden vom Normalen, Konventionellen und das Sich-Hinwenden zur Freiheit des Heimatlosen.

Der *Arahat*, der vollkommen erleuchtete Heilige verkörpert fünf besondere Eigenschaften, die sich in seiner Einstellung und seinen Ansichten sowie seinem Verhalten widerspiegeln. Der *Arahat* neigt natürlicherweise dazu, seinen Geist mühelos der Entsagung, der Einsamkeit, der Gewaltlosigkeit, dem Loslassen und dem inneren Gleichgewicht zu unterwerfen. All diese Qualitäten drücken eine Reife aus, die von weltlichen Fesseln unbeeindruckt bleibt, frei von innerer Verschmutzung und voll innerer Freiheit ist. Die Zwänge des weltlichen Lebens stehen im direkten Kontrast dazu. Ein weltlich ausgerichteter Mensch strebt nicht nur nach Sinnesvergnügen, sondern schwelgt auch darin, erfreut sich an Menschenmengen und Gesellschaft, wählt aggressive Vorgehensweisen und ist leichte Beute für Verwirrung und Unsicherheit.

Nekkhamma wird auf drei Arten definiert: als rechte Gesinnung, als Lebensart und als natürliche Neigung des Geistes. Der Gedanke der Entsagung *(Nekkhamma Sankappa)* ist das vitale Zentrum des rechten Denkens. Es ist Teil des Edlen Achtfachen Pfades und ein unentbehrlicher Teil der Weisheit. Der Gedanke der Entsagung fordert uns auf: »Laß los!«, und veranlaßt uns, nachzugeben anstatt uns anzuklammern. Dies bedeutet wiederum rechte Anstrengung, ein weiterer Faktor des Edlen Achtfachen Pfades. Durch diese Einstellung wird das Unheilsame ausgemerzt, und Gedanken, die der Weiterentwicklung im Wege stehen, werden verhindert beziehungsweise überwunden. Dies ist für den Meditierenden eine unumstößliche Tatsache. Er muß jeden Gedanken, der seine Meditation stört, aufgeben. So wird die Entsagung ein vitales Element des spirituellen Fortschrittes.

Die Entsagung als Lebensweg ist *Nekkhamma Pārami,* eine Vervollkommnung, welche man notwendigerweise erfüllen muß, um Zugang in die überweltliche Dimension spiritueller Freiheit zu erlangen. Das Leben des Heimatlosen bietet alle Möglichkeiten, die Perfektion von *Nekhamma* zu erreichen. Erst wenn der Geist des Nichtbesitzens und des Nichterstrebens zur Reife gelangt ist, kann der Geist es mit den bösen Mächten des Strebens als Grundlage der Fesseln von *Samsāra* aufnehmen.

An diesem Punkt muß erwähnt werden, daß im buddhistischen Kontext die Heimatlosigkeit als Lebenskonzept mit sehr großer Freiheit, Ernsthaftigkeit und Freude einhergeht. Auf diese Weise sorgen nicht nur das betroffene Individuum, sondern auch seine Familie, Nachbarn und Freunde dafür, daß der Akt, dem weltlichen Lebens zu entsagen, zu einem bedeutungsvollen spirituellen Abenteuer wird. Niemals wird er als Fluchtwunsch in ein egozentrisches und gesellschaftlich unverantwortliches Leben gewertet. Wer vor seinen gesellschaftlichen und familiären Verpflichtungen davonläuft, ist kein Heimatloser, sondern einer, der sich entweder der Bettelei oder der professionellen Askese, dem Faulenzertum oder der unmenschlichen Rastlosigkeit verschrieben hat. Selbst wenn dieser Mensch irgendwie die Aufnahme in einen Orden erlangt hat, wird er doch nicht ernst genommen. Vielmehr wird alles darangesetzt, seine Einstellung zu ändern, indem er ermutigt wird, sich der klösterlichen Disziplin so ehrlich und ernsthaft wie möglich zu unterwerfen.

Nekkhamma ist eine Prädisposition, eine Neigung, zu geistiger Freiheit aus einem Impuls des Loslassens heraus. Daran erkennt man einen *Arahat*, einen spirituell erleuchteten Heiligen, der weltliche Belange instinktiv meidet. Er neigt von seinem Wesen her zur Entsagung, sowohl in seinen Gedanken als auch in seiner Lebensweise. Ein Mensch, der sich dem heiligen Leben verschrieben hat, dem die weite Horizontlinie der Heimatlosigkeit noch nicht vertraut ist, wandelt lediglich auf den Spuren eines *Arahat*, ohne selbst einer zu sein. Indem er das Leben eines *Arahats* nachahmt, hofft er, den inneren Frieden zu erlangen, den das Gebaren eines *Arahats* ausdrückt.

Es wird deutlich, daß die Entsagung alles andere als unnormal oder unüblich ist, sondern eine natürliche evolutionäre Entwicklung darstellt. Sie ist die Kulmination einer abgeschlossenen Lebensphase mit einer neuen, inspirierenden Entwicklung des Selbst. Im Buddhismus geht es weniger um die äußeren Kennzeichen der Entsagung als um die inneren Fesseln, die uns an die weltlichen Dinge binden. Das Selbst und die Welt sind untrennbar. Wenn wir uns vom Weltlichen abwenden, indem wir dem häuslichen Leben entsagen, lehnen wir auch jegliches Selbstinteresse, Egozentrik und vom Selbst dominiertes Handeln, Sprechen und Denken ab.

Von aller Freiheit, so sprach der Buddha, ist die Freiheit vom Selbstbetrug die größte. Man stelle sich eine freie Welt vor, in der es kein Streben nach Befriedigung, Nachkommen, Reichtümern, Einfluß und Ruhm gibt. Die Freiheit, die dort gedeiht, kann durch keine weltlichen Mittel erlangt werden.

Mit Sorge spricht der Tor:
»Mein Geld und meine Kinder!«
»Sein« ist nicht mal er selbst,
doch Kind und Geld noch minder.

DHAMMAPADA, VERS 62

Der *Bhikkhu*, der Mönch, der das buddhistische Ideal der Entsagung verkörpert, hat die Aufgabe, blindes Streben nach Befriedigung eigener Bedürfnisse durch eine Hingabe an das Wohlergehen aller zu ersetzen. Die erste und wichtigste Erklärung – Buddhas Aufruf zum Mitgefühl, der das Motto der Mönchsmission, die Basis für die Entsagung im heiligen Orden bildet – an die Neuankömmlinge im Kloster war:

»Wandert weiter, Mönche,
für das Wohl aller, für das Glück aller,
in Mitgefühl für die Welt,
für das Wohl und das Glück aller Lebewesen.«

Das Wohl des häuslichen Menschen liegt dem buddhistischen Mönch sehr am Herzen. Deshalb ist er trotz seiner Zurückgezogenheit von der Welt in seiner Abgeklärtheit und seinem erkalteten Interesse an weltlichem Besitz und weltlichen Vergnügungen stets ein Reformator, ein unerschöpflicher Ratgeber und ein wertvolles Mitglied der Gesellschaft.

Entsagung ist also eine Abweichung vom Trott der weltlichen Dinge und des Verfalls des Geistes.
Professionelle Kritiker klösterlichen Lebens sowie jene, welche Mönche vom heiligen Leben weglocken wollen, verbeißen sich in die Frage, wie der Buddhismus den weltlichen Trend moderner Zivilisation mit seinen weltentsagenden Lehren vereinbart. Es ist wahr, daß die moderne Welt, beherrscht von Wissenschaft und Technologie, nicht zum Ideal der Entsagung ermutigt. Doch die moderne Welt hat alles andere als bewiesen, daß sie eine humanisierende Kraft ist, die zu menschlicher Vervollkommnung und menschlichem Glück führt. Im Gegenteil: Durch sogenanntes wissenschaftliches und technisches Expertentum werden menschliche Werte und sogar das menschliche Leben selbst bedroht.
Nachfolgend drei Beeinträchtigungen, die diese Lebensführung in unserem Denken bewirkt: Zum ersten erscheint das menschliche Denken als ein adäquates Instrument, mit dem Wissen und die Herrschaft über die Natur erlangt wurden. Zum zweiten wirkt die Welt, die wir durch unsere Sinne erfahren, wie die einzig wahre Welt. Deshalb glauben wir, die Welt, die wir sehen, hören, riechen, schmecken, berühren und mit unserem Geist erfassen, sei gut genug und der Mensch brauche nichts jenseits dieser Welt anzustreben. Drittens scheinen die bisherigen Errungenschaften zu beweisen, daß der Mensch alles, was er sich wünscht, durch Wissenschaft und Technologie sowie seinen Verstand erlangen kann. Die guten Dinge sollen mit den Sinnen genossen und genährt werden. Diese drei Verzerrungen sind der Grund für eine Einstellung, die den Menschen zunehmend materialistisch, promiskuitiv, zynisch und aggressiv machen. Diese Eigenschaften stehen im Gegensatz zum Geist der Entsagung.
Mit welchem Heilmittel sucht der Buddhismus diese Ver-

zerrungen aufzuheben? Der Buddhismus ist zu jeder Zeit universell einsetzbar; daher ist er geeignet, Probleme zu lösen, die in einer dynamischen Welt ganz natürlich von Zeit zu Zeit auftreten. Der Geist der Entsagung steht in keinerlei Konflikt zu dem rationalen Ansatz von Wissenschaft und Technologie. Ebensowenig verleugnet er die Welt als eine Illusion oder etwas Böses. Und keineswegs bestreitet er die Errungenschaften beziehungsweise die Möglichkeiten der Wissenschaft.

Der Buddhismus hebt insbesondere durch den Geist der Entsagung folgendes hervor: Es gibt viele Ebenen, auf denen der Geist funktioniert und Wissen auftritt. Dabei ist die Ebene des Intellekts, welche uns rationales, analytisches Wissen bietet, die unterste. Es gibt Dimensionen intuitiver Einsichten und Erfahrungen, die ein überlegeneres, verläßlicheres und realeres Wissen bereitstellen. Zu bedenken steht jedoch ferner, daß die Welt, die wir sehen, die physische, sinnliche Daseinsebene, nur eines von unzähligen Weltensystemen in einem immensen Universum ist. Und die Dogmatisierung des Wissens, das wir von der Welt haben, in der wir leben, bedeutet nicht nur, die Augen vor einer weiteren Entwicklung zu verschließen, sondern auch, das erstaunliche Potential des Menschen verkümmern zu lassen. Außerdem wurden die guten Dinge des Lebens nicht erfunden, um seinen Appetit nach mehr zu wecken und dadurch sein Wachstum einzuschränken, sondern um ihn vor stumpfsinniger Plackerei zu bewahren.

Mit dieser Einstellung, einem offenen Geist und einem wißbegierigen Ansatz kann ein Mensch sich für das mutige, aber schwierige Ideal der Loslösung entscheiden und all seine Grenzen überwinden. Dafür muß jedoch anerkannt werden, daß das heilige Leben nicht auf uns zugeschnitten oder aus dem Boden gestampft werden kann. Auch kann es nicht durch konventionelle Mittel institutionalisiert werden. Wenn dies geschieht, degeneriert das Heilige zu persönlichen Interessen.

So spricht der Buddha:
Wie sich die Hand verletzt,
die Riedgras falsch ergreift,
so bringt zur Hölle sich
ein B*hikkhu*, der ausschweift.

DHAMMAPADA, VERS 311

6.–9. Anweisung zu den Vier Edlen Wahrheiten

Die Vier Edlen Wahrheiten bilden das Finale in der schrittweisen Entfaltung des *Dhamma*. In Buddhas *Dhamma* bildet die Wahrheit oder Realität das Herzstück. Nur wenn ein Mensch diese begreift, hat er die Grundlagen erkannt. Erst wenn der Meister erkennt, daß der Geist des Hörers bereit, sein Bewußtsein gereinigt ist, wenn er zur wahrhaften Reife gelangt ist, welche die Stufe zum Transzendentalen *(Lokuttara)* ist, erst dann offenbart der Meister den Glanz seiner Vier Edlen Wahrheiten. Hierzu paßt die Analogie im folgenden Text: »Gleich einem reinen Stück Stoff, welches in Farbe getaucht wird, die Farbe makellos annimmt, so erkennt der Vollkommene, wann das Bewußtsein des Suchenden vollständig gereinigt ist, und offenbart ihm den wichtigsten Teil seiner Lehre, nämlich die Vier Edlen Wahrheiten.«
Die Vier Edlen Wahrheiten sind daher keine religiöse oder philosophische Doktrin, sondern Einsichten in die Wahrheit und Visionen derselben. Sie sind eine erhebende meditative Erfahrung. Ein Meditierender, der sich Schritt für Schritt durch die verschiedenen Stufen der Einsicht bewegt

hat, gelangt schließlich zu dieser Erkenntnis. Ein Wahrheitssuchender, dessen Bewußtsein bereit ist und der eine höhere Ebene tiefer Inspiration erfahren hat, wird diese Erfahrung machen.

Nur die Vier Edlen Wahrheiten können das wahre Verständnis der Realität auf intellektueller und intuitiver Ebene gewährleisten. Rechtes Verständnis ist ein klares Verstehen, eine direkte Vision der Gegebenheiten. Ohne dieses geistige Verständnis können wir den Edlen Achtfachen Pfad nicht beschreiten. Aus diesem Grunde ist es eine Vorbedingung für die Erkenntnis von *Nibbāna.* Ohne das rechte Verständnis der Vier Edlen Wahrheiten verliert das Leben selbst an Bedeutung. Denn diese Wahrheiten zeigen die wahre Natur des Lebens und der Welt sowie ihres Ursprungs und den Pfad dorthin auf.

Erst wenn wir wissen, wie die Dinge wirklich sind, können wir die Schäden, Unvollkommenheiten und Begrenzungen aufheben, die ein Teil unserer Selbst und aller Dinge um uns herum sind. Und wenn wir die Wurzel des Übels erkannt haben, wird ihre Beseitigung nicht nur möglich, sondern zwingend erforderlich. Wenn der Ursprung des Übels und damit das Übel beseitigt wurde, ist die Erfahrung und die Erkenntnis des Guten die logische Folge. In dieser Erfahrung liegt der Pfad, welcher die weltliche mit der überweltlichen Welt verbindet. Die Erfahrung der Vier Edlen Wahrheiten vollzieht sich folglich auf zwei Ebenen, d.h. auf der Ebene der ultimativen Realität *(Paramattha)* und auf der Ebene der relativen beziehungsweise konventionellen Erfahrung *(Sammuti).*

Die kürzeste Zusammenfassung der Vier Edlen Wahrheiten des Buddha finden wir in dem *Pāli*-Text »Das Leiden und die Beendigung desselben, das ist meine Lehre«. Die zwölf Facetten der Vier Edlen Wahrheiten werden in seiner allerersten Lehrrede mit dem Titel »Das Rad der Wahrheit in Bewegung setzen« deutlich, wo die Natur dieser Erkenntnis der Wahrheiten offenbart wird.

Im Laufe seiner Entwicklung dämmert dem Suchenden schließlich die Erkenntnis, daß die erste Edle Wahrheit die des Leidens ist: Das Dasein ist in seinem Wesen unbefriedigend. Diese Tatsache ist jedem Menschen verständlich. Mit anderen Worten: Die Wahrheit des Leidens als eine direkte, intuitive Erfahrung ist eine heilige Realität. Sie macht edelmütig und löst eine Selbsttransformation aus. Deshalb ist auch die Wahrheit edel.

Dasselbe gilt für die anderen Wahrheiten. Die Erkenntnis, daß das Leiden in der weltlichen Existenz auf das Streben nach sinnlichem Vergnügen, nach fortgesetztem Werden und auf Verleugnung des wahren Selbst zurückzuführen ist, führt zu der Gewißheit, daß dieses Streben in Irrglauben und geistige Blindheit mündet und durch den Mittleren Pfad überwunden werden muß und daß dieses Streben bereits überwunden wurde. Die Erkenntnis keimt auf, daß dies die Wahrheit zur Beendigung allen Leidens ist, daß dies die Dimension der Freiheit *(Nibbāna)* ist, in der sowohl das Leiden als auch sein Ursprung, das Streben, vollständig erloschen sind, daß jedes einzelne Individuum *Nibbāna* persönlich erlebt, denn es kann nicht geteilt, vermittelt oder geschenkt werden, und schließlich daß diese transzendentale Einsicht erlangt wurde.

Ebenso ist es mit der Erkenntnis, daß dies der Pfad zu *Nibbāna* ist, daß der überweltliche Pfad der Einsicht mit *Nibbāna* als Ziel der richtige Weg ist, daß diese Erfahrung eine persönliche ist, die weder geteilt noch übermittelt werden kann, und daß sie tatsächlich entwickelt und gewonnen wurde.

Erst wenn all diese Vier Edlen Wahrheiten mit ihren zwölf Facetten eine einzige spirituelle Erfahrung bilden, dann ist die Selbsttransformation vollkommen. Der Suchende ist

nicht länger dem Gesetz von *Kamma* und Wiedergeburt unterworfen. Er ist frei von den Fesseln des *Samsāra*. Das Verstehen der Vier Edlen Wahrheiten auf der intellektuellen Ebene stellt keine Erfahrung dar. Dadurch werden gerade einmal die Spinnweben vom Bewußtsein entfernt und dieses für die überweltliche intuitive Erfahrung vorbereitet.
Selbst das Nachdenken über die Vier Edlen Wahrheiten und deren weise Betrachtungen vermeiden Verzerrungen und Verwirrungen des Geistes und bewirken so, daß Anhaftungen und Leidenschaften immer mehr an Bedeutung verlieren. Wären die Vier Edlen Wahrheiten eine Doktrin, eine metaphysische oder spekulative Philosophie oder Theorie, dann würde durch sie die Transformation mit ihrem klaren Verständnis für das Leben und das Unternehmen Leben nicht stattfinden. Die Reinigung des Geistes würde nicht in diesem Maße vor sich gehen, geschweige denn ihn von den Fesseln der Gier, des Hasses und des Irrglaubens befreien.
Eine Ideologie beziehungsweise ein Dogma verstärkt sowohl die menschliche Unsicherheit als auch die Zweifel, anstatt Weisheit und Befreiung zu fördern. Die Vier Edlen Wahrheiten bieten eine integre Erfahrung der Wirklichkeit; eine Doktrin oder Ideologie vermag das nicht. Aus diesem Grunde wird der Geist immer aufrechter und reiner, je länger man über diese Wahrheiten nachdenkt.

Das Leiden ist die zentrale Begrifflichkeit in der Anweisung zu den Vier Edlen Wahrheiten. Es ist die Schlüsselidee, der Kerngedanke, um den sich andere Vorstellungen ranken. Das Leiden steht für die Totalität der weltlichen Existenz, sowohl subjektiv als auch objektiv, und bedeutet nicht allein Schmerz als Gefühl oder als emotionales Leid – es muß viel umfassender betrachtet werden.
Dukkha offenbart das starke Wesen der Existenz, welches

sich aufgrund von geistigen Verwirrungen ganz anders dar-stellt, als es in Wirklichkeit ist. Der Geist mißversteht das Unwirkliche als die Wirklichkeit, und umgekehrt. Dies ist auf eine lange Konditionierung durch weltliche Kräfte und eine Abhängigkeit von äußerlichen Belangen im Gegensatz zum Vertrauen in die eigenen Fähigkeiten zurückzuführen.

Wer Unechtes für echt
für unecht Echtes hält,
der kommt zum Echten nie;
sein Sinn ist falsch gestellt.

Wer Echt als echt erkennt
und Unecht unecht find't,
gelangt zum Echten hin,
denn er ist recht gesinnt.

DHAMMAPADA, VERSE 11–12

Der Ursprung, die Beendigung und der Pfad zur Beendigung des Leidens sind allesamt auf das Leiden zurückzuführen. Wenn also das Leiden vollständig verstanden wird, werden auch die anderen Wahrheiten, die damit zusammenhängen, erfaßt. D.h., der Ursprung wird überwunden, die Freiheit erkannt und der Pfad dorthin entwickelt.

Dukkha, das Leiden, muß im Zusammenhang betrachtet werden. In einem begrenzten Kontext läßt es sich als körperlicher Schmerz und geistiges Leiden beschreiben *(Dukkhadukkha)*. Dazu gehören eine Vielzahl emotionaler Bürden wie Streß, Depression, Entzug, Furcht, Existenzangst, Panik, Unsicherheit etc. Dies betrifft alle Lebewesen universell und immer wieder.

In einem weiteren Zusammenhang steht das Leiden für eine grundlegende Eigenschaft oder ein herausragendes

Kennzeichen des Daseins. Das Dasein ist dynamisch und vergänglich, *Anicca.* Es unterliegt Bedingungen und ist deshalb körperlos *(Anatta),* außerdem ist es ein Ganzes *(Sankhata).* Diese Vergänglichkeit oder Gestaltlosigkeit und Abhängigkeit von diversen Faktoren verwandelt die Existenz in einen von Leid und Anhaftung gekennzeichneten Zustand. Da alles flüchtig ist, neigen wir dazu, die Dinge festhalten zu wollen, und hegen die fälschliche Hoffnung, eine eigene Identität zu haben. Im Fluß der Veränderung gibt es keine Fixierung, nur Kontinuität. So wird die Illusion von Gleichheit oder Ähnlichkeit und Beständigkeit erschaffen. Der innere Zwang, an der Vorstellung festzuhalten, etwas sei dauerhaft, d.h., sich im Dynamischen das Statische vorzustellen, ist eine Not. Wenn ein Geist so in Not ist, verstrickt er sich in einer Fülle von *Kamma* (Handlungen) und in der Mannigfaltigkeit *(Papañca)* der weltlichen Phänomene. Dadurch, daß er sich in Handlungen verstrickt und der Mannigfaltigkeit und damit Zerstreuungen und Fragmentierungen des Geistes ausgesetzt ist, wird er in den ewigen Zyklus des Werdens geschleudert, den Reigen der Wiedergeburt *(Samsāra).* Durch das Beteiligtsein und die Tatsache der Vergänglichkeit und Körperlosigkeit wird das Leiden zu einem universellen Charakteristikum *(Lakkhana)* des Lebens und der Welt. Im weitesten Sinne steht das Leiden für die unbefriedigende Unvollkommenheit und impliziert damit die erste Wahrheit *(Dukkha Sacca).* Diese alles durchflutende Wirklichkeit duldet keine Widersprüche und keinen Einhalt. Diese Unzufriedenheit ist eine natürliche Gesetzmäßigkeit.

Was immer dynamisch und Veränderungen unterworfen *(Anicca)* ist, was immer beeinflußt und somit bedrängt *(Dukkha)* und was immer Bedingungen ausgesetzt und somit substanzlos *(Anatta)* ist, ist unbefriedigend, da es begrenzt, unvollkommen und nicht erfüllend ist. Dieses Leiden als

Wahrheit stellt die allumfassende mangelnde Befriedigung der phänomenalen Existenz *(Samsāra)* als solche dar. Alle physischen und geistigen Phänomene, welche die Existenz bilden und durch Vergänglichkeit, Not und Körperlosigkeit gekennzeichnet sind, erzeugen gemeinsam *Dukkha Sacca.*
Das Leiden als Unbefriedigtsein verkörpert eine Hilflosigkeit *(Pilana),* wörtlich: Bedrängnis. Wenn man in einer Situation vollkommen hilflos ist und man diesen Umstand nicht ändern kann, so ist die einzige Möglichkeit, diesen Einschränkungen, Unbilden und Kümmernissen zu entfliehen, die Beendigung der Situation. Nur wenn man die Grenzen überschreitet, ist man von den Bürden und Gefahren, die von diesem Umstand ausgehen, befreit.
Wenn sich beispielsweise jemand in einer sehr heißen Gegend, wie vielleicht einer Wüste im Mittleren Osten, befindet, ist er der großen Hitze dort ausgesetzt. Es ist ihm unmöglich, das Klima zu ändern. Aber er kann den Unbilden der Hitze entfliehen, indem er sich in ein Haus mit Klimaanlage zurückzieht. Dies ist allerdings nur eine begrenzte Lösung, da man nicht ewig in dem Haus bleiben kann. Wenn man die Klimazone verläßt und in eine Gegend gemäßigteren Klimas zieht, hat man eine optimale Lösung gefunden. Genau das meint der Buddha, wenn er sagt: »Das Leiden und seine Beendigung, das ist meine Lehre.«

Die alles durchdringende Not erlegt uns eine Bürde auf. Das Unbefriedigtsein der Existenz in der Welt der Erscheinungen erlegt uns eine Not in drei Stufen auf:

1. Die Bürde der verschiedenen Bedingungen, die uns *Kamma* herbeiführen läßt, das sich auf vier Arten äußert *(Sankhata Dukkha):*
   a) Wiedergeburt
   b) Das Leben nach der Wiedergeburt

c Bekämpfen der Freude an den guten Dingen nach der Wiedergeburt

d) Auslösen von Zerstörung und Tod

2. Die Bürde der Sorgen, Kämpfe und Nöte, die nach der Wiedergeburt in einer unserem *Kamma* entsprechenden Daseinsebene schwer auf unserem Leben lasten *(Santāpa Dukkha)*

3. Die Bürde des Elends, die im Tod auf uns wartet *(Vīparināma Dukkha)*. Mit einem Schlag vernichtet der Tod ein ganzes Gebäude, das wir unter viel Mühe, Furcht und Eifer aufrechtzuerhalten versucht haben

Dies sind die Bürden, die folgendes bedingen:

1) Verwicklung ins *Kamma*
2) Sorgen und Nöte der Wiedergeburt durch das *Kamma*
3) Auflösung und Tod

Die Bürden charakterisieren das alles durchdringende Unbefriedigtsein und das Leiden *(Sacca)*. In diesen drei Stufen, welche die Vergangenheit, die Gegenwart und die Zukunft symbolisieren, ist das Leben von einer Vielzahl von Faktoren abhängig, die ein Lebewesen unter das Joch von *Dukkha* zwingen. Und der Grund für dieses endlose Leiden ist das ewige Streben nach Vergnügungen und Überleben ebenso wie das selbstzerstörerische Streben. Hier haben wir einen ungemein komplexen und außerordentlich zerbrechlichen Mechanismus, der unabhängig wie eine Uhr mit unzähligen winzigen Zahnrädern läuft, die alle durch ein selbstgeneriertes Moment in perfekter Harmonie funktionieren.

Das Streben, selbst ein geistiges Phänomen, ist Teil einer gewaltigen Struktur von phänomenaler Existenz, d.h., das

Streben verursacht Leiden und ist zugleich ein Teil des Leidens. Eben diese gegenseitige Abhängigkeit und funktionale Bedingtheit der ersten beiden Wahrheiten sind der Grund dafür, daß das *Samsāra* so heimtückisch, so schlecht zu erforschen und so attraktiv ist!

Das Streben als Ursprung des Leidens ist durch bestimmte Eigenschaften gekennzeichnet. Diese wären: die Akkumulation von Bedingungen *(Ayuhana),* welche Leiden verursachen, die ständige Quelle *(Nidāna)* des Leidens und die Vereinigung *(Samyoga)* oder Verbindung mit dem Leiden. So entpuppt sich das Streben als ein Hindernis *(Palibodha)* für das Freisein von Leiden. Durch diese vier Möglichkeiten erzeugt und erhält das Streben Leid.

»Das Beenden des Leides, die dritte Edle Wahrheit, ist die Dimension der Freiheit *(Nibbāna).* Durch diese Dimension erst wird eine Flucht vor dem Leiden möglich.«

Der Buddha beschreibt *Nibbāna* wie folgt (Udana VIII.3):

»Es gibt, ihr Mönche, ein Nichtgeborenes, Nichtgewordenes, Nichtgeschaffenes, Nichtaufgebautes. Wenn es, Mönche, dieses Nichtgeborene, Nichtgewordene, Nichtgeschaffene, Nichtaufgebaute nicht gäbe, dann wäre ein Ausweg aus dem Geborenen, Gewordenen, Geschaffenen, Aufgebauten nicht zu erkennen. Da es aber, Mönche, das Nichtgeborene, Nichtgewordene, Nichtgeschaffene, Nichtaufgebaute gibt, darum ist ein Ausweg aus dem Geborenen, Gewordenen, Geschaffenen, Aufgebauten zu erkennen.«

Die Eigenschaften von *Nibbāna* sind:

1) Es bietet die Flucht vor dem Leiden.
2) Es bietet Sicherheit und Frieden vor dem Chaos und den Leiden des *Samsāra.*
3) Da es der todesfreie Zustand ist, befreit es von der Last des Dahinscheidens und der Wiedergeburt.
4) Da es der höchste und unbedingteste Zustand ist, hat

es keinen Anfang und kein Ende und ist also ohne Ursprung und ohne Schöpfung.

In der Dimension von *Samsāra* (des Leidens) kommt es durch eine große Zahl von Bedingungen zu karmischer Verstrickung. Diametral gegenüber steht dem das *Nibbāna,* wo es keine karmische Verstrickung, geschweige denn Bedingungen gibt. *Nibbāna* ist folglich zeitlos, unabhängig und steht für ungehinderte Freiheit.
Im Gegensatz zu *Samsāra,* welches durch Aufstieg und Fall, durch Chaos und Mühen, durch Geburt, Tod und Wiedergeburt gekennzeichnet ist, wird *Nibbāna* allein durch Frieden und Freude charakterisiert. Es ist vollkommen frei von Kampf und Sorge, ist der unsterbliche Zustand, in dem der Tod keine Macht besitzt. Die dritte Edle Wahrheit bietet ein Ziel, das wirklich und hier und heute erreichbar ist. Es spiegelt sich in unserem Alltagsleben wider, in all unseren Erfahrungen. Wenn der Erleuchtete *(Arahat)* dies begreift, schlägt sich *Nibbāna* deutlich in seinem Lebensstil, in seinen Taten, Worten, Haltungen und Interessen nieder.
Die Qualitäten von *Nibbāna* spiegeln sich gleichwohl in den Leben jedes anderen wider, der dem Pfad dorthin folgt. Wenn beispielsweise ein Mensch sich in Selbstbeherrschung durch Befolgen der moralischen Prinzipien übt, zeigt sich der Frieden von *Nibbāna* darin, daß dieser Mensch frei von Reue und Schuld seiner Entwicklung folgen kann. Wenn ein Mensch in Liebe und Mitgefühl, Freiheit von Angst, Furcht und Haß lebt, genießt er das innere Wohlbefinden, welches symptomatisch ist für den Frieden, die Sicherheit und das Glück von *Nibbāna.* Wenn ein Mensch sich der Meditation widmet, genießt er die Ruhe und die Einsicht in Wirklichkeiten, die symptomatisch für *Nibbāna* sind. *Nibbāna* ist also kein negativer oder neutraler Zustand, in dem einfach die Abwesenheit von Leiden für Glück genom-

men wird, sondern die positivste Dimension der höchsten Spiritualität.

Der Pfad ins *Nibbāna,* wo das Leiden und sein Ursprung keine Bedeutung haben, ist der Edle Achtfache Pfad, bestehend aus dem Rechten Verständnis, dem Rechten Denken, dem Rechten Reden, der Rechten Handlung, der Rechten Lebensart, der Rechten Anstrengung, der Rechten Bedachtsamkeit und der Rechten Meditativen Konzentration. Die wichtigen Charakteristika dieses Pfades sind:

1) Er führt in die Zukunft, ist progressiv. Dies ist überprüfbar und irreversibel.
2) Er ist die Voraussetzung für die »*Arahat*schaft«. Wie das Streben der Grund für das Leiden ist, so ist der Edle Achtfache Pfad die Ursache für die Freiheit vom Leiden.
3) Er führt eine Selbsttransformation herbei, in der das Bewußtsein sich vom Weltlichen zum Überweltlichen wandelt.
4) Er allein sorgt für die besonderen Bedingungen der Erleuchtung, durch die der Suchende unvermeidlich die Vier Edlen Wahrheiten erfährt. Dies ist der einzige Weg dorthin.

Schließlich bleibt zu erwähnen, daß der Pfad auch durch sein Ziel auszeichnet, nämlich die Meisterschaft über das Selbst, durch die man alle drei Formen des Strebens überwindet und sich in einer Dimension jenseits allen Leidens befindet. Diese verschiedenen Charakteristika des Pfades ziehen die Beendigung des Leidens nach sich und heiligen den Pfad, der mit den Vier Edlen Wahrheiten den Zugang zur Freiheit von allen Fesseln eröffnet.

Kapitel IX

Meditation und Geistesbildung

Diso disaṃ yaṃ taṃ kayirā
verī vā pana verinaṃ
micchāpaṇihitaṃ cittaṃ
pāpiyo naṃ tato kare.

Egal, welchen Schaden
ein Feind einem Feind zufügt,
ein Hasser einem Hasser,
immer ist der Schaden für ihn selbst am größten.

Na taṃ mātā pitā kayirā
aṇṇe vāpi ca ṇātakā,
sammāpaṇihitaṃ cittaṃ
seyyaso naṃ tato kare.

Weder Mutter noch Vater,
noch sonst ein Verwandter
kann uns Besseres tun als
unser eigener, wohlgerichteter Geist.

DHAMMAPADA VERSE 42, 43

Entwicklung oder Degeneration

Die Bedeutung der Meditation für die Entwicklung der Persönlichkeit zur Vollkommenheit auf intellektueller, ethischer und spiritueller Ebene wurde im D*hammapada* sehr treffend beschrieben:

Yogā ve jāvati bhūri,
ayogā bhūrisaṇkhayo;
etaṃ dvedhā pathaṃ ṇatvā spanisse,
mhavāya vibhavāya ca;
tathattānaṃ hiveseyya,
yathā bhūri pabhaḍḍhati.

Zum Wissen braucht man Fleiß;
durch Faulheit schwindet's hin;
drum laßt uns am Kreuzweg von Verlust und Gewinn
in Richtung auf vermehrtes Wissen ziehn!

DHAMMAPADA VERS 282

Diese bedeutsame Aussage des Buddha zeigt uns deutlich, daß es keinen dritten Pfad, kein neutrales »Zuschauen« gibt. Entweder wir schreiten mit aller Kraft voran, oder wir vegetieren dahin und degenerieren. Eine neutrale Position wie die des Weltlichen, ist unhaltbar und negativ. So wie mangelnde Kultur ein Zeichen für mangelnde Produktivität ist, so ist die unparteiische Position bar jeglicher spiritueller Erfolge.
Da durch die Meditation die schlummernde Kraft im Menschen geweckt wird, wurde sie vom Buddha zum essentiellen Kern seiner Lehre bestimmt. Um zu beschreiben, was durch die Meditation mit dem Geist passiert, verwendet der Buddha hier die malerische Analogie eines Brachlandes, das zu einem blühenden Feld wird.

Kultur des Geistes

Die Meditation ist die Kultivierung des Geistes. Das Wort ›Kultur‹ wird hier im gleichen Sinne verwendet wie im Bereich der Landwirtschaft. So soll der Geist kultiviert und zur Entwicklung seiner Möglichkeiten geführt werden, bis er in transzendenter Vollkommenheit erblüht.

Die Entwicklung des Geistes stellt einen wichtigen Teil des meditativen Prozesses dar, wobei verschiedene Maßnahmen aus dem landwirtschaftlichen Kontext stammen. »Der Geist«, sprach der Buddha, »gleicht einem Felde.« Lassen wir es unbebaut, bleibt es unfruchtbar, bringt Unkraut hervor und beherbergt gefährliche Reptilien und Skorpione. Ebenso verhält es sich mit dem Geist. Wird der Geist nicht kultiviert, bleibt er nicht nur unproduktiv, sondern bringt auch geistiges Unkraut in Form von falschen und schädlichen Gedanken hervor. Gier, Haß und Irrglaube stellen Gefahren für unseren Geist dar. Umgekehrt entwickelt sich der Geist durch systematische Kultivierung und entfaltet seine verborgenen Kräfte. Unter geistiger Kultur versteht man nicht das stundenlange Meditieren, sondern einen Entwicklungsprozeß, der mit dem inneren Fortschritt in allen wachen Stunden Schritt hält.

In der Praxis sieht es so aus, daß der Geist durch die Meditation in einer Vielzahl von kontemplativen Techniken geschult wird. Was der Körperkultur die Leibesertüchtigung, ist der Geisteskultur die Schulung des Geistes durch vielerlei Methoden, so daß er Energie, Bedachtsamkeit, Konzentration und Einsicht entwickelt. So wie durch körperliches Training Stärke erlangt und Verfall überwunden wird, so trägt die geistige Kultur zu Persönlichkeit und Gesundheit bei. Außerdem werden durch die geistige Kultur zahlreiche geistige Irrungen und Beschränkungen überwunden sowie eine positive Abwehr gegen Böses und Versuchungen errichtet. Schließlich schenkt sie den Gläubigen die ultimative Gelegenheit, Freiheit von allen weltlichen Fesseln zu erlangen.

Beherrschung des Geistes

Es muß hervorgehoben werden, daß die Beherrschung des Geistes weder mit irgendeiner Art von Hemmung noch mit Unterdrückung natürlicher geistiger Regungen gleichzusetzen ist. Die Beherrschung des Geistes ist vielmehr ein Prozeß der Selbstbeherrschung, ohne den das Leben unlenkbar wird.

So sprach der Buddha (A. I.4):
»Mönche, ich kenne nichts Gefährlicheres als den ungezähmten Geist. Der gezähmte Geist dagegen bringt nichts als Gutes. Mönche, ich kenne nichts Besseres als den gezähmten Geist. Der ungezähmte Geist dagegen bringt nichts als Schaden.«
»Mönche, ich kenne nichts Gefährlicheres als den trägen Geist. Der wachsame Geist dagegen bringt nichts als Gutes. Mönche, ich kenne nichts Besseres als den wachsamen Geist. Der träge Geist dagegen bringt nichts als Schaden.«
»Mönche, ich kenne nichts Gefährlicheres als den ungeschützten Geist. Der geschützte Geist dagegen bringt nichts als Gutes. Mönche, ich kenne nichts Besseres als den geschützten Geist. Der ungeschützte Geist dagegen bringt nichts als Schaden.«
»Mönche, ich kenne nichts Gefährlicheres als den unbeherrschten Geist. Der beherrschte Geist dagegen bringt nichts als Gutes. Mönche, ich kenne nichts Besseres als den beherrschten Geist. Der unbeherrschte Geist dagegen bringt nichts als Schaden.«

»Mönche, ich kenne nichts Gefährlicheres als den ungezähmten, trägen, ungeschützten und unbeherrschten Geist. Der gezähmte, wachsame, geschützte und beherrschte Geist dagegen bringt nichts als Gutes. Mönche, ich kenne nichts Besseres als den gezähmten, wachsamen, geschützten und beherrschten Geist. Der ungezähmte, träge, ungeschützte und unbeherrschte Geist dagegen bringt nichts als Schaden.«

Schritt für Schritt, nicht mit einem Sprung

Selbstvervollkommnung ist nicht das Ergebnis einer intellektuellen Anstrengung, sondern einer Wiedergeburt der ganzen Persönlichkeit, beispielsweise der äußeren wie der inneren Haltung, der Gefühle und des Willens sowie der gesamten Lebensführung. Diese vollständige Wandlung jedoch kann nicht mit einemmal vonstatten gehen. Sie ist vielmehr eine schrittweise Entfaltung, eine graduelle Entwicklung. Disziplin hinsichtlich der Gewohnheiten des Körpers, die Veränderung des Aussehens, die Umgestaltung von intellektuellen Mustern und bewußten Handlungen sowie die meditative innere Reinigung, die daraus resultiert, hat ihr Fundament notwendigerweise in einer präzisen und verläßlichen Methodik.

G*aṇaka* M*oggallāna,* der berühmte Mathematiker der damaligen Zeit, trat vor den Buddha und fragte: »Ehrenwerter Herr, die unterschiedlichen Berufe erfordern graduelles Training, Handeln und Übung. Ist es möglich, Meister G*otama*, daß ein solches graduelles Training und eine schrittweise Entwicklung auch für die spirituelle Disziplin gilt?« Der Buddha antwortete ihm:

Methoden

»Es ist möglich, gebildeter Gläubiger, dem spirituellen Leben ein graduelles Training zugrunde zu legen. Wie ein feinfühliger Pferdetrainer sein Pferd durch verschiedene Trainingsmethoden schult, so diszipliniert sich der *Tathāgata*, der Wahrheitsträger«, (er sprach von sich selbst in der dritten Person) »der seine spirituelle Zähmung akzeptiert hat, durch ein graduelles Training.«

Sittliches Verhalten

»Zuerst hört er: 'Komm, Schüler, handle sittlich in einem Prozeß moralischer Reinigung; lebe selbstbeherrscht, indem du dich freiwillig den moralischen Prinzipien unterwirfst; übe rechtes Verhalten, und halte dich an deine Moral; erkenne die Gefahren, die jeglicher Kompromiß und jede Verirrung deinerseits birgt; und erfreue dich am Training deiner Regeln moralischen Verhaltens.›»

Beherrschung der Sinne

»Während der Schüler sich auf diese Weise übt, diszipliniert ihn der *Tathāgata* mit folgenden Worten: ›Komm, hüte dich vor den Sinnesfreuden; sei Meister deiner Sinne. Wenn du ein Objekt mit dem Auge siehst, lasse dich nicht von seiner Erscheinung blenden, sondern bleibe selbstbeherrscht. Wenn du deine Sinne nicht kontrollierst, werden sinnliche Reize zu Frustrationen, die deinen Geist verdunkeln. Beherrsche also deine Sinne, das Auge, das Ohr, die Nase, die Zunge, den Körper und den Geist.‹«

Mäßigung im Essen

»Während der Schüler sich der Beherrschung seiner Sinne, einschließlich des Geistes, widmet, wird ihm gesagt: ›Komm, iß gemäßigt; du solltest dein Essen einnehmen in dem Bewußtsein, daß nicht das Vergnügen, der Genuß oder gar Gesundheit oder Schönheit, sondern allein der Erhalt des Körpers der Grund für die Nahrungsaufnahme ist, damit er dem spirituellen Leben dient und dich befähigt, ein reines, gutes Leben zu führen.‹«

Achtsamkeit

»Der *Tathāgata* belehrt ihn weiter und spricht: ›Nun konzentriere dich auf die Achtsamkeit, Kultiviertheit des Geistes und klares Verstehen. Verwandle jede Handlung – körperlich, verbal oder geistig – in eine meditative Übung, mit deren Hilfe du bedachtsam und aufmerksam über deinen Körper, die Gefühle, den Geist und alle geistigen Zustände wachst und so den Geist von allem hinderlichen Irrglauben befreist.‹«

Ballast abwerfen

»Wenn der Schüler in der Lage ist, bedachtsam und geistig gesammelt zu bleiben und in allen Situationen klares Verständnis zu zeigen, ganz gleich ob er sitzt, steht, liegt oder eine Arbeit verrichtet, wird er in den Wachstunden weiterhin in der Meditation in der vollkommenen Beherrschung seines Geistes geschult. Der *Tathāgata* ermutigt ihn mit folgenden Worten: ›Komm, Schüler, schule deinen Geist, alle Gedanken zu überwinden, die ihn unkontrollierbar machen. Wirf die Versuchungen der Begierde und der Bösartigkeit über Bord. Sei großzügig, gutherzig und mitleidig. Lasse Trägheit und Zaudern hinter dir, und bleibe kraftvoll, hartnäckig und voller Energie. Hinfort mit Rastlosigkeit und Sorge; ruhe in deinem inneren Frieden. Hinfort mit Zweifeln und Verwunderung; dein Geist ist voller Glauben und Überzeugung.‹ Wenn der Schüler so befähigt wurde, seinen Geist zu beherrschen, wird er in den verschiedenen Techniken *(Samādhi)* der Meditation unterwiesen, die ihn zu einer höheren Bewußtseinsebene führen.«

Was ist Meditation?

Der Begriff ›Meditation‹ wird heutzutage umfassend verwendet und mit einer Vielzahl geistiger Aktivitäten in Verbindung gebracht, die oft miteinander im Widerstreit stehen. Aus diesem Grunde ist es erforderlich, zu klären, was Meditation wirklich ist und wie sie ins Alltagsleben integriert werden kann. Im Gegensatz zum intellektuellen Wissen ist Meditation eine praktische Erfahrung. Der Buddha verwendete verschiedene Worte, um die Meditation präzise zu beschreiben: B*hāvanā,* die geistige Entwicklung oder Kultur des Geistes; *Citta Visuddhi,* die Reinigung des Geistes; *Samatha,* die Ruhe des Geistes; *Eskaggātā,* die Konzentration des Geistes sowie der mentalen Fähigkeiten; *Samādhi,* die Einheit der zahlreichen geistigen Fähigkeiten und Kräfte des in uns schlummernden Potentials, welche zu überbewußten Zuständen der Aufnahmefähigkeit führen.

Bhāvanā

Entwicklung oder Kultur des Geistes können durch die Analogie vom Stück Land verdeutlicht werden. Ein Stück Land, welches brach liegt, ist für den Menschen nicht nur nutzlos und unproduktiv, sondern stellt auch eine Gefahr dar, denn es wächst Unkraut darauf, das Reptilien und Skorpione beherbergt. Ebenso ist ein unentwickelter Geist nicht nur spirituell unproduktiv, sondern stellt eine Gefahr für die Gesellschaft dar, da er Geiz, Haß und Irrglauben beherbergt. B*hāvanā* wird abgeleitet von der Wurzel ›*bhu*‹, was soviel bedeutet wie ›werden‹. Durch die Meditation setzen wir einen kreativen Prozeß in Gang, der uns mit der Realität und der Wahrheit in Einklang bringt. Das Leben ist ein ständiges Werden, aber eines, das uns immer weiter ins K*amma* verstrickt.

Citta Visuddhi

Mit der Analogie eines Sees wird durch *Citta Visuddhi* wunderschön beschrieben. In einem trüben, aufgewühlten See kann man sein Spiegelbild nicht sehen. So verhält es sich mit einem Geist, dessen Selbstkenntnis durch Leidenschaft, Egoismus und Haß gestört ist. Er weiß nicht, was Wirklichkeit ist, nicht einmal in der äußeren Welt. Im Gegenteil: Indem man den Geist durch Meditation reinigt, erlangt man Selbstkenntnis sowie einen Einblick in die Realität der Welt ringsum.

Samatha

Die Meditation ist ein Akt des »Zur-Ruhe-Kommens« oder der Beruhigung des Geistes. Indem wir regelmäßig meditieren, erlangen wir innere Ruhe und Gelassenheit. Durch diese werden unsere Wahrnehmung und unser Urteilsvermögen allmählich klarer. Auf diese Weise wird das Leben ein wirkliches Abenteuer, denn wir können allen Widersprüchen und Unbilden der weltlichen Existenz gelassen und unbehelligt entgegentreten. Unter allen Umständen können wir nun unseren Gleichmut bewahren, ganz gleich ob es sich um Sieg oder Niederlage handelt, Glück oder Elend. So gewinnen wir an Tiefe. Hier ist die Analogie des Wellenbrechers sehr passend. Indem man einen Wall in die See baut, werden die Wellen, die ansonsten wild und tosend wären, gebrochen, und der Hafen ist ruhig. Wenn wir durch die Meditation einen Wall in uns errichten, werden wir in allen Situationen gleichmütig sein. Können wir uns in dieser turbulenten Welt mehr wünschen als die Ruhe unseres Geistes?

Ekaggātā

Zwischen der intellektuellen und der meditativen Konzentration besteht ein Unterschied. Während die intellektuelle

Konzentration nur einen Teil des Ganzen beschreibt, ist die meditative Konzentration allumfassend. Dies wird in der Geschichte Newtons deutlich. Isaac Newton vergaß über seinen Studien oft andere Dinge. Eines Morgens beispielsweise, als ihm seine Haushälterin zwei Eier gab, die er kochen und essen sollte, kochte er statt dessen seine Uhr! In der meditativen Konzentration wäre solch ein Mißgeschick nicht möglich gewesen. Der Geist ist vollständig wach, all seine Fähigkeiten sind im Einklang, so daß er ein mächtiges Instrument für überweltliche Angelegenheiten wird. Konzentration ist Macht, und meditative Konzentration ist Macht par excellence.

Samādhi

Unter *Samādhi* oder meditativer Aufnahme versteht man einen Zustand der Synthese aller verschiedenen Fähigkeiten des Geistes. Die Übersetzung ›Vereinigung‹ weist auf die Bedeutung des Neuerschaffens einer Einheit aus Teilen hin, die zuvor unorganisiert oder getrennt waren. *Samādhi* trägt uns in eine neue Dimension, in der alle schlummernden Potentiale geweckt werden und eine Transformation stattfindet.

Im Prinzip ist die Meditation eine Methode der Selbsttransformation. Aus diesem Grunde hat sie eine ungemein praktische Bedeutung für unser Alltagsleben. Diese Kultivierung des Selbst stellt einen einzigartigen Durchbruch dar, z.B. eine Ablösung von eingefahrenen Denkweisen. Sie öffnet unseren Geist für das Licht der Weisheit und stößt so die Wandlung der Persönlichkeit an.

Kultur des Geistes

Der jüngsten Analyse zufolge fungiert der Geist als Instrument entweder für die spirituelle Befreiung oder für die ewige Bindung an das Weltliche. Eben deshalb ist es so wichtig, sich ausschließlich mit der Entwicklung und der Reinigung des Geistes zu befassen. Ein kultivierter Geist ist der beste Garant für Frieden, Sicherheit und Glück.
Tatsächlich gibt es keinen anderen Weg, unser Wohlbefinden und unsere Sicherheit zu erlangen und zu erhalten, als das ernsthafte und beharrliche Bemühen um die Kultivierung des Geistes. Geistige Kultur erlangt man durch Selbstbetrachtung, welche zu Selbstkorrektur führt, die wiederum in Selbsttransformation mündet. Diese Wandlung ist das höchste Ziel des spirituellen Lebens. Je eher sie sich vollzieht, desto besser ist es für den spirituellen Suchenden. Die Kultur des Geistes, die in Selbsttransformation gipfelt, nimmt ihren Anfang im Wissen um den eigenen Geist, d.h., wir müssen zunächst wissen, wie unser Geist arbeitet und wie er beschaffen ist, damit wir Befreiung erlangen können.
Der Buddha verwendet einen äußerst präzisen Ausdruck für diesen Prozeß. Er nennt ihn B*hāvanā,* die Entwicklung des Geistes. Hier wird der Ausdruck ›Kultur‹ im Sinne von Pflege, Entwicklung und Wachstum verstanden.
Wenn ein Stück Land nicht kultiviert wird, trägt es keine für den Menschen nutzbaren Früchte und wird ihm gefährlich, indem es giftige Tiere beherbergt. Wenn der Geist nicht kultiviert wird, wird er von geistigem Unkraut und anderen gefährlichen geistigen Phänomenen wie Gier, Haß, Eifersucht, Egoismus und Irrglauben befallen. Aus diesem Grunde ist es einem ernsthaften Menschen unerläßlich, seinen Geist bei guter Gesundheit zu erhalten.

Im *Dhammapada* wird die wichtige Bedeutung der Geistesentwicklung wie folgt ausgedrückt:

Wie Regen dringt ins Haus,
wenn's Dach nicht gut belegt ist,
so sickert Gier ins Herz,
wenn Denken nicht gepflegt ist.

Der Regen schadet nicht,
wenn gut gedeckt das Haus;
ist Denken gut gepflegt,
dann bleibt Begierde aus.
D*hammapada*, Verse 13 und 14

Das Denken,
flatterhaft, unbändig, obstinat,
gleich wie der Schmied den Pfeil
macht es der Weise grad.

Das Denken schweift gern ab,
man hält es schwer zurück;
es zähmen, das ist gut;
gezähmt bringt Denken Glück.

DHAMMAPADA, VERSE 33 UND 35

Synthese des Geistes

Samādhi ist der Auslöser für eine Synthese, z.B. eine vollständige Vereinigung und Integration des Geistes. Durch *Samādhi* werden eine Vielzahl erhabener Geisteszustände zusammengeführt, die den Geist völlig reinigen und ihm Stärke und Konzentration verleihen. Ferner erfahren wir innere Erleuchtung, Weisheit, die uns in wirklichen Kontakt mit der Realität bringt und alles Irren ausschließt. Mit dem Aufkommen dieser intuitiven Kraft wird der Pfad zur spirituellen Befreiung sowohl eröffnet als auch erleuchtet.

Selbsttranszendenz

Mit Selbsttranszendenz ist das Streben nach Perfektion gemeint, das dem Meister zufolge einzig und allein dem Leben eine wahre Bedeutung zu geben vermag. Das Streben nach Wissen ist zu unserer Zeit vorherrschend. Wissen per se kann jedoch keine Tugend sein, allerdings ist Wissen Macht, und Macht kann man auch mißbrauchen. Perfektion dagegen ist jene höhere Tugend, jenes innere Licht, welches Teil der Transformation, Selbstbeherrschung und dadurch wahres Glück und Wohlbefinden ist.

Das Leben in unserer modernen Gesellschaft ist paradox. Auf der einen Seite werden wir immer gebildeter, auf der anderen haben wir jedoch immer mehr Probleme. Die Übel der modernen Gesellschaft sind offenbar im gleichen Maße gestiegen wie der Bildungsgrad. Heute verfügen wir Menschen über ein phantastisches Wissenskontingent und damit über ebensolche Anhaftungen. Allein das Streben nach Perfektion fördert das Beste im Menschen zutage und bringt ihm somit Freiheit und Glück.

Vereinheitlichter Kodex

»Ein gezähmter Geist macht uns glücklich«, sprach der Buddha. Das Zähmen des Geistes ist wesentlich, wenn wir einem vereinheitlichten Moralkodex folgen wollen, der Geist, Aussehen und Verhalten veredelt. P*añca Sīla*, der vereinheitlichte Kodex des Buddha, versteht sich als ein freiwilliges Abwenden von Gewalt und Unehrlichkeit, Unmoral und Lüge, von Alkohol- und Drogensucht. Positiv ausgedrückt schenken diese Prinzipien uns ein Leben der Menschlichkeit, Wohltätigkeit, Reinheit, Zufriedenheit und Aufrichtigkeit. In einem derartig ausgerichteten Leben sehnen wir uns nicht nach Flucht, gelüstet es uns nicht nach Reichtümern und Macht, vermissen wir nicht das Schwelgen in Sinnlichkeit, Drogen und Alkohol. Für die Gesellschaft ist ein solcher Kodex enorm bedeutsam, denn er verhindert nicht nur die Gewaltbereitschaft und damit die Verbrechen, sondern sorgt auch für eine sehr kultivierte Menschlichkeit, der die persönliche Perfektion ein wichtiges Bedürfnis ist.

So sehr uns die Menschlichkeit am Herzen liegt, sie bleibt bei der Schnellebigkeit, permanenten Unsicherheit und Furcht oft auf der Strecke oder verliert ihre Richtung. Ein Geist ohne Orientierung ist wie ein Boot ohne Steuermann. Die Kultur des Geistes, wie sie der Höchste Erleuchtete Buddha erkannte, ist ein Allheilmittel für die leidende Menschlichkeit. *Dantikā*, eine buddhistische Nonne zur Zeit des Buddha, beschreibt die Methode des Meisters wie folgt:

Nach Tagesdiensten ruht' ich aus
im Abendrot am Geierkulm;
ein Elefant, gebadet erst,
am Bache stand er unten still.
Der Treiber nimmt den Triebelstock,
»Knie' nieder!« ruft er, ruft es laut.
Der Elefant, er kniet herab,
der Treiber steigt am Rücken auf.
Den Ungezähmten sah ich zahm,
von Menschenmacht gebändigt so!
Da war besänftigt bald mein Herz:
Gelehrig sein, ich hab's gelernt.

THERIGATHA III 48–50

Meditation und Hausbesitz

Nicht selten hört man Menschen sagen, die Meditation und das häusliche Leben widersprächen einander, da erstere uns von Fesseln befreie und letzteres doch mit einem weltlichen Besitz und Bindungen einhergehe. Es heißt, der Hausbesitzer habe unendlich viele Verpflichtungen, sich selbst, seiner Familie, der Gesellschaft und dem Land gegenüber. Wenn er durch die Meditation diesen Verpflichtungen gegenüber gleichgültig würde, wie kann dann die Meditation einem Hausbesitzer zuträglich sein?

Stimmt das? Wenn mit Meditation ›Wirklichkeitsflucht‹ gemeint ist, dann ist dies wahr; ist jedoch ›Zuflucht‹ gemeint, dann nicht. Wirklichkeitsflucht ist eine falsche und unheilsame Haltung. Dahinter verbirgt sich das Weglaufen vor Verantwortung und das Fliehen vor Realitäten. Diese Neigung wurzelt in Irrglauben und Vogel-Strauß-Verhalten. Zuflucht dagegen ist ein Weg aus dem Dilemma, ein heilsamer Ansatz, geistige Widersprüche, Beschränkungen und Leidenschaften zu überwinden. Je eher wir den Ausweg aus den Fesseln von *Samsāra* finden, desto eher finden wir Frieden.

Wer sich im Namen der Meditation vor seiner Verantwortung drückt und sich in die vier Wände der Egozentrik zurückzieht, der flieht die Wirklichkeit, und das ist nicht das Ziel. Wer aber die Meditation als Weg zur Freiheit von Gier, Haß und Irrglauben und somit als Flucht aus dem Gefängnis der Leidenschaften, des Hasses und der Unwissenheit betrachtet, der sollte sie ausüben. In diesem Sinne ist die Meditation das einzige Heilmittel für alles Übel, das den Hausbesitzer befallen mag.

Der Hausbesitzer hat zwei Verpflichtungen, eine unterliegt dem Gebot des Egoismus und die andere dem des Altruismus. Erstere steht für die Erfüllung eigener Interessen, letztere für die Erfüllung der Interessen anderer. Selbstinteresse braucht nicht auf die eigene Person beschränkt zu bleiben, sondern kann auf die ganze Gesellschaft oder ein ganzes Land ausgeweitet werden. Unter »Interessen anderer« versteht man spirituelle Bedürfnisse und Verantwortlichkeiten.

Ein weiser Hausbesitzer stellt ein Gleichgewicht zwischen diesen beiden Verpflichtungen her. Die Fähigkeit, Harmonie zwischen weltlichen und spirituellen Verpflichtungen zu wahren, erwächst aus der Weisheit und Erfahrung eines wundervollen spirituellen Verständnisses; der Sinn der Meditation ist die Entwicklung ebendieses Verständnisses.

Durch die Meditation werden geistige Übel aufgehoben, der Geist wird gereinigt und harmonisiert. So entsteht eine Ganzheit aus allen Fähigkeiten, und die Potentiale entfalten sich. Denn der Geist ist eine Goldgrube, und wenn man weiß, wie man diese Schatzkammer inneren Reichtums nutzt, gibt es kein Ziel, das man nicht erreichen kann. Wie, wenn nicht durch Meditation, kann man die Tür zu diesem Schatz öffnen?

Aus diesem Grunde ist Meditation, fernab von aller Wirklichkeitsflucht, der positivste Schritt in Richtung Freiheit und Vervollkommnung, Schönheit und Wissen, Weisheit und Mitgefühl.

Die Frage der Verbindung weltlicher Interessen mit spirituellen Praktiken hat offenbar einen großen Platz im Denken des Buddha und seiner Schüler eingenommen, wie sich im heiligen *Pāli*-Kanon zeigt (A. VIII.54):

Dīghajānu, ein wichtiger Mann der Gesellschaft, begab sich zum Buddha und fragte: »Herr, wir sind Gläubige, welche die weltlichen Freuden ebenso genießen. Wir haben Frau und Kinder. Wir verwenden Sandelholz von *Kāsi,* wir schmücken uns mit Girlanden, Parfums und Cremes. Wir benutzen Gold und Silber, und für unseresgleichen lehrt der Erhöhte den *Dhamma*. Lehrt uns, was zu Wohlbefinden und Glück in diesem Leben und zu Wohlbefinden und Glück im Jenseits führt.«

Der Buddha sprach: »Vier Bedingungen, *Dīghajānu,* tragen zu Wohlbefinden und Glück eines Hausbesitzers in diesem Leben bei. Welche vier? Der Besitz von beharrlicher Anstrengung, Fleiß, guten Freunden und einer ausgewogenen Lebensführung. Und vier Bedingungen, *Dīghajānu,* tragen zum Wohlbefinden und Glück eines Hausbesitzers in seinem zukünftigen Leben bei. Welche vier? Der Besitz von Glauben, Tugend, Großzügigkeit und Weisheit.«

Diese Eigenschaften bilden die Grundlage für Sicherheit und Erfüllung. Diese Eigenschaften zu ›besitzen‹ ist nicht nur gleichbedeutend damit, über Ruhm, Wohlstand und Einfluß zu verfügen, allerdings nicht im rein materiellen Sinne, sondern auch dergestalt, daß wir moralische und spirituelle Qualitäten und Werte erlangen, die Erfüllung auf allen Ebenen menschlichen Lebens bringen, nämlich: materiell, geistig und spirituell. Von welcher Seite man es auch beleuchten mag, immer ist dies die Grundlage von Sicherheit und Erfüllung.

Es handelt sich folglich um zwei Arten von Besitz *(Sampadā);* der eine ist verbunden mit dem Hier und Jetzt, den weltlichen Errungenschaften, der andere mit dem Jenseits, den spirituellen Errungenschaften, bei denen es sich jüngsten Analysen zufolge um bestimmte geistige Erfolge handelt, die allein auf geistigem Wege erlangt werden können. Da die Meditation eine geistige Kultur ist, ist die Entwicklung des Geistes mit einer spirituellen Leistung gleichzusetzen.

Beharrliche Anstrengung

Mit dem ersten Besitz, beharrlicher Anstrengung, ist unermüdlicher Eifer des Geistes gemeint, welcher auf Vervollkommnung all dessen abzielt, worin wir uns engagieren, z.B. einer Berufung oder einem Beruf, einem Interesse oder Hobby. Der Buddha betonte oft, daß es zwischen der sogenannten weltlichen und der spirituellen Dimension keinen Widerspruch geben dürfe.

Ein Beruf braucht nicht nur dem Broterwerb zu dienen; er kann auch zur spirituellen Entwicklung beitragen. Ob als Kaufmann oder Geschäftsmann, Hausfrau oder Ärztin, Bauer oder Richter: wir sollten unseren Beruf zu einem Instrument für die Kultivierung unserer spirituellen Fähigkeiten machen. Dies erreichen wir durch ein so hohes Engagement in unserem Beruf, daß dieser nicht länger eine Belastung, sondern ein Abenteuer ist und zur Zielgeraden auf dem Weg zu unserer Vervollkommnung wird. Nur wer seinem Beruf verpflichtet, ist kann auf jeder Ebene erfolgreich sein.

Der Gesegnete sprach: »Höre, *Dīghajānu*, wie auch immer ein Hausbesitzer seinen Lebensunterhalt verdient, ob als Bauer, durch Handel, in der Viehzucht, durch Bogenschießen oder im Dienste des Königs oder durch irgendein anderes Handwerk, er soll klug und unermüdlich daran arbeiten. Er ist der kritischen Betrachtung, der rechten Handlungsweisen und Mittel fähig; auf dieselbe Weise kann er seine Pflichten einteilen und ausführen. Das versteht man unter beharrlicher Anstrengung.«

Spirituell ausgedrückt bedeutet dies, den Geist mit jener Kraft zu erfüllen, die alle Grenzen überwindet und hinauf bis in die unbegrenzte spirituelle Freiheit wächst.

Fleiß

Fleiß, der zweite Besitz, steht für aufmerksame Bedachtsamkeit, welche uns befähigt, gute Dinge und Qualitäten zu erhalten, die unser Schicksal weit mehr beeinflussen als Geburt oder persönliche Anstrengung.

Stärker als unter Armut leiden die Menschen unter Vernachlässigung und Mangel an Achtsamkeit. Wenn ein Mensch fleißig ist, ist er darauf bedacht, seine Errungenschaften zu erhalten und somit nicht nur sich selbst, sondern auch anderen zu helfen.

»Höre, *Dīghajānu:* Welchen Reichtum auch immer ein Hausbesitzer durch Arbeit und Emsigkeit besitzt oder durch die Stärke seines Armes, den Schweiß seiner Stirne rechtmäßig erworben hat, er wird darauf achtgeben, daß weder König noch Dieb es ihm nimmt, weder Feuer es verbrennt noch Wasser es fortreißt. Dies ist der Besitz des Fleißes.«

Spirituell ausgedrückt ist dies die Fähigkeit des Geistes, sich bedeutsamen Dingen zuzuwenden. So kann man den Fleiß als Wegweiser zu den Grundlagen verstehen, die unser Leben sinnvoller machen.

Eine der größten Freuden des Lebens ist die Gesellschaft eines weisen Menschen. Der Umgang mit guten Menschen ist daher für den Erfolg unerläßlich.

So sprach der Buddha: »Wenn ein Mensch faule Fische auf einem Halm *Kusa*-Gras auffädelt, dann wird auch der Halm verdorben; ebenso verhält es sich mit der Gesellschaft eines Dummkopfes. Wenn ein Mensch dagegen einige *Tagara*-Blumen auffädelt, so nimmt der Halm deren Duft an. Ebenso verhält es sich mit der Gesellschaft eines Weisen.«

Jeder Mensch hat eine Aura. In dem Maße, in dem wir uns den Schwingungen einer guten Aura aussetzen, werden auch wir gut und edel. Im *Maṅgala*-Sutta, dem Diskurs über die großen Segnungen des Lebens, bezeichnet der Buddha eine ›gute Gesellschaft‹ als ersten Schritt in Richtung Fortschritt und Reichtum.

»Sich nicht in schlechter Gesellschaft aufzuhalten, stattdessen gute Gesellschaft zu suchen, denen Respekt entgegenzubringen, die ihn verdient haben – so erlangt ihr den größten Segen.«

Gute Gesellschaft ist ein lebendiger Besitz, ohne den es weder hier noch im Jenseits Erfüllung geben kann.
»Höre, *Dīghajānu:* Entsprechend den Wohnverhältnissen, je nachdem, in welchem Stadt- oder Dorfhaus der Hausbesitzer lebt, verkehrt, spricht und lebt er auch mit den Bewohnern der Nachbarhäuser und deren Kindern, egal ob alt oder jung, die wiederum kultiviert, gläubig, tugendsam, wohltätig und weise sind; er wird beeinflußt vom Glauben der anderen, von der Tugend der Tugendsamen, der Wohltätigkeit der Wohltätigen und der Weisheit der Weisen. Das nennt man Freundschaft oder gute Gesellschaft.«
Spirituell ausgedrückt impliziert dies einen Prozeß der Vitalisierung, indem man sich guten Einflüssen aussetzt.

Ausgewogene Lebensführung

Es erübrigt sich, die Bedeutung des vierten Besitzes, der ›ausgewogenen Lebensführung‹ zu betonen. Damit ist das Anstreben der sogenannten goldenen Mitte gemeint – beispielsweise des buddhistischen Mittleren Pfades –, eines Lebensweges zwischen Extravaganz und Elend, zwischen Luxus und Misere. Wer im Luxus schwelgt, lädt das Unglück eher in sein Haus als erwartet.
Verschwendungssucht wurzelt in Streben, Eitelkeit oder Stolz und Irrglauben. Ebenso ist der Geiz eine symptomatische Einstellung des verirrten Geistes. Mit beiden Extremen beraubt man sich selbst und andere der guten Dinge des Lebens. Durch den goldenen Mittelweg vermeiden wir diese Fallgruben und erhalten uns ein Wohlergehen, das wir auf andere Weise nie erlangen könnten.
»Höre, *Dīghajānu:* Ein Hausbesitzer, der sein Einkommen und seine Ausgaben kennt, führt ein ausgewogenes Leben, weder extravagant noch elend, denn er weiß, daß sein Einkommen höher sein muß als seine Ausgaben und nicht umgekehrt. Gleich einem Goldschmied oder seinem Lehr-

ling, der das Gewicht prüft und folgendes weiß: ›So weit ist die Waagschale gesunken, soweit hat sie sich gehoben‹, ebenso kennt ein Hausbesitzer sein Einkommen und seine Ausgaben, so daß er ein harmonisches Leben führen kann.«
Spirituell ausgedrückt sind damit das Gleichgewicht und der Gleichmut gemeint, die uns befähigen, uns über alle Gegensätze wie Gefallen–Mißfallen, Lob–Schande, Aufstieg–Untergang, Armut–Reichtum, Jugend–Alter, Liebe–Haß hinwegzusetzen.

Glaube, Tugend, Großzügigkeit und Weisheit

Schließlich bleiben noch die vier Teile des letzten Besitzes zu erwähnen: Glaube, Tugend, Großzügigkeit und Weisheit, die zu spirituellem Fortschritt führen.

- *Glaube* steht für eine interessierte geistige Einstellung, dank deren unser Geist immer offen für höhere Werte bleibt und uns in das Licht der Wahrheit führt. Der Glaube wurde oftmals mit einem Samen verglichen, welcher zu einem Baum heranwächst, an dem wiederum die Früchte der Selbstbestimmung und Befreiung gedeihen.
  »Der Glaube ist das höchste Gut, für den Menschen hier wie dort. Allein durch ihn wird der Strom des S*amsāra* überquert.«
- Die *Tugend* bringt moralische Reinigung hervor. Sie fungiert wie eine Art Zaun, der die spirituellen Suchenden vor allen Gefahren und Entbehrungen einer Welt der Versuchungen beschützt. Die Tugend entsteht aus freiwilliger Selbstdisziplin und basiert auf einem Verhaltenskodex.
- In dem Bild eines Gefäßes, in dem alles Gute des Lebens enthalten ist, begegnet uns die *Großzügigkeit.* Armut

oder Reichtum, Glück oder Unglück, hohe oder niedrige Herkunft: sie alle werden durch Großzügigkeit beziehungsweise das Gegenteil – Geiz – verursacht. Aus diesem Grunde werden wir durch Großzügigkeit erhoben, und zwar nicht nur moralisch, sondern auch gesellschaftlich und wirtschaftlich. In dem Maße, in dem sich ein Mensch großzügig zeigt, genießt er hier und jetzt sowie im Jenseits Wohlergehen.

- Wie die Sonne das Dunkel der Nacht erhellt, so erleuchtet auch die *Weisheit* das Dunkel des Geistes. Durch die Weisheit entreißen wir allem Übel die Wurzel und reinigen den Geist, um ihn zu einem Instrument der Erleuchtung zu machen.

Das Leben wurde als ständiges Werden *(Bhava)* beschrieben, welches sich wie ein Rad unendlich durch die Wildnis von *Samsāra* bewegt. Wir werden geboren, wachsen auf und sterben, nur um erneut geboren zu werden und diese endlose Reise namens Existenz fortzusetzen. Dieses bedeutungslose Treiben im Ozean der weltlichen Existenz wird durch *Kamma* verursacht – die bewußte Handlung. Allein durch die Weisheit kann ein Mensch die karmische Energie für seine Befreiung einsetzen. Deshalb ist die Weisheit der größte Besitz für den spirituellen Schüler.

Kraftvoll und energiegeladen in seinen Pflichten
er weise verwaltet sein Gut,
führt ein harmonisches Leben,
schützt, was er besitzt.
Mit Glauben, Tugend und Großzügigkeit,
gänzlich frei von Geiz;
kraftvoll er sich bahnt den Weg
zum Wohlbefinden im zukünftigen Sein.
Das ist der wahrhaft Gläubige,

der sogenannte ›Erleuchtete‹,
dem die acht Bedingungen gelehrt wurden,
die ihn jetzt und immerdar zum Glück führen.

Wie werden all diese Besitztümer wahr? »Durch Weisheit« *(Nepakka)*, sprach der Buddha in seiner berühmten Lehrrede über die allumfassende Liebe. Und Weisheit ist die Reife des Geistes, welche aus der Praxis der Meditation rührt. So bereichert die Meditation das Leben eines Hausbesitzers.

Meditation im modernen Leben

Ein Kennzeichen der modernen Zivilisation ist die ›Massenbewegung‹, die aus der Massenhysterie, der Gehirnwäsche und der Standardisierung und Entmenschlichung resultiert. Der Mensch wird durch die Überbewertung des Materiellen demoralisiert und zu einem Zahnrädchen in einer komplexen Maschinerie. Durch den Drang nach Spezialisierung wissen wir immer mehr über immer weniger. Die Uniformität führt zu Klischeedenken. Dies zieht nicht nur eine Standardisierung von Produkten, sondern auch von Denkschemata und Lebensart nach sich.
Die Folge ist der Verlust von Individualität in Handlung und Selbstdarstellung. Der Mensch muß seine Einmaligkeit opfern, um Teil einer Gruppe zu sein. Die Fließbandtechnik hat sich auf Kosten der Menschlichkeit auf das persönliche Leben ausgeweitet.
Wirklich tragisch ist jedoch, daß die Werte und die Moral unterdrückt werden. Dem fällt als erstes der innere spirituelle Rhythmus, *Dhamma*, zum Opfer, welcher normalerweise die höheren Potentiale im Menschen entfaltet. Unter der Tyrannei des praktischen ergebnisorientierten Programms werden die edelsten Impulse einem kalkulierten

Kommerz geopfert. In Zeiten eines solch gedankenlosen Materialismus bleibt nur die Hoffnung auf die Kultur des Geistes und seiner Potentiale.

Die Bildung, das Instrument zur Diskriminierung moralischer und spiritueller Werte, hat sich selbst ad absurdum geführt, denn sie wird nun gekauft und nur für die empirische Forschung bewilligt. So ist nicht mehr nur der Weg ans Ziel bitter, sondern auch das Ziel selbst. Der Mensch hat Intelligenz entwickelt, hat bei diesem Handel jedoch seine Weisheit eingebüßt. Er hat unermeßliche Macht erlangt, die Weisheit, diese Macht zu nutzen, hat er aber verloren. Er hat die Schätze der Natur vereinnahmt, ohne jedoch die Fähigkeit zu besitzen, sie nachhaltig zu nutzen.

Diese Beschreibung soll nicht der Schwarzmalerei dienen, sondern lediglich bedeutungsvolle Tatsachen verdeutlichen. Der technologische Fortschritt mit seinen Widersprüchen und seiner Materialflut hat nicht zwangsläufig eine heilsame Wende in der Gesellschaft, der Kultur und der Persönlichkeit des Menschen bewirkt. Konflikte, Entbehrungen und Armut in den Industrienationen beweisen das.

Doch es ist nicht das erste Mal, daß die Welt in einer solchen Lage ist. Durch parapsychologische Forschung und viele andere psychische Fähigkeiten wie der Hellseherei wurden Informationen über ähnliche Zustände und deren katastrophale Auswirkungen in der Vergangenheit offenbart. Berichte über die außergewöhnlich technologisierte Gesellschaft von Atlantis, das sich auf dem Erdteil befand, der Amerika und Afrika verband und nun unter dem Atlantik begraben ist, werden mittlerweile auch von Wissenschaftlern in der Weltraumforschung ernst genommen. Aus diesen Berichten lernen wir, daß eine rein materialistische Entwicklung und ihr Resultat – eine Spaßgesellschaft – in die Selbstzerstörung führt wie bei einem Stück Eisen, das von seiner eigenen Glut verzehrt wird.

Der Buddha verwendet zwei Worte aus der Psychologie, die im modernen Kontext einer einseitigen Entwicklung sehr bedeutend sind: Sicht und Einsicht. Sicht mit Einsicht ist Weisheit. Das ist die Brücke, welche unser Leben mit der ultimativen Wirklichkeit verbindet. Einsicht ist Weisheit, das intuitive Wissen, das die Dinge durchdringt und darin mehr erkennt, als oberflächlich sichtbar ist. Sie ist ferner die Fähigkeit, das Richtige vom Falschen zu unterscheiden, die Lüge von der Wahrheit, das Gute vom Bösen, und, als Folge, sich dem Richtigen, der Wahrheit und dem Guten anzuschließen und die Gegensätze zu überwinden. Wenn wir mehr sehen als das Offensichtliche, sind wir jeglicher Situation Herr und ihr nicht länger ausgeliefert. Die Welt begnügt sich mit einem oberflächlichen Blick auf die Dinge und läßt sich vom äußeren Schein blenden, denn sie spürt eine innere Rastlosigkeit. Diese ist die Folge von zuviel Schnellebigkeit, zuviel Lärm sowie der Künstlichkeit und der Mechanisierung des modernen Lebens.

Eine größere Weitsicht wird gerade heute benötigt, auch in bezug auf politische, ökonomische und moralische Entscheidungen, die der Mensch treffen muß. Wir müssen erkennen, wie töricht es ist, aus dem Schutt einer längst verfallenen Welt eine neue aufbauen zu wollen. Diese Weisheit erlangen wir durch die Meditation. Sie gibt unseren Taten einen Sinn und weist uns eine Richtung in allen wissenschaftlichen, technologischen, ästhetischen und kulturellen Fragen. Die buddhistische Meditation ist darauf ausgerichtet, Perfektion in allen Bereichen menschlichen Handelns hervorzubringen.

Kapitel X

Der heilige Orden: Sangha

Na sīlabbatamattena
bāhusaccena vā puna,
athavā samādhi lābhena,
vivicca sayanena vā.

Nicht durch die strengste Zucht,
nicht durch Gelehrsamkeit,
nicht durch Versenkung
und Zurückgezogenheit

Phusāmi nekkhammasukhaṃ
aputhujjanasevitaṃ,
bhikkhu vissāsamāpādi,
appatto āsavakkhayaṃ.

find' ich Entsagungsglück,
das Weltlinge nicht kennen.
Du bist noch nicht am Ziel,
solange Wünsche brennen.

DHAMMAPADA, VERSE 271, 272

Der heilige Orden, *Sangha*, bezeichnet die durch den Buddha gegründete klösterliche Gemeinschaft. Sie besteht aus Nonnen und Mönchen, die sich entschieden haben, ein Leben der Entsagung, des Mitgefühls und der Weisheit nach dem Vorbild des Meisters zu führen. Die Mitglieder des *Sangha* arbeiten nicht nur daran, die Freiheit vom Tode *(Nibbāna)* im Hier und Jetzt zu erlangen, sondern stehen auch anderen in deren spiritueller Entwicklung zur Seite. So wird der *Sangha* zum lebendigen Vorbild für die Gläubigen.

Da diese mit den Sorgen des Alltagslebens beschäftigt sind, bleibt ihnen nicht immer Zeit und Kraft, sich den Anforderungen eines höheren spirituellen Glücks zu widmen. So erhalten sie praktische Anleitung und die Gelegenheit, Verdienste als spirituelles Kapital zu erwerben, durch das sie ungehinderte Fortschritte machen können. Entgegen der unhaltbaren Aussage, *Sangha*-Mitglieder entflöhen den weltlichen Verantwortungen, bedeutet das buddhistische Klosterleben in Wirklichkeit eine selbstauferlegte, einzigartige Erfüllung gesellschaftlicher Pflichten, welche in altruistischer Hinsicht ihresgleichen sucht.

Der heilige Orden wurde mit der Ordinierung der ersten fünf Schüler durch den Buddha gegründet. Darauf folgte im Wildpark von Saranath die erste Lehrrede, die bekannt ist als ›Das Rad der Wahrheit in Bewegung setzen‹. Der Zulauf im Kloster war enorm, und nach fünfundvierzig Jahren Aufklärung durch den Meister wanderten die kahlgeschorenen buddhistischen Mönche in ihren orangefarbenen Roben zu Fuß überall durch das Land und predigten den Pfad der Befreiung.

In den Anfängen ordinierte der Meister die Mönche selbst mit den einfachen Worten: »Kommt, Mönche! Die Lehre ist bereit für euch. Führt ein heiliges Leben, und tragt zur Zerstörung des Leidens bei. Sucht Zuflucht in der Dreifaltigkeit Buddha, *Dhamma* und *Sangha.*«

Scharen von Menschen traten dem *Sangha* bei, unabhängig von Kaste oder Herkunft, in allen Lebensaltern, von Königen bis zu Aussätzigen, und der Buddha gab ihnen einen Kodex klösterlicher Disziplin *(Vinaya)* zu ihrer Anleitung. Da es keine Schranken gab, wurden auch die Niedersten ordiniert. Zu einer Zeit, da die Übel der Kastenbeschränkungen und Unberührbarkeit in der indischen Gesellschaft etabliert waren, kam diese waghalsige Neuerung einer Revolution gleich.

Als der *Sangha* immer weiter anwuchs, übertrug der Buddha den *Bhikkhus* selbst die Aufgabe der Ordinierung. Gruppen älterer Mönche schlossen sich zusammen und führten die Aufgaben des Ordens aus.

Allein in seiner Lebensspanne hatte der Meister alle klösterlichen Regeln sowohl für den einzelnen als auch für die klösterlichen Gemeinschaften formuliert. Dies war ein historischer Schritt mit weitreichenden Auswirkungen auf die buddhistische Gesellschaft. Die Mönche und Nonnen richteten ihr Leben nach dem Kodex der Disziplin *(Vinaya)* aus, da sie ihr Bedürfnis nach einer vorbildlichen Führung erkannten. Vom Tode des Buddha bis heute ist der Heilige Orden eine dezentral organisierte Einheit geblieben, und zu keiner Zeit kam die Forderung nach einer Art Papst als Oberhaupt auf.

Historisch gesehen gilt der buddhistische *Sangha* als erste klösterliche Einrichtung, die nach demokratischem Prinzipien und Vorgehensweisen funktioniert. Diese hatte der Buddha selbst festgelegt. Der *Sangha* verfügt über eigene Regeln zur Aufrechterhaltung der Disziplin, dazu, wie mit Streitigkeiten umgegangen wird, wie die klösterlichen Gegenstände und Besitztümer verwendet werden sollen und wie Institutionen gehandhabt werden. Ebenso gibt es eigene Programme und Projekte, die eine moralische und spirituelle Rehabilitation in der Welt und die Verbreitung des *Dhamma* in anderen Ländern gewährleisten. Die Mitglieder des Sangha erforschen die Arten menschlichen Geistes und kanalisieren die Energien durch das passende spirituelle Training in die richtige Richtung. In einer Zeit, da der Großteil der Menschheit im Irrglauben und ohne jegliche Zivilisation und Kultur lebte, errichtete der Buddha eine großartige Gemeinschaft spiritueller Menschen, wie sie bis dahin noch nie existiert hatte.

Die ersten fünf Schüler des Buddha, welche den Kern des *Sangha* bildeten, bekamen bald Gesellschaft von fünfundfünfzig jungen Menschen aus der Aristokratie von *Bārānasi*. Der Anführer dieser Gruppe war *Yasa*, der einzige Sohn eines mächtigen Millionärs. Der Buddha verbrachte die Zeit nach der Regenzeit mit diesen sechzig *Arahat*-Mitgliedern des heiligen Ordens in *Sarnath*. Während dieser Zeit unterwies er sie und bereitete sie auf ihre zukünftige Aufgabe als Botschafter des *Dhamma* vor. Nach drei Monaten versammelte der Gesegnete seine Heiligen um sich und machte seine inzwischen berühmte Verkündigung:
»Mönche, frei bin ich von allen Fesseln, himmlischen und irdischen. Auch ihr seid frei von allen Fesseln, himmlischen und irdischen. Gehet nun, Mönche, und wandert fort zum Wohle der vielen, für das Glück der vielen, voller Mitgefühl für die Welt, für das Gute, das Wohlergehen, das Glück aller Götter, Menschen und Kreaturen. Nicht zwei von euch mögen dieselbe Richtung wählen.«
»Lehret, o Mönche, den *Dhamma*, der gut ist im Anfang, gut in der Mitte und gut am Ende, der in Schrift und Bedeutung vollständig ist und zu einem heiligen Leben verhilft, welches gänzlich vollkommen ist. Es gibt Menschen, deren Augen sind von Staub blind. Diese Menschen wollen den *Dhamma* nicht hören. Aber es wird viele geben, welche die Wahrheit verstehen. Mönche, auch ich werde gehen, nach *Uruvela*, nach *Senānīgāma* und den *Dhamma* lehren.«
Nachdem er die Mönche in alle Himmelsrichtungen ausgesandt hatte, begab er selbst sich nach *Gaya*. Auf dem Wege dorthin traf er dreißig Edelmänner, die mit ihren Frauen ein Picknick hielten. Einer hatte eine Kurtisane mitgebracht. Während die Gesellschaft ein Bad nahm, machte

sich die Kurtisane mit den gesamten Juwelen davon. Die Edelleute suchten nach ihr und entdeckten den Buddha, der unter einem Baum saß, und fragten ihn, ob er eine Frau gesehen habe.

Der Buddha aber fragte sie: »Ihr jungen Männer, was habt ihr mit Frauen zu tun? Anstatt diese Frau zu suchen, solltet ihr lieber euch selbst suchen.« Die tiefe Bedeutung dieser Antwort drang in ihre Herzen. Ruhig setzten sie sich um den Lehrer und hörten seine Predigt vom *Dhamma*. Schließlich wollten sie alle ordiniert werden.

In *Gaya* führte der Meister eintausend *Jatilas*, Feuerasketen, in den Orden ein. Da sie sich sehr für psychische Darstellungen und Wunder interessierten, brachte der Buddha ihnen den Pfad nahe, indem er ihnen seine übernatürlichen Kräfte demonstrierte. Mit diesen Mönchen ging er dann nach *Rājagaha,* um dort sein Versprechen an den König *Bimbisāra* einzulösen.

Der König war von seiner Ehrenhaftigkeit so beeindruckt gewesen, daß er ihm die Hand seiner Tochter und die Hälfte seines Königreichs geboten hatte, wenn er sein Gelübde der Zurückgezogenheit aufgeben und zu seinem fürstlichen Leben zurückkehren würde. Der zukünftige Buddha hatte abgelehnt, aber versprochen, ihn nach seiner Erleuchtung die Wahrheit zu lehren. Dieses Versprechen löste er nun ein.

Nachdem König *Bimbisāra* seiner Lehrrede gelauscht hatte, wurden er und die Bürger seiner Hauptstadt Laienanhänger des Buddha. Um dessen zukünftige Anwesenheit sicherzustellen, erhielt der König die Erlaubnis, in einem abgeschiedenen Hain ein Kloster zu errichten. Dieser Hain war als Bambushain bekannt *(Veluvana)* und wurde später eines der wichtigsten Zentren missionarischer Aktivitäten. Hier ordinierte der Buddha seine beiden hervorragendsten Schüler, die großen erleuchteten Heiligen *Sāriputta* und *Mahā*

Moggallāna, mit je zweihundertundfünfzig Anhängern, die ehedem Schüler des Asketen *Sanjaya* gewesen waren.
Rasch verbreitete sich der Ruhm des Meisters, und groß war die Anzahl derer, die dem heiligen Orden beitraten. Ein großer Teil von ihnen gehörte den edlen Familien an. Es war damals üblich, zu spekulieren, wer wohl als nächster ordiniert würde. Anhänger anderer Sekten brachten das Gerücht in Umlauf, der Buddha verdamme die Frauen zur Ehelosigkeit, indem er die Männer zur Einsiedelei bewegte. Diesen Gerüchten zum Trotz nahm die Zahl der Mönche beständig zu.
Der Buddha ernannte nun Lehrer unter den Mönchen, die für das spirituelle Training der anderen verantwortlich sein sollten. Außerdem legte er die Regeln fest, nach denen die Lehrer durch Mehrheitsentscheid der Mönche gewählt werden sollten. Die Gemeinschaft mußte zunächst einen weisen und fähigen Mönch zum Ältesten *(Thera)* wählen und ihn dann bitten, ihr Lehrer zu werden. War dieser nicht fähig genug, konnte die Wahl mittels eines formellen Aktes durch das Kloster wieder rückgängig gemacht werden. Für das spirituelle Vorankommen des gesamten Klosters war dies zweifellos ein großer Schritt in die richtige Richtung, denn keine Institution kann ohne anständige Leitung, Disziplin und Teilung der Pflichten existieren.
Dieses Verfahren wurde auf der Grundlage gegenseitiger Verantwortung festgelegt. Sowohl die Schüler als auch die Lehrer hatten den anderen gegenüber Pflichten. Und sie alle waren der Dreifaltigkeit verpflichtet, um das höchste spirituelle Ziel zu erreichen. Die erhabenen Heiligen *Sāriputta, Moggallāna, Kassapa, Kaccāna, Upāli, Anuruddha, Ananda* und viele andere wurden erwählte Lehrer.
Nach einiger Zeit ergab sich für den Buddha die Gelegenheit, eine detailliertere Vorgehensweise für die Ordination unter den Lehrern auszuarbeiten. Der Orden war nun

reich, und dies verführte viele dazu, ihn als bequeme Lebensart zu nutzen. Um den *Sangha* zu schützen, war der Buddha gezwungen, weitere Regeln hinsichtlich Ordinierung und Unterweisung der Novizen sowie Probezeiten für ehemalige Sektenmitglieder zu etablieren.

Zur Erfüllung seiner spirituellen Aufgaben begab sich der Buddha in seine ehemalige Heimat *Kapilavatthu* und lehrte den *Dhamma* seinem königlichen Vater, seiner Stiefmutter, seiner Frau, seinem Sohn und anderen Verwandten. Während seines dortigen Aufenthaltes machte er auch seine üblichen Almosenrunden, die sein Vater, der König, eines ehemaligen Prinzen nicht für würdig empfand. Auf seinen Protest hin sprach der Buddha: »Großer König, dein ist die Folge der Könige, meine die der höchsten Erleuchteten, und ich folge diesem Pfad, den vor mir bereits die allwissenden Meister beschritten.«

Die Prinzessin *Yasodhara*, seine frühere Frau, hatte ihren Sohn, Prinz *Rāhula*, zum Buddha geschickt, ihn um sein väterliches Erbe zu bitten. Der Lehrer bat den Ehrenwerten *Sāriputta, Rāhula* zum Novizen zu ordinieren. *Sāriputta* gewährte die Bitte und ordinierte *Rāhula* zusammen mit seinem Halbbruder *Nanda*.

Trotz ihres anfänglichen Schreckens akzeptierte die königliche Familie schließlich froh die neue Lehre, und aus den Handlungen des Mitleidigen gingen viele Heilige hervor. Andere hervorragende *Sakya*-Prinzen wie *Ananda* und *Anuruddha,* spielten eine wichtige Rolle im Orden.

Upāli, der ehemalige Barbier der *Sakya,* nahm eine bedeutende Position im Orden ein. Ironischerweise stammte auch *Devadatta,* der buddhistische Judas, aus der Oberschicht der *Sakya.*

Von *Kapilavatthu* ging der Buddha nach *Sāvatthi,* der Hauptstadt des Reiches *Kosala,* zu dem das Gebiet der *Sakya* gehörte. Der millionenschwere Kaufmann *Anāthapiṇḍika* und die reiche Dame *Visākhā* boten ihm hier die großen Klöster im *Jeta*-Hain und in *Pubbārāmā* dar. Diese beiden edlen Menschen wurden später die verläßlichsten Stützen des *Sangha;* ihre Großzügigkeit ist sprichwörtlich und wird in den Annalen des Buddhismus erwähnt. Die zwei von diesen beiden gegründeten Klöster bildeten später die Hauptzentren der buddhistischen Aktivitäten. Das *Jetavana*-Kloster veranstaltete große Versammlungen, da der Buddha es für fünfundzwanzig *Vassas* (jährliche Rückzüge während der Regenzeit) aufsuchte.

Während seiner Reisen in die verschiedenen Königreiche, wie beispielsweise *Kāsi, Kosala, Avanti, Kuru, Magadha, Kosambi, Malla, Sākya* und *Vajji,* traf der Buddha stets auf große Scharen von Anhängern. Unter seinen eifrigen Schülern waren große Könige, Edelleute, religiöse Führer und mächtige Persönlichkeiten des öffentlichen Lebens.

Wenn es die Situation erforderte, wurden entsprechende neue Regeln für die Ordination erstellt. Der Buddha ordinierte auch Frauen und gründete einen Nonnenorden als zweiten Flügel des *Sangha,* der das Gleichgewicht gewährleistete.

Die Durchführung der vierzehntägigen Selbstreinigungszusammenkunft namens *Uposatha* wurde erst später eingeführt. Bei diesem Treffen werden die *Patimokkha,* die Regeln des klösterlichen Lebens, rezitiert. Diese werden dabei so eingehend beschrieben, daß sie sich in den Geist der Nonnen und Mönche einprägen, deren moralische Verantwortung wecken und sie ermahnen, ihren Idealen und ihrer Solidarität treu zu sein. Glaubensversammlungen wie das vierzehntägige *Uposatha* hatten großen psychologischen Einfluß und erweckten ein tiefes Gemeinschaftsgefühl. Selbst heute lebt dieser edle Geist noch unter den Klostermitgliedern in allen Ländern des *Theravāda*-Buddhismus.

Eine weitere bedeutungsvolle Zeremonie wurde ebenfalls in die Zeit der dreimonatigen Regenperiode gelegt, in der sich die klösterlichen Gemeinschaften zurückziehen. Während der ganzen Zeit ihrer Zurückgezogenheit widmen sich die Nonnen und Mönche ihrer Erleuchtung. Am Ende der drei Monate intensiver spiritueller Übungen versammeln sie sich im jeweiligen Haupthaus *(Simā)* und stellen sich für jede Art des Versagens der Kritik der anderen.

In den fünfundvierzig Jahren seit der Gründung des *Sangha* durch den Herrn haben die meisten großen und kleinen Städte und Dörfer in Indien Klöster, *Vihāras, Stupas* und Schreine aller Arten errichtet. Unter den bedeutenden Heiligen des *Sangha*, die eine Schlüsselrolle in dieser neuen großartigen spirituellen Bewegung einnahmen, war auch der Ehrenwerte Sār*iputta,* den der Buddha den »Marschall der Verbreitung« nannte, und der dem Buddha an Weisheit am nächsten kam. *Mahā Moggallāna,* der über außergewöhnliche psychische Fähigkeiten verfügte, stand dem Buddha in übernatürlichen Kräften kaum nach; *Mahā Kassapa* war der Höchste derer, die sich dem Asketentum verschrieben hatten. *Mahā Kappina,* ein ehemaliger König von *Punjab,* war durch seine hervorragende Ernsthaftigkeit bekannt. *Mahā Kaccāna* tat sich in analytischem Denken hervor. *Ananda*, bekannt als »Quelle des D*hamma*«, verfügte über die Gabe, alle Lehren des Gesegneten aus dem Gedächtnis rezitieren zu können. Noch zu erwähnen wären *Upāli*, der vollkommene Meister der klösterlichen Disziplin, *Anuruddha, Pilindivacca, Nanda* und eine Kerntruppe von Menschen, die sich in einem bestimmten Bereich der Lehre hervorgetan hatten.

Zusammenkünfte des Großen Rats

Unmittelbar nach dem Verscheiden des Meisters beschloß der Orden mit *Mahā Kassapa* (die beiden Hauptschüler des Buddha, *Sāriputta* und *Mahā Moggallāna*, waren bereits vor dem Buddha verstorben), daß in *Rājagaha* ein großer Rat zusammenkommen sollte. Diese Entscheidung war gefallen, nachdem ein nachlässiger alter Mönch, *Subhadda*, herausfordernd verkündet hatte: »Nun, da der Große Einsiedler verstorben ist, wollen wir leben, wie es uns gefällt, und uns nicht mit Prinzipien belasten.« Unter der Führung des Monarchen von *Magadha, Ajātasattu*, versammelten sich daraufhin fünfhundert *Arahats*, die Leiter des Ordens, bei der *Sattapaṇṇi*-Höhle. Alleiniger Grund dieser historischen Zusammenkunft war der Erhalt der heiligen Lehre für die Zukunft durch Rezitieren und systematisches Zusammenfassen in den heiligen Kanon, dem Tipitaka.

Nachdem der Große Rat die Worte des Buddha getreu seiner Lehre zusammengefaßt hatte, wurden sie in den *Pāli*-Schriften konserviert. Diejenigen, die den *Dhamma* in seiner ursprünglichen Reinheit bewahrten und ihn ernsthaft befolgten, wurden Hüter der Lehren und als *Theravādas* bezeichnet, was soviel bedeutet wie ›diejenigen, die in die Fußstapfen der Ältesten treten‹.

Kurz vor seinem Tode hatte der Buddha ihnen geraten: »Möge der *Dhamma* eure einzige Führung, eure einzige Zuflucht sein.« Der Orden hatte daraufhin den Großen Rat zu seiner Führung gewählt und den *Dhamma* und *Vinaya* anstelle einer Person zur Autorität des Klosters erkoren.

Im Tipitaka, wörtlich »Drei Körbe«, sind *Vinaya, Sutta* und *Abhidhamma* vereint:

- *Vinaya Piṭaka* umfaßt die klösterlichen Regeln und die

klösterliche Disziplin und besteht aus fünf Büchern: *Parājikā, Pācittiya, Mahāvagga, Culavagga* und *Parivāra.*

- *Sutta Pitaka* beinhaltet alle Diskurse, die berühmten Lehren des Buddha. Es ist unterteilt in fünf *Nikāyas* oder Bereiche, nämlich: *Dīgha Nikāya* mit den langen Lehrreden; *Majjhima Nikāya* mit den mittleren Lehrreden; *Samyutta Nikāya* mit den thematisch verwandten Lehrreden; *Anguttara Nikāya;* die Lehrreden in hierarchischer Ordnung und *Khuddaka Nikāya,* die kompakten Lehrreden.
- Der letzte Abschnitt ist äußerst umfangreich und enthält fünfzehn Bücher, die den größten Teil des gesamten Kanons umfassen. *Abhidhamma Piṭaka* enthält die Lehren des Buddha zur Psychologie und Philosophie und umfaßt folgende sieben Bücher: *Dhammasaṇgani,* Aufzählung der Phänomene; *Vibhaṇga,* das Buch der Analyse; *Dhātukathā,* Traktat über die Elemente; *Puggala Paññatti,* Buch der Menschentypen; *Kathāvatthu,* Kunst des Debattierens; *Yamaka,* Buch der Paare, und *Paṭṭhāna,* Buch der Beziehungen. Bei letzterem handelt es sich in Wort und Metaphorik um das gewichtigste Werk des gesamten Kanons. Es enthält die wissenschaftlichsten Ausführungen des Meisters, nämlich jene zur Psychologie und der Philosophie der Relativität und der Konditionierung.

Einhundert Jahre nach dem ersten Rat, als immer noch einige der direkten Schüler des Meisters lebten, zeigten ein paar undisziplinierte Mönche aus *Vesāli,* der Hauptstadt der Republik *Vajjian,* Anzeichen schismatischer Neigungen. Sie versuchten, einige *Vinaya*-Regeln durch weltliche Praktiken zu ersetzen – sie wurden später als abweichende Divergenzen bekannt –, die im Widerspruch zum *Dhamma* standen und den Geist des heiligen Lebens kompromittierten.
Um die Reinheit der Lehren aufrechtzuerhalten, forderten die Ältesten des Ordens die abweichlerischen Mönche zu

einer offenen Debatte heraus und schlugen sie mit Worten. Sogleich wurde der zweite Große Rat einberufen, diesmal im Kloster von *Vālukārāma,* wo der Tipitaka von den siebenhundert weisesten *Arahats* der *Sangha* rezitiert wurde. Dieser Rat wurde unter der Schirmherrschaft des Königs *Kālāsoka* gehalten.

Während der Regentschaft des Herrschers *Asoka,* des größten buddhistischen Monarchen von *Magadha,* wurde der dritte Große Rat einberufen. Dies war 218 Jahre nach dem Verscheiden des Buddha. Die sprichwörtliche Großzügigkeit des Herrschers hatte viele tausend opportunistische Sektierer veranlaßt, sich als *Bhikkhus* auszugeben und den Orden zu unterwandern, um dort ein bequemes Leben zu führen. Sie kleideten sich zwar wie buddhistische Mönche, predigten jedoch ihre eigenen verwirrten Ansichten und schmähten den Buddha. Auf diese Weise brachten sie große Verwirrung in den Geist der gläubigen Mönche.

Um dies zu unterbinden, wurde der dritte große Rat unter der Schirmherrschaft des Herrschers *Asoka* einberufen, und der Orden wurde von allen Häretikern befreit. Dies geschah im *Asokārāma*-Kloster in *Pataliputra (Patna),* und eintausend *Arahats* rezitierten den gesamten Tipitaka wie bei den ersten beiden Räten, und dies über eine Zeitdauer von neun Monaten.

Möglicherweise ist dieser Rat aus geschichtlicher Sicht der bedeutungsvollste, denn der große *Asoka* gab nicht eher Ruhe, als bis der Orden vollständig gereinigt war. Er war beseelt von der großen Vision, den *Dhamma* in die ganze Welt zu tragen. Auf Geheiß des ehrenwerten *Moggaliputta Tissa,* des Ratspräsidenten, entsandte *Asoka Dhammadutas,* Botschafter der Wahrheit, in die verschiedenen fremden Länder, die damals bekannt waren. Er war davon überzeugt, daß die Wahrheit verbreitet werden müsse und nicht allein seinem Land vorbehalten sein dürfe. Der *Dhamma* sollte in aller Welt bekannt sein, damit alle davon profitieren könnten.

Durch das Einberufen dieses Rates und das anschließende Entsenden der Botschafter ins Ausland, hat *Asoka* der Menschheit zweifellos den größten Dienst erwiesen. Dieser wunderbare Akt der Voraussicht verhalf dem Buddhismus dazu, die erste Weltreligion zu werden. Ohne diese Maßnahme wäre es sicherlich schwierig gewesen, den *Dhamma* in seiner ursprünglichen Form und Reinheit bis heute zu bewahren. Nach einigen Jahrhunderten drohte dem Buddhismus nämlich im Land seiner Entstehung eine katastrophale Zerstörung durch den Vandalismus in- und ausländischer Fanatiker. Diese geistlosen Marodeure zerstörten systematisch alle großartigen buddhistischen Universitäten, Tempel und Klöster und verbrannten Tausende unschuldiger Mönche bei lebendigem Leib. Zum Glück für die buddhistische Welt erhielten Länder wie Sri Lanka, Birma und Thailand den *Dhamma*, der ihnen von den durch *Asoka* entsandten Missionaren gelehrt worden war, in seiner ursprünglichen Form.

Kapitel XI

Innerer Zerfall

Ayasāva malaṃ sammuṭṭhitaṃ,
taduṭṭhāya tameva khādati,
evaṃ atidhonacārinaṃ
sakakammāni nayanti duggatiṃ.

Gleichwie des Eisens eig'ner Rost
zerfrißt das Eisen,
so läßt den Frevler eig'nes Tun
zur Hölle reisen.

DHAMMAPADA, VERS 240

In der Zwischenzeit hatten sich die *Mahāsānghikas,* die Vorläufer des modernen *Mahāyāna,* die während des zweiten großen Rates abtrünnig geworden waren, rasch und in trotziger Haltung organisiert. Freizügig übersetzten sie die ursprünglichen *Pāli*-Schriften ins Sanskrit, die Sprache der brahmanischen Intellektuellen, die dem Buddhismus wegen seiner Kastenlosigkeit feindlich gegenüberstanden. Der Buddha, der eine solche Entwicklung vorausgesehen hatte, hatte seinen Mönchen die Warnung ans Herz gelegt, solchen Versuchungen zu widerstehen. Er hatte betont, daß der *Dhamma* nicht einigen wenigen Intellektuellen vorbehalten sein, sondern jedem einzelnen und überall zugänglich sein sollte.

Nach der Übersetzung ins Sanskrit erhielt der *Dhamma* einen esoterischen Anstrich, wie die Veden. Das Sanskrit verlieh ihm den Anschein von Status, und durch die orthodoxen Priester und elitären Brahmanen wurde die unverschleierte Wahrheit des *Pāli*-Kanons verfälscht.

Aber zu welchem Preis? Der Preis für diese falsche ›Politur‹ war so hoch, daß der *Dhamma* sich fortan ständig in Gefahr befand. Im Laufe der Zeit wurden dem Buddha viele falsche Aussagen und Mystifizierungen in den Mund gelegt. Infolgedessen schossen die Sekten im ganzen Land wie Pilze aus dem Boden. Die *Mahāsānghikas* erlangten später die Vorherrschaft und bezeichneten die Gläubigen der ursprünglichen Lehre als Hinayanisten, was eine Beleidigung darstellte.

Zu Lebzeiten von *Asoka* war die Anzahl der schismatischen Gruppen bereits auf sieben angewachsen. Zusammen mit den aus dem ursprünglichen Gefolge des Buddha, den *Theravāda*-Buddhisten, entstandenen ergab das achtzehn buddhistische Schulen. Die Unterschiede zwischen diesen Schulen waren nicht immer fundamental, aber oft in ethnischen und religiösen Dingen begründet.

König *Kanishka*, ein weiterer mächtiger Herrscher Indiens, schloß sich im ersten Jahrhundert n.Chr. dem *Mahāyāna*-Buddhismus an. Wie *Asoka* berief er in seiner Hauptstadt *Purushapura* (das heutige Peshawar, Pakistan) einen Rat ein. In diesem Rat wurde die Sanskrit-Version des D*hamma* mit vielen Zusätzen und Einfügungen fertiggestellt, wobei ihm zahlreiche Kommentare beigefügt wurden.

Während der *Mahāyāna*-Buddhsimus in Nordindien blühte, trugen die *Theravāda*-Buddhisten die Originallehre nach Südindien und von dort in die südostasiatischen Länder. Die Schulen der *Mahāyāna*-Anhänger brachten Lehrer wie *Asvagosha, Nagārjuna, Asanga, Vasubandhu, Dīpankara Sirijñāna, Dharmakirti, Sāntarakshita* und *Bodhidharma* hervor. Da diese Lehrer vorwiegend der hochstehenden Brahmanenkaste entstammten, versuchten sie, die *Theravāda*-Buddhisten als Hinayanisten, Gefolgsleute des ›kleinen *(Hīna)* Gefährts

(Yāna)‹ – im Gegensatz zu ihrem eigenen ›großen *(Mahā)* Gefährt‹ – zu degradieren.
Im Süden jedoch erblühten die Zentren des *Theravāda,* und auch außerhalb Indiens gewann dieser an Einfluß. *Amarāvati* und *Kanchipuram* in Südindien wurden große Zentren, nicht nur für die Studien des *Dhamma,* sondern auch als Trainingsstätten für die *Dhammaduta*-Mönche. Diese *Dhammadutas* verbreiteten die reine Lehre in südostasiatischen Ländern wie Sri Lanka, Birma [Myanmar], Thailand, Kambodscha, Vietnam, Laos, Indonesien, Malaysia, bis hinauf nach Borneo.
Die Herrschaft des *Mahāyāna*-Buddhsimus in Nordindien zeigt sich deutlich darin, daß das *Pāli*-Erbe gegen Ende des vierzehnten Jahrhunderts in diesem Teil des Landes nur in wenigen verstreuten Klöstern zu finden war. Im bedeutenden Zentrum von Bodhgaya beispielsweise mußte der Älteste R*evata* gestehen, daß er nur die Texte des Tipitaka besaß, nicht aber die Kommentare. Aus diesem Grunde nötigte er seinen Schüler, *Buddhaghosa,* nach Sri Lanka zu reisen und die Kommentare zurück nach Indien zu holen. Der Ehrenwerte *Acharya Buddhaghosa* übersetzte die singhalesischen Kommentare zurück ins *Pāli,* in dem sie ursprünglich verfaßt und von *Arahat Mahinda,* dem Sohn von *Asoka,* überbracht worden waren. Dieses große Werk des Ehrenwerten *Acharya Buddhaghosa* sucht in den Annalen des Buddhismus seinesgleichen.
Die Aufzeichnungen von *Asoka* und jene chinesischer und anderer ausländischer Reisender bezeugen, daß große buddhistische Zentren wie *Sārnath, Nālandā, Takshasīlā, Vikramasīlā* und andere Festungen *Mahāyāna*-Sekten waren. Bisweilen wurden diese Zentren sogar von einer Sekte an die nächste weitergegeben.
Die Hauptaktivität dieser Zentren bestand darin, philosophische Debatten und intellektuelle Haarspaltereien durch-

zuführen, oftmals mit dem Ziel, die brahmanischen Argumente buddhistischer Schulen zu widerlegen. So ging es über mehrere Jahrhunderte. Aus diesem Grunde verfaßten *Nāgarjuna, Dingnāga, Dharmakīrti* und andere große *Nālandā*-Logiker kritische Abhandlungen, um eine buddhistische Logik und Erkenntnislehre zu etablieren sowie das brahmanische Logiksystem zu widerlegen. Dessen Zentrum lag in *Mithila* und stand unter der Leitung bekannter Logiker wie *Vatsyāyana, Udyotakara, Vāchaspati Misra, Udāyana* und anderer.

Die metaphysische Fehde zwischen *Nālandā* und *Mithila* blieb ohne Unterbrechung sieben Jahrhunderte lang bestehen. In anderen Zentren, vorwiegend im Nordwesten Indiens, in *Takshasila, Gandhāra* und *Kashmira*, wurden gleichermaßen hitzige philosophische Diskussionen und Studien geführt.

Zu einem späteren Zeitpunkt wurden philosophische *Mahāyāna*-Konzepte als Göttinnen und Götter dargestellt, so *Avalokitesvara, Amitābhā, Tārā* und andere. Große Tempel wurden für diese Gottheiten errichtet, insbesondere in Bengalen, *Bihar, Orissa* und *Andhra*. In diesen Tempeln wurden ausgefeilte Rituale und Zeremonien durchgeführt, die in allen Schichten der Gesellschaft großes Interesse weckten. So konnten verschiedene Formen des Aberglaubens Fuß fassen, und die Opfergabe an die Gottheiten verbreitete sich. Yuan Chuang beschreibt seinen Besuch im *Avalokitesvara*-Tempel auf dem Hügel nahe der berühmten buddhistischen *Odantapuri*-Universität (heute Bihar Sharif) wie folgt:

»Hier ist ein einsamer Hügel, mit einem steilen, rauhen Aufstieg ... und mit heiligen Gebäuden bestückt, in denen alle möglichen spirituellen Wunderlichkeiten ausgestellt sind. In der Mitte steht eine Sandelholzfigur des *Bodhisatta Avalokitesvara*. Viele Menschen sind hier versammelt, die sieben oder vierzehn Tage fasten, abgeschieden ohne Nahrung und Wasser leben und diese Figur anbeten ... Von weit her bringen sie Blumen, und wem es gelingt, die Blumen auf den Händen der Figur oder an den Armen derselben zu befestigen, so daß sie nicht hinunterfallen, dem wird Glück zugeschrieben, und es heißt, seine Gebete werden erhört.«*

Die Zahl der *Mahāyāna*-Gottheiten wurde mit den Jahren immer größer. Ihre Statuen, mit zahlreichen Händen, Köpfen und Füßen, allen möglichen Bannern und Waffen, wurden angebetet. Um sie herum wurde ein Kult etabliert, der als *Tantrāyāna* bezeichnet wird. Tantrische Praktiken bestanden in zahlreichen Arten der Ehrerweisung dieser Gottheiten und des Erbittens ihrer magischen Kräfte. Um diese Gottheiten wand sich schließlich eine umfangreiche, vom Aberglauben geprägte Literatur. Die Bibliothek von *Odantapuri* verfügte überwiegend über tantrische Literatur. Selbst heute ist ein guter Teil der verfügbaren tibetischen *Tanjur* den Tantras gewidmet.

Manch ein Mystiker erhob sich zum tantrischen Meister und behauptete, eine Abkürzung ins *Nibbana* entdeckt zu haben. Diese Führer waren allesamt radikale Kritiker des *Theravāda.* Manche gingen sogar so weit, die Freizügigkeit bei Sex und Alkohol zu propagieren. Wurde er mit dem Titel »Guru« [Lehrer] angesprochen, war das für manchen Anlaß genug, sich als spirituell erleuchtet zu betrachten.

Diese dekadenten Praktiken entfernten sich so weit vom ursprünglichen Buddhismus, daß seine Gläubigen, die sich immer noch als Buddhisten bezeichneten, den wahren, erhabenen *Dhamma* maßgebend schädigten. Sie gaben den Gegnern Anlaß, den Buddhismus zu diffamieren, zu entehren, lächerlich zu machen und ihn zu verdrängen.

Nachdem sämtliche *Mahāyāna*-Zentren durch die einfallenden Muslime zerstört worden waren, konnten diese Tempel

* Beal: Das Leben von Hauan Tsang, Bd. III

und Zentren, die der Öffentlichkeit bereits ein Dorn im Auge geworden waren, nicht wieder zum Leben erweckt werden. In Indien hatte der Buddhismus, anders als in anderen buddhistischen Ländern, immer Seite an Seite mit anderen Glaubensrichtungen bestanden. Jegliche Abweichung von den Originalstandards, jeder Kompromiß mit anderen Ansichten beeinflußte die spirituelle Vitalität dieser abtrünnigen Buddhisten, so daß sie schließlich ihren eigenen Untergang und ihren Übergang in andere Sekten selbst bewirkt hatten.

Von Anbeginn an hat sich der Buddhismus in der Lebensweise, ebenso in der Kunst, Architektur, Literatur, dem Sozialwesen und der Medizin niedergeschlagen. Dadurch wurden wiederum der Eifer und der Glaube der Anhänger gestärkt.
Ereignisse aus dem Leben Buddhas, wie seine Geburt, seine Entsagung, die Erleuchtung, die erste Lehrrede, das Doppelte Wunder und das Große Dahinscheiden, wurden in Reliefs aus Stein und Terrakotta dargestellt. In früheren Zeiten waren diese ohne die Gestalt des Buddha abgebildet worden. Die Geburt beispielsweise war durch einen Baum und seine Mutter durch einen Garten dargestellt worden; die Entsagung durch ein Pferd, die Erleuchtung durch den Bodhi-Baum, die erste Predigt durch ein Rad, flankiert von zwei Antilopen, und so fort. Diese Szenen, in ein Relief geschlagen, sind immer noch in *Sārnath, Nālandā, Amarāvathi* und an anderen Orten erhalten.
Die *Jātakas,* die Geschichten der vorherigen Leben des Buddha, finden wir in den Halbreliefs von *Barhut* und *Sanchi.* Diese Szenen sind ebenfalls in Terrakotta-Medaillen an Übergängen und Toren angebracht. Der Löwe von *Asokan* aus *Sarnath* ist das Nationalemblem Indiens geworden.
Mit der Zeit tauchten Abbildungen des Buddha auf, in de-

nen sich der hellenistische Stil der *Mahāyāna*-Periode zeigt. Die Anhänger des *Mahāyāna* hatten offenbar eine Neigung zu künstlerischen Darstellungen. Mit der Verbreitung des *Mahāyāna* wurden auch immer mehr wunderbare Kunstwerke und architektonische Meisterwerke geschaffen. Abbildungen des Buddha mit verschiedenen Handhaltungen *(Mudrās)*, beispielsweise dem *Mudrā* der Erleuchtung *(Bhūmisparsha Mudrā)*, des In-Bewegung-Setzens des Rades des *Dhamma* *(Dharmacakra Mudrā)*, des Segnens *(Varada Mudrā)*, des Vertreibens der Furcht *(Abhaya Mudrā)* und des Sitzens in Meditation *(Dhyāna Mudrā)* etc. Diese Darstellungen wurden in Indien respektiert und verehrt. Ferner gab es die zahlreichen *Mahāyāna-Bodhisattas*, Göttinnen und Götter, die allmählich populär wurden.

Die Gupta-Periode stellt den Inbegriff der buddhistischen Architektur dar. Die großartigen Tempel, Stupas und Klöster wurden von Künstlern unterschiedlichster Länder gefertigt, die von fern angereist kamen und ihre Werke in massive Hügel schlugen. Diese schwere Arbeit wurde von ergebenen, eifrigen Mönchen geleistet. Die weltberühmten Tempelgrotten von *Ajanta, Ellora, Kanheri* etc. sind seltene Überbleibsel dieser großartigen Kunstwerke. Nicht nur ausländische Buddhisten, sondern auch Hindus und Jainisten aus Indien wählten diese hervorragenden Arbeiten als Vorbild für ihre eigenen Tempel.

Kapitel XII

Das historische Desaster

Eines der schwerwiegendsten Probleme in der Geschichte der indischen Kultur und Religion ist die Frage: »Warum und wie konnte der Buddhismus in Indien untergehen?« Nachdem die edlen Lehren des Buddha in alle Teile der bis dahin bekannten Welt hinausgetragen worden waren, ist es eigentümlich und unbegreiflich, daß der Buddhismus gerade im Land seiner Geburt verlorengehen sollte. Wer die Wahrheit, den Geist der Freiheit und das menschliche Potential der Vollkommenheit kennt, wird in diesem historischen Desaster eine Botschaft lesen. Denn wer kann behaupten, daß dieses Schicksal nicht jede Philosophie oder Religion ereilen könnte, die auf spirituelle Vervollkommnung oder zumindest das Erblühen des menschlichen Edelmutes abzielt? Glücklicherweise hat sich der Buddhismus nach Jahrhunderten der Unterdrückung wieder erholt.

Für das vorübergehende Verschwinden des Buddhismus werden verschiedene Gründe genannt, von denen alle etwas Wahres enthalten. Diese Gründe lassen sich in drei Kategorien zusammenfassen:

1. spiritueller Niedergang und Zersplitterung unter den Buddhisten:
2. starke sektiererische Opposition innerhalb Indiens;
3. systematische Unterdrückung buddhistischer Institutionen durch islamische Besatzer und feindliche Truppen.

1. Spiritueller Niedergang

Die Stärke des klösterlichen Ordens des Buddha lag im Geist der Entsagung, der Selbstdisziplin und des Mitgefühls sowie des Opfers zugunsten des Wohles aller begründet. Der Buddha selbst wanderte bis zu seinem letzten Tag von einem Ort zum anderen, lehrte die Menschen und inspirierte sie, auf dem Pfad der Wahrheit zu wandeln. Seine hervorragendsten Schüler, *Sāriputta* und *Moggallāna,* sowie alle wichtigen Schüler, die danach kamen, hatten es ihm in dieser idealistischen Mission gleichgetan. Ihrem selbstlosen spirituellen Engagement haben wir es auch heute zu verdanken, daß große Teile der Menschheit in aller Welt den erhabenen Lehren des Buddha folgen.

In Indien verschrieben sich viele Könige und Herrscher dem Buddhismus und brachten große Opfer für die Erhaltung und Verbreitung des D*hamma*. Die Namen der Könige *Asoka, Bimbisāra, Prasenajit, Milinda, Kanishka, Harshavardhana* und anderer sind untrennbar verbunden mit der indischen Geschichte. Im sechsten Jahrhundert n.Chr. war das Land mit berühmten Universitäten und Bildungseinrichtungen geradezu übersät. Studenten aus allen Ländern strömten dorthin, um die verschiedenen Aspekte des Buddhismus zu studieren und zu praktizieren. In *Nālandā* beispielsweise florierte eine historische buddhistische Universität mit Meistern *(Acharyas)* wie *Nāgarjuna, Dignaga, Dharmakirti, Shilabhadra* und vielen anderen. Über zehntausend auserwählte Menschen aus aller Welt widmeten sich dort ihren Studien. Auch in *Vikramasilā, Sārnath, Sanchi, Takshasīlā, Gāndhāra, Amarāvathi, Kāṅcipuram* etc. erblühten großartige buddhistische Lehrstätten.

Doch es gab nicht nur Bildungseinrichtungen, sondern auch humanitäre Organisationen, die jede Facette menschlicher Wohlfahrt und Fürsorge praktizierten. In den Aufzeichnungen von *Asoka* finden sich viele humanitäre und wohltätige Maßnahmen und Einrichtungen, wie beispielsweise Krankenhäuser – nicht nur für Menschen, sondern auch für Säugetiere und Vögel –, öffentliche Heilkräutergärten, Heime für Alte und Waisen, Gasthäuser und Herbergen für Wanderer, Programme für Baumpflanzungen, Aufforstung, Gartenbau, Straßenbau, Wallbau, die Instandhaltung von Teichen und bereits bestehenden Wegen und Straßen, der Bau von Häusern für Mittellose, von Gemeindezentren und Hallen für die Vermittlung des *Dhamma* etc. Könige, Edelleute, Kaufmänner und das Volk im allgemeinen trugen zum Erfolg dieser Institutionen bei. Üppige Spenden und eine königliche Schirmherrschaft machten die Organisationen stark und fortschrittlich.

In einer Welt voller Widersprüche, die dem Gesetz der Veränderung unterworfen ist, gewinnen immer wieder auch die gegnerischen Mächte an Einfluß. Aufstieg und Untergang, Fortschritt und Niedergang, Gut und Böse sind die Bewegungsrichtungen eines sich drehenden Rades. Der eine steigt auf, während der andere zwangsläufig absteigt. Da sie also den höchsten Punkt des Aufstieges erreicht hatte, mußte sich auch die einzigartige buddhistische Bewegung dem Niedergang fügen.

Im Laufe der Zeit verkamen die Schirmherrschaft und das öffentliche Ansehen zu rein persönlichen Interessen, durch die nach und nach die hohen Ideale von Großmut, Opferbereitschaft und Entsagung untergraben wurden. Dadurch wurden die Mission und die Reinheit des klösterlichen Lebens geschwächt. Die Mönche gewöhnten sich an ein bequemes Leben und verschrieben sich hauptsächlich akademischen Zielen, gesellschaftlichen und religiösen Festlichkeiten und verstreuten sich sogar in politische Gruppierungen. Schleichend fanden alle Arten von Praktiken und Glauben Einlaß in den Orden. Sekten mit tantrischem Hintergrund, die pervertierten Sinnenfreuden frönten, schossen aus dem

Boden. Damit wurde der spirituelle Untergang des Ordens mit dem anschließenden geistlichen Verfall eingeleitet. Im selben Maße schwanden religiöser Eifer, Glaube und Demut der Gläubigen und machten der Zersplitterung und dem Niedergang der buddhistischen Gemeinschaft Raum.

2. Sektiererische Opposition

Die Anhänger der orthodoxen Tradition hatten dem Buddhismus stets feindlich gegenübergestanden, denn sie mißbilligten seinen großen Einfluß innerhalb und außerhalb des Landes. Insbesondere beanstandeten sie seinen radikalen Ansatz, nämlich die Reformierung der Gesellschaftsstruktur, die Abschaffung der Tieropfer, der Sklaverei und vieler anderer obskurer Praktiken und gesellschaftlicher Anachronismen.

Solange der Buddhismus noch durch die Monarchie unterstützt wurde, wagten die Sektierer nicht, ihre Feindseligkeit offen zu zeigen. Als sich jedoch die politischen Strukturen und Dynastien veränderten und andere Herrscher an die Macht gelangten und zudem die Zersplitterung der Buddhisten untereinander zunahm, sahen sie ihre Gelegenheit gekommen, ihre Stärke gegen den Buddhismus einzusetzen.

Anfangs wurden systematische Kampagnen zur Schmähung und Verunglimpfung des Buddhismus organisiert. Den Menschen wurde vermittelt, der Buddhismus sei atheistisch und daher nicht vedisch, ferner sei er für intellektuelle Haarspalter bestimmt und außerdem ein degenerierter tantrischer Kult mit allen möglichen Arten esoterischer Orgien und Schwarzer Magie.

Bei diesen Vorwürfen handelte es sich um bösartige Verdrehungen. Die Tatsache, daß der Buddhismus keinen Schöpfergott sondern den auf Vernunft basierenden, spirituellen

Ansatz und die kritische Auseinandersetzung mit der Wahrheit lehrt, wurde als atheistisch und nichtvedisch ausgelegt. Anstelle des Schöpfungsprinzips wird die Entstehung der Welt im Buddhismus durch das Gesetz der Kausalität sowie durch Karma und Wiedergeburt erklärt, welche im krassen Gegensatz zum Fatalismus stehen. Da im Buddhismus Wahrheit und Logik als höchste Instanz gelten, wurden viele philosophische Ansichten zeitgenössischer Schulen abgelehnt. Tatsächlich wurden viele der späteren buddhistischen Mönche und Gläubigen versierte Redner und besiegten die Sprecher anderer Schulen im Wortgefecht, oft gelang ihnen dies mühelos. Dies mag der Grund dafür gewesen sein, daß man sie der Haarspalterei bezichtigte.

Der Buddha betonte selbst in seinen letzten Tagen die Bedeutung eines geradlinigen, offenen spirituellen Lebens. Er sagte, im Gegensatz zu denen, die als »Geschlossene Faust der Gurus« bekannt wurden, habe er keine Geheimnisse. Wie bereits erwähnt, entwickelten sich zur Niedergangszeit des Buddhismus in Indien Scharlatane, die alle Arten sonderbarster Kulte praktizierten, die den Kritikern die Munition dafür gaben, aufgrund einiger weniger Abtrünniger eine ganze Bewegung zu verdammen.

Es reichte den Sektierern nicht, den Buddhismus zu verunglimpfen. Mit Unterstützung der Herrscher, die mittlerweile ihre Anhänger geworden waren, legten sie nun zahlreiche ökonomische Faktoren fest, die es Buddhisten unmöglich machte, ein sicheres Leben zu führen. Durch soziale Diskriminierung verbannten sie die Buddhisten aus dem Umkreis von Macht und gesellschaftlichem Einfluß. Da sie derart der Armut und Bedeutungslosigkeit ausgesetzt waren, verbargen manche Mönche ihre Identität, um den Bedrängnissen zu entkommen.

Im Rahmen des opportunistischen Unterfangens der Sektierer gerieten die Buddhisten mitten in eine Gesellschaft,

die auf ein Kasten- und Unterkastensystem zusteuerte und in der sich ein politisches, ökonomisches und soziales Machtgefüge etablierte. Heute wissen wir, daß die sogenannten Unberührbaren der modernen indischen Gesellschaft Nachkommen der frühen Buddhisten sind.
Unglücklicherweise scheint die Geschichte immer noch die Starken zu bevorzugen. Eine große Gruppe von Angehörigen der niederen Kasten und Unberührbaren unter der Führung von Dr. Ambedkar werden taktisch klug als ›Neobuddhisten‹ bezeichnet und sind so weiterhin Ausgrenzungen ausgesetzt. Ironischerweise sind viele der neo-buddhistischen Führer aufgrund ihrer kurzsichtigen und opportunistischen Politik nicht minder an dieser tragischen Situation beteiligt. Sie versuchen, den Buddhismus auf eine politische Ebene zu heben, und setzen ihn mit Ambedkarismus gleich, was auch für den größten Freund des Buddhismus nicht akzeptabel ist.
Die gesellschaftlichen Reformen, die der Buddha durch seine altruistischen Lehren auslöste, waren nur ein Aspekt des Buddhismus. Glücklicherweise wissen die vielen neuen indischen Buddhisten inzwischen, daß es nicht ratsam ist, sich in politische Rhetorik zu verstricken.
Schlußendlich gingen alle buddhistischen Tempel, Besitztümer und Institutionen in die Hände der Sektierer über. Mittlerweile wissen wir von so manchem großartigen Hindu-Tempel, daß er ehemals im Besitz der Buddhisten gewesen ist. An dieser Stelle soll es reichen, als Beispiele die Tempel von *Puri, Tirupati, Dharmasthala, Kāñcipuram* zu erwähnen.

3. Ausländische Besatzung

Die Ausgrenzung der Buddhisten setzte sich immer weiter fort, und der Druck der Sektierer zeigte allmählich Wirkung auf den Buddhismus, die buddhistische Gemeinschaft und die buddhistischen Institutionen. Ein Unglück kommt selten allein, und so fielen just zu dieser Zeit islamische Feinde aus dem Ausland mit einem Schwert in der einen und dem Koran in der anderen Hand in das Land ein und zerstörten gnadenlos die meisten der buddhistischen Zentren. Unglücklicherweise ermutigten viele der Sektierer, die Vorurteile gegen die buddhistischen Institutionen hegten, die Moslems, die Mönche skrupellos zu massakrieren, Universitäten dem Erdboden gleichzumachen, heilige Stätten zu entweihen, heilige Bilder zu zerbrechen, wie wir heute anhand unzähliger buddhistischer Ruinen in ganz Indien sehen können.

Ironischerweise hatten die späteren Buddhisten mit ihrem Aberglauben und ihrem Kulteifer all ihren Glauben in riesige Abbildungen von Figuren Buddhas und B*odhisattas*, wie *Tārā* etc., aus massivem Silber gelegt, die sie mit kostbaren Edelsteinen verziert hatten. Der Buddha, die Verkörperung von Reinheit, Schlichtheit und Entsagung weltlichen Ruhmes wurde mit Schmuck behängt wie ein eitler Gott. Und was konnte die Raublust der blinden und herzlosen Besetzer besser wecken als Gold, Silber und wertvolle Juwelen?

Die buddhistischen Mönche mit ihren kahlrasierten Schädeln und orangefarbenen Roben waren leicht auszumachen und wurden grausam abgeschlachtet. Berühmte buddhistische Bibliotheken wurden in Brand gesteckt. Allein beim Niederbrennen der Universität von *Nālandā* wurden in der über sechs Stockwerke hohen Bibliothek mehrere tausend Mönche lebendig verbrannt; das Feuer schwelte über Monate hinweg. Das unermeßliche Wissen in diesen Bibliotheken ist auf ewig für die Menschheit verloren.

Der Zusammenbruch der buddhistischen Zentren versetzte den Buddhisten einen derartigen Schock, daß es ihnen

unmöglich war, sich erneut zu erheben. Während hinduistische und jainistische Schaltstellen auch Verluste durch die Moslems erlitten, mischten sich deren Priester unter das Volk und entgingen so dem Zorn der Eindringlinge. Nachdem die Moslems Indien wieder verlassen hatten, behoben die Priester die Schäden, und die Religionen erholten sich allmählich wieder.
Die Zerstörung der buddhistischen Führung jedoch war so weitreichend und so umfassend gewesen, daß niemand mehr übrig war, der stark genug gewesen wäre, die Gemeinschaft neu zu organisieren und aufzubauen. Die entsetzte Buddhistengemeinde sah sich in dieser hilflosen Situation der Zwangsbekehrung durch die Besetzer auf der einen und der allmählichen Vereinnahmung durch die Hindus auf der anderen Seite ausgesetzt.

Durch diese drei Faktoren, d.h. durch den spirituellen Niedergang unter den Buddhisten selbst, die feindlichen Sektierer und den Einfall ausländischer Truppen wurde der Untergang des Buddhismus in Indien herbeigeführt. Glücklicherweise ist nach Jahrhunderten eine Wiedergeburt des Buddhismus zu verzeichnen, die durch das Einwirken verschiedener Mönche aus unterschiedlichen buddhistischen Ländern gefördert wurde. Zu diesen gehören beispielsweise der ehrenwerte *Anagarika Dharmapāla* aus Ceylon, der ehrenwerte *Chandramani Mahā Thera* aus Birma, der ehrenwerte *Kripasaran Mahā Thera* aus *Chittagong* und viele Pioniere unter den indischen Mönchen. Dr. Ambedkar, der bekannte Anführer der Zugehörigen zu niederen Kasten, der die Ordinierung durch den großen *Chandramani Mahā Thera* erlangte, leistete einen beachtlichen Beitrag zu dieser Entwicklung.

Kapitel XIII

Der Buddhismus außerhalb Indiens

Beinahe dreihundert Jahre vor Christi Geburt leitete der Herrscher *Asoka* unter Anleitung seines Lehrers, des *Arahat Moggaliputta Tissa,* des Präsidenten des Dritten Buddhistischen Rates, eine großartige spirituelle Bewegung inner- und außerhalb Indiens ein. Ziel dieser Bewegung war zum einen die Bekämpfung der negativen Auswirkungen des Krieges sowie des gegenseitigen Antagonismus und zum anderen das Erwecken eines wahren Sinnes für Einheit und Menschlichkeit unter den Völkern. Der Höhepunkt dieses edlen Unterfangens wurde erreicht, als *Asoka* zum ersten Mal in der Geschichte der Menschheit Botschafter der Wahrheit *(Dhammadūtas)* in die bis dahin bekannte Welt aussandte. Dies tat er ›zum Wohle vieler‹, wie der Meister es nannte. Dies war noch nie zuvor geschehen.

Zwischen Indien und zahlreichen anderen Ländern bestanden viele politische und sonstige Bündnisse. Keines dieser Bündnisse war jedoch so stark und dauerhaft wie jene kulturelle Beziehung, welche auf spirituellen Werten und universeller Liebe beruhte und vor beinahe dreihundert Jahren von *Asoka* ins Leben gerufen worden war. Seither hat der Buddhismus die Welt erobert: Anhänger des Buddhismus finden wir von Sibirien bis Neuseeland, vom Fernen Osten bis nach Amerika. Der Buddhismus ist damit die älteste und zudem die toleranteste Weltreligion. Er hat sich den unterschiedlichsten Kulturformen und geographischen Bedingungen angepaßt und dennoch den Geist bewahrt, der ihm zugrunde liegt, die Synthese von Weisheit und Mitgefühl.

Frühen buddhistischen Aufzeichnungen wie dem *Mahā-*

vaṃsa, der Großen Chronik Sri Lankas, und dem *Sāsanavamsa,* der Chronik der Lehren des Buddha in Birma, zufolge hatte *Asoka Dhammadutas* in folgende neun Länder entsandt:

1. *Gāndhāra, Kashmira* und seine nördlichen und westlichen Länder, einschließlich des heutigen Afghanistans, und einige Länder Zentralasiens, unter der Führerschaft von *Arahat Majjhantika* und einer Gruppe von Mönchen.
2. *Yonaka* (Ionien: Griechenland), einschließlich der südeuropäischen Staaten, des heutigen Israels, Syriens, des Iraks und Ägyptens unter dem *Arahat Mahārakkhita* und einer Gruppe von Mönchen.
3. *Cina Himavanta* – China und die Länder am Himalaya von Ladakh, *Himachal,* Nepal, Tibet, Bhutan und Sikkim – unter dem *Arahat Majjhima* und fünf anderen Ältesten.
4. *Suvaṇṇabhūmi,* Birma [heute Myanmar] und andere südostasiatische Länder wie Thailand, Kambodscha, Laos, Malaysia, Indonesien und Vietnam unter den *Arahats Sona* und *Uttara* und einer Gruppe von Mönchen.
5. Sri Lanka unter dem *Arahat Mahinda* und fünf weiteren Mönchen.
6. *Mahiṃsakamaṇdala,* das heutige Karnataka und die Deccan-Staaten [Südindien], einschließlich *Andhras* unter dem *Arahat Mahādeva* und einigen Ältesten.
7. *Mahāraṭṭha,* das moderne *Maharashtra* und *Madhya Pradesh* unter dem *Arahat Mahā Dhammarakkhita* und einigen Ältesten.
8. *Vanavāsi,* der südliche Teil Indiens, Karnataka, Goa einschließlich Kerala unter dem *Arahat Rakkhita* und einer Gruppe von Mönchen.
9. *Aparantaka,* Westindien, einschließlich des heutigen Gujarats, Rajasthans und Pakistans unter dem *Arahat Yonaka* (griechisch) *Dhammarakkhita* und einigen Mönchen.

In den Schriften von *Asoka* finden wir ferner folgende Bemerkungen:
Eintrag 13: »Diesen Wettstreit im *Dhamma* erachtet Devanampriya *(Asoka)* als höchsten ... Und der wurde wiederholt gewonnen, selbst in fernen Ländern wie Yona, wo der König Antiyoga (Antiochus II. von Syrien) herrscht, und jenseits die vier Könige Tulamaya, Antekini, Maka und Alikyashudala (Ptolemäus II. von Ägypten [285–247 v.Chr.]; Antigonus Gonatas von Mazedonien [276–239 v.Chr.], Magas von Kyrene [300–250 v.Chr.] und Alexander von Korinth [252–244 v.Chr.]); gleichermaßen verhält es sich im Süden ... bis nach Tambapanni [Sri Lanka].« Darüber hinaus erscheinen die Namen vieler weiterer Länder, in denen der *Dhamma* Wurzeln geschlagen hatte, auf dieser Liste.

Sri Lanka

In der Kulturgeschichte Sri Lankas wird berichtet, daß der Buddha das Land dreimal besuchte und damit selbst den Grundstein für die Verbreitung seiner Lehre dort legte. An den Orten, an denen er gewesen war, befinden sich heute großartige Stupas, welche als höchste Heiligtümer gelten. Aus historischer Sicht beginnt die Geschichte des Buddhismus in Sri Lanka mit der Ankunft des *Arahat Mahā Maninda,* des *Dhammadūta* und Sohnes des Herrschers *Asoka.*
König *Devanampiya Tissa* war auf einer Jagd im Gebirge von *Mihintale,* etwa elf Kilometer von der Hauptstadt *Anurādhapura* entfernt. Plötzlich vernahm er vom Gipfel des Berges seinen ganz persönlichen Namen; den König so anzusprechen, würde niemand im ganzen Land wagen. Bald befand er sich Auge in Auge mit einem Mönch, dem *Arahat Mahā Maninda,* der zusammen mit fünf weiteren Mönchen nach Sri Lanka gekommen war. Eine lebhafte Diskussion entbrannte,

von welcher der König und sein Gefolge sehr beeindruckt waren. Daraufhin beglückte der *Arahat* sie mit einer Lehrrede über den *Dhamma.* Der König und seine Gefolgschaft nahmen den Buddhismus begeistert an und luden den Heiligen in ihre Hauptstadt ein.

Als sie dort eintrafen, wurden sie feierlich empfangen und erhielten die Erlaubnis, am großen Hain von *Mahāmegha* ein Kloster zu errichten. Als sie vom *Dhamma* hörten, wurden die Elitebürger der Stadt und die Vorsteher anderer Städte und Orte glühende Anhänger des Buddha.

Die Tochter des Königs, Prinzessin *Anula,* war vom *Dhamma* so angetan, daß sie wünschte, ihr Leben als Nonne zu verbringen. Als der Ehrenwerte *Mahā Mahinda* daraufhin angesprochen wurde, riet er dem König, den Herrscher *Asoka* zu ersuchen, dessen Tochter, die Ehrenwerte *Arahat Sanghamittā*, zu bitten, den Orden der *Bhikkhunis* (Nonnen) in Sri Lanka zu gründen.

Zum Ausdruck seines Engagements für die heilige Sache hatte der Herrscher *Asoka* sowohl seinen Sohn als auch seine Tochter dem heiligen Orden versprochen. Beide waren *Arahats* geworden und verantwortlich für die Verbreitung des Buddhismus in Sri Lanka. Die ehrenwerte *Sanghamittā* brachte einen Setzling des heiligen Bodhi-Baumes nach Sri Lanka, der unter Jubel gepflanzt wurde. Noch heute ist dieser Baum als heilige Kultstätte *Jaya Sri Mahā Bodhi* bekannt. Die ehrenwerte *Sanghamittā* ordinierte Prinzessin *Anula* und viele Damen aus ehrenwerten Familien, und zwar genauso viele, wie es auch ihr Bruder in seinem Orden getan hatte. König *Tissa* erhielt vom Herrscher *Asoka* auch heilige Reliquien des Buddha und errichtete vier Stupas. So fand der Buddhismus zu Lebzeiten der großen Botschafter der Wahrheit dort eine Heimat.

Nach dem Ableben des Königs *Devānampiya Tissa* fiel ein Tamilenkönig namens *Elāra* in Sri Lanka ein, besetzte es, zerstörte die heiligen Schreine und plünderte und entweihte die Klöster. Er war ein fanatischer hinduistischer Shaivit [Anhänger Shivas]. Im Namen der Religion beging er dieselben bornierten und grausamen Verbrechen wie die islamischen Fanatiker Jahrhunderte später in Indien. Ein demütiger Nachfahre *Tissas* jedoch, *Duṭṭhagāmani* mit Namen, schlug die Tamilen in die Flucht, errichtete die Heiligtümer des Buddhismus erneut und schützte sie. Er ließ zudem viele weitere Stupas und Tempel bauen.

Das nächste wichtige Ereignis in der Geschichte des Buddhismus in Sri Lanka trug sich zu, als im Jahre 80 v.Chr. unter der Schirmherrschaft von König *Vaṭṭagāmani* vom heiligen Orden Sri Lankas der Vierte Große Rat einberufen wurde. Dieser Rat schrieb zum ersten Mal die heiligen Tipitaka-Texte nieder. Man hegte die Furcht, die mündliche Überlieferung, mittels deren der *Dhamma* bisher in seiner Reinheit von einem *Arahat*-Lehrer zum Schüler weitergegeben worden war, könne durch die Invasion der Tamilen verfälscht werden.

Möglicherweise war dieser Rat der wichtigste aller Zusammenkünfte dieser Art. Fünfhundert *Arahats* unter der Führung des *Arahat Rakkhita* führten die Synode *(Sangāyana)* in der Felsenhöhle von *Mātale* an. Die Übertragung einer mündlichen Überlieferung ins Schriftliche entpuppte sich als großer Gewinn. Denn wie die *Arahats* befürchtet hatten, wurde der Buddhismus in Sri Lanka weiterhin angegriffen und oft ernsthaft bedroht, bald von Invasoren aus Südindien, bald von den Portugiesen, Holländern und Briten aus dem Westen. All diesen Widrigkeiten zum Trotz hielten die Menschen in Sri Lanka demütig und eifrig an der Praxis und Überlieferung des *Dhamma* fest.

Ein weiterer Meilenstein in der Geschichte des Buddhismus in Sri Lanka ist die Ankunft des Ehrenwerten *Buddhaghosa* im fünften Jahrhundert n.Chr.; sie war von einer umfassenden Restaurierung geprägt. Es wurde bereits erwähnt, daß sich Nordindien zu dieser Zeit bereits fest in der Hand der *Mahāyāna*-Sekten befand, welche die ursprünglichen Buddhisten, die *Theravāda*, in den Süden verdrängten.
Der Ehrenwerte *Arahat Revata* lebte in der Nähe von Bodhgaya. Sein Schüler, der Ehrenwerte *Buddhaghosa,* ein ehemals mächtiger Brahmanenyogi, war ernsthaft an den ursprünglichen Lehren des Buddha interessiert. Also lud ihn der heilige Lehrer nach Sri Lanka ein und bat ihn, den Tipitakaund die Kommentare mit nach Nordindien zu bringen, um dort den *Dhamma* wieder aufleben zu lassen.
Die Früchte dieser Mission des Ehrenwerten *Buddhaghosa* mußten nun verbreitet werden, denn auch in Sri Lanka gab es mittlerweile viele *Mahāyāna*-Sekten, besonders die *Vaitulyavādin,* die darauf bedacht waren, die Schriften durch Übertragung ins Sanskrit zu verfälschen. *Buddhaghosa* wurde von den weisen Ältesten geprüft und dieser ehrenwerten Aufgabe für würdig befunden. Er erhielt jegliche Unterstützung für die Rückübersetzung der Kommentare ins *Pāli.* Nach vielen mühevollen Jahren war dem Ehrenwerten *Buddhaghosa* diese literarische Meisterleistung gelungen.
Gruppen von Schreibern saßen in einer Reihe, während der kenntnisreiche *Pāli*-Kommentator ein Werk nach dem anderen diktierte. Während der eine Schreiber noch einen Satz auf das Blatt niederbrachte, nutzte der große Gelehrte die Zeit, dem nächsten Schreiber bereits das nächste Werk zu diktieren.
Der Ehrenwerte *Acharya Buddhaghosa* verfaßte auch den ›Pfad der Reinigung‹ *(Visuddhi Magga),* in dem die gesamte Essenz der Lehre enthalten ist. Dies ist sein großes Meisterwerk, das bisher noch seinesgleichen in der buddhistischen Lite-

ratur des *Dhamma* sucht. Seine unvergleichliche Leistung aus Liebe zum Buddhismus wurde vor einem häufigen Auf und Ab in der späteren Geschichte Sri Lankas bewahrt, und viele weitere Kommentatoren traten in *Acharya Buddhaghosas* Fußstapfen.

Von allen großen Königen, die dem Buddhismus in Sri Lanka große Dienste erwiesen haben, tat sich wohl *Parākkamabāhu* (elftes Jahrhundert n.Chr.) hervor; er wird deshalb auch mit dem Ehrentitel *Sinhala Asoka* bedacht. Während seiner Regentschaft wurde eine Versammlung großer Gelehrten unter dem Ehrenwerten *Sāriputta Thera* einberufen, bei der beschlossen wurde, von Gelehrten Unterkommentare in *Pāli* verfassen zu lassen.

Wie alles in der Welt war auch der Buddhismus in Sri Lanka vielen Hochs und Tiefs unterworfen, und als die Portugiesen im Jahre 1505 dort einfielen, mußten die Buddhisten einen erneuten Schicksalsschlag hinnehmen. Die Portugiesen zwangen die Buddhisten, zum Christentum zu konvertieren, entledigten sie ihrer Roben und schändeten ihre Tempel. Außerdem wurden sie gezwungen, portugiesische Namen anzunehmen.

Die meisten Buddhisten nahmen diese Katastrophe weise und ruhig auf. Sie nahmen die portugiesischen Namen an, wohnten den Gottesdiensten bei und verhielten sich wie demütige Katholiken. Des Nachts jedoch trafen sie sich zu verschiedenen Zeiten in unterschiedlichen Häusern, damit sie nicht ertappt werden konnten, und unterhielten die buddhistische *Pūja,* studierten den *Dhamma* und meditierten. Die Mönche trugen zu diesen Anlässen gelbe Roben, und sie führten ihre Zeremonien durch wie zuvor im Tempel.

Die Haltung der Buddhisten war einfach: Die Unterdrükker mochten Macht über ihre Körper haben, über ihren

Geist allerdings niemals. Die erzwungenen äußerlichen Veränderungen waren von keinerlei Bedeutung. Da sie im Geiste gläubige Buddhisten waren, hatten sie nichts zu fürchten. So konnte der Buddhismus triumphieren.
Nach dem Zweiten Weltkrieg, nachdem Sri Lanka die Unabhängigkeit erlangt hatte, wurde es erneut zu einem mächtigen Zentrum des Buddhismus. Unzählige Programme mit dem Ziel, spirituelles Erwachen zu inspirieren, wurden ins Leben gerufen. Allen Bedrängungen und Unterdrückungen durch Fremdherrschaft zum Trotz erhielten die Buddhisten ihre Kultur und Tradition als einen integralen Teil der Gesellschaft Sri Lankas aufrecht, und heute machen die Buddhisten die Mehrheit der Bevölkerung aus.

Birma

Die Geschichte des Buddhismus in Birma [heute: Myanmar] läßt sich in zwei Perioden unterteilen, die als prä-paganische (drittes Jahrhundert v.Chr. bis elftes Jahrhundert n.Chr.) und als postpaganische bekannt sind.
Den *Pāli*-Chroniken *Sāsanavaṃsa, Sāsanappaveni* und anderen zufolge trafen die *Arahats Sona* und *Uttara* 235 Jahre nach dem Tode des Buddha in *Thaton* ein, der damaligen Hafenhauptstadt von *Suvannabhūmi*. Sie waren vom Herrscher A*soka* abgesandt und von seinem Lehrer *Arahat Moggaliputta* T*issa* instruiert worden.
Nach der Überlieferung Birmas geht die Einführung des Buddhismus bis ins sechste Jahrhundert v.Chr. zurück, als *Tapussa* und *Bhallika,* die beiden burmesischen Kaufleute, eine Haarreliquie des Buddha mitbrachten und die große *Swedagong*-Pagode errichteten. *Tapussa* und *Bhallika* waren jene beiden Gläubigen gewesen, die dem Buddha nach sei-

nen sieben Wochen *Samādhi,* denen die Erleuchtung folgte, die erste Nahrung gereicht hatten. Sie waren auch die ersten gewesen, denen der Buddha ein Haar als Reliquie gegeben hatte.
Der Überlieferung zufolge wurde der *Pyu*-König *Dattaboung* von *Thirikhettara* (heute Prome) nach dem Zweiten Großen Rat unter dem *Arahat Mahārakkhita* ein gläubiger Buddhist. Auch seine beiden Söhne wurden *Arahats*, ebenso wie später eine seiner Königinnen und ihre Tochter buddhistische Nonnen wurden. Es heißt, daß der Buddhismus in der *Dattaboung*-Dynastie in der Gegend von Prome über fünfhundert Jahre blühte.
Wir wissen zudem, daß der Buddha im achten Jahr nach seiner Erleuchtung *Thaton* einen Besuch abstattete. Im Jahr des Verscheidens des Buddha besuchte der *Arahat Gavampati* die Stadt und begeisterte den König *Sīharāja* und viele weitere Menschen für den Buddhismus. Es wird ferner berichtet, daß während seines achtjährigen Aufenthaltes dort ein beachtliches spirituelles Aufleben zu verzeichnen war. Diese Überlieferungen werden durch architektonische Relikte untermauert – Tempel, Pagoden, Schreine etc. –, welche noch heute wahre Pilgerströme anlocken.

Thaton, die Hauptstadt von *Suvaāṇṇabhūmi,* war auch ein wichtiger internationaler Hafen. Mönche und Händler aus Indien kamen auf ihrer Reise in die südostasiatischen und fernöstlichen Länder zwangsläufig durch die Stadt. Ebenso führte ihre Reise die Mönche und Händler aus den östlichen Ländern nach Indien durch *Thaton.* Die Bewohner von *Thaton*, als Mon bekannt, wurden auch *Talaing (Telugu)* genannt, da sie ursprünglich aus Südostindien kamen, beispielsweise dem heutigen Telangana und Andhra. Die Mon stammten von südostasiatischen Völkern ab, beispielsweise den Khmer aus Kambodscha, indonesischen Stämmen von

Sumatra und Java sowie Volksgruppen aus Thailand. *Thaton* hat also offensichtlich eine bedeutende Rolle nicht nur in der Verbreitung des Buddhismus und als Handelszentrum gespielt, sondern auch bei der Integration verschiedener Rassen und Volksstämme in Süd- und Südostasien.

Als die *Arahats Sona* und *Uttara* als offizielle *Dhammadutas* von Indien hier eintrafen, wurde ihnen ein festlicher Empfang bereitet. Sie erhielten alles, was sie benötigten, den *Dhamma* zu verbreiten, und das nicht nur in Birma, sondern in fast allen südöstlichen Teilen Asiens bis nach Vietnam. So groß war der Einfluß der Bewegung und so weitreichend, daß allen Kriegen und gesellschaftlichen Zwistigkeiten zwischen Stämmen, Staaten und Dynastien in dieser Gegend zum Trotz der Buddhismus nicht nur blühte, sondern auch als zivilisierende Kraft für ehemalige Erzfeinde eine wunderbare Form der Zusammenführung fand. Die Menschen dieses Gebietes sind für ihre Freundlichkeit bekannt, die auf den Einfluß des Buddhismus auf ihr Leben zurückzuführen ist.

Ein bedeutender Meilenstein in dieser Periode war der Besuch des Ehrenwerten *Acharya Buddhaghosa* auf seinem Rückweg von Sri Lanka. Berühmte *Pāli*-Schriften berichten von der Geschichte des *Dhamma* und vom anregenden Einfluß, den der Ehrenwerte *Acharya* auf die Entwicklung des Buddhismus in Birma und dem Fernen Osten genommen hatte.

In *Sāsanavaṃsa,* der authentischen ›Geschichte der Lehre‹, wird berichtet, daß *Arahats* aus der Zeit der Begründung des *Dhamma* in Birma in dieser Gegend gewesen seien. Ferner steht geschrieben, daß insbesondere von der Ankunft der *Arahats Sona* und *Uttara* an bis in die Zeit König *Manuhas* viele von ihnen in und um die Stadt Sudhamma *(Thaton)* gelebt haben. Möglicherweise war dies einer der Gründe, warum

Suvaṇṇabhūmi den Namen *Rāmañña Desa*, die Stadt des Wahren Entzückens, erhielt.
Die *Arahats* sind der Maßstab der spirituellen Entwicklung einer Gesellschaft. In der Tatsache, daß es in dieser Periode (3 v.Chr. bis 11 n.Chr.) trotz aller gesellschaftlicher und politischer Turbulenzen befreite Heilige gegeben hat, spiegelt sich die Begeisterung der Menschen für den Buddhismus als eine zivilisierende und spirituelle Kraft wider, welche Wahrheitsliebe und Werte anstelle von Liebe für die materiellen Dinge weckt. Dies ist ein beredter Tribut an die Weitsicht dieser großen vom Herrscher *Asoka* entsandten *Dhammadutas.*

Die Ankunft des Königs *Anoratha,* des Burmesen *Asoka* und eines Zeitgenossen von *Parākkamabahu,* dem aus Sri Lanka stammenden *Asoka,* kennzeichnet nicht nur den Anbruch einer neuen Ära der buddhistischen Entwicklung in Birma, sondern brachte durch einen einzigartigen Umstand in der Geschichte eine erstmalige Veränderung in der buddhistischen Welt hervor.
Die Zeit vom elften bis zum dreizehnten Jahrhundert war von immenser Bedeutung für das Erbe des Buddha. In Indien fanden große Umwälzungen statt, und der Buddhismus mußte in all seinen Zentren große moralische Schläge hinnehmen, zum einen durch die Moslems und zum anderen durch die hinduistischen Sektierer. Aufgrund dieser Bedrängnisse flohen viele indische Buddhistenmönche an die Grenzen und in die benachbarten Regionen, insbesondere von Ladakh in Kaschmir in den Westen oder nach Assam in den Osten, den Himalaya-Gürtel entlang. Dort errichteten sie eine buddhistische Gesellschaft, die entgegen allen Widrigkeiten bis zum heutigen Tag Bestand hat. Um ihr Erbe zu bewahren, zogen sie auch nach Nepal, Sikkim, Bhutan, Birma, Tibet und selbst nach China, in die Mon-

golei etc. Eine andere Gruppe floh in indisch-burmesische Grenzgebiete und wiederum eine andere in die südöstlichen Länder, einschließlich Sri Lankas.

Anoratha, Herrscher von Pagan (Nordbirma), war nicht nur ein gläubiger Buddhist, sondern auch ein mächtiger König. Er beobachtete die historischen Kräfte und war daher ein wirklich weiser Monarch. Im oberen Birma wurde zu dieser Zeit eine sonderbare Mischung aus *Mahāyāna,* Tantra und Hinduritualen praktiziert. Dieser sinnliche und bizarre Kult wurde als *Ari* bezeichnet, und Pagan war seine Festung.

Dem König mißfiel dieser Kult, und er wünschte, die wahre Lehre des Buddha kennenzulernen. Als er sich auf die Suche begab, traf er *Shin Arahan,* den Sohn eines indischen Buddhisten aus *Thaton.* Dieser war ein *Arahat* und ein großer *Dhammadūta. Anoratha* war von den schlichten, aber tiefgehenden Lehren des *Theravāda* derart beeindruckt, daß er sogleich ein Schüler des Ehrenwerten *Shin Arahan* wurde. Viele folgten ihm und nahmen den *Dhamma* an.

Auf den Rat der Ältesten hin beschloß der König, sich Kopien des *Dipitaka* und anderer Reliquien des Buddha aus der *Thaton*-Gegend zu besorgen. König *Manuha* von *Thaton* kam dem Wunsch von *Anoratha* jedoch nicht nach, sondern rief – im Glauben, sich somit als guter Anhänger des *Theravāda* zu zeigen – die Häretiker aus dem Norden herbei. Dies erzürnte *Anoratha*, und er griff das Mon-Königreich an. Dabei nahm er *Manuha* gefangen, entwendete sämtliche Reliquien sowie die Tipitaka-Ausgaben und nahm zudem noch eine Gruppe von Mönchen mit, die ihn den *Dhamma* lehren sollten. So kehrte er siegreich nach Pagan zurück.

Anoratha verlieh dem *Dhamma* durch dieses Wagnis eine ungeahnte Tragweite. Im Anschluß ließ er Pagoden und Klöster in großer Zahl errichten, ließ den Tipitaka zum ersten Mal ins Burmesische übersetzen, förderte das Studium und das Praktizieren des *Dhamma* im Volk.

Um sicherzustellen, daß die *Thaton*-Ausgabe des Tipitaka auch authentisch war, sandte er vier vertrauenswürdige Minister nach Sri Lanka, wo der ursprüngliche Tipitaka verwahrt wurde. Nach eingehender Prüfung waren sie sicher, daß die Versionen identisch waren. *Anoratha* führte auch die bis dahin verfeindeten Staaten Birmas zur Einigkeit. Das Wiederaufleben des Buddhismus, welches *Anoratha* herbeigeführt hatte, hält bis zum heutigen Tage an. Dazu haben auch spätere Könige beigetragen.
Pagan selbst wurde schließlich jedoch zerstört. Kublai Khans Enkel legte die Stadt aus religiösem Fanatismus in Schutt und Asche, wie die islamischen Horden aus dem Mittleren Osten es zuvor in vielen Städten in Indien getan hatten. Die Ruinen Pagans vermitteln noch heute, ihrer Verwüstung und jahrhundertelangen Verwahrlosung zum Trotz, eine atemberaubende Majestät. Die Ruinen bestechen durch die Vielzahl an Tempeln, Pagoden, Schreinen, Stupas etc.
Nach der Zerstörung Pagans wurden die Zentren des Buddhismus an andere Orte verlegt. *Pegu*, wo König *Dhammaceti* herrschte (fünfzehntes Jahrhundert), wurde ein großes Zentrum des Buddhismus. Hier wurde eine besondere Bewegung zur Reinigung des burmesischen *Sangha* eingeleitet, und Mönche wurden nach Sri Lanka geschickt, um sich dort erneut ordinieren zu lassen. Wie die *Kalyāni*-Schriften berichten, wurde ein derartiger religiöser Austausch in der Geschichte des Buddhismus häufiger vorgenommen, um die Stärke und Vitalität des heiligen Ordens wiederherzustellen.

Zwei weitere Ereignisse in der Geschichte des Buddhismus trugen sich in Birma zu, nämlich zur Zeit des Fünften und Sechsten Großen Rates in den Jahren 1871 und 1956. König *Mindon,* der sich aufgrund der Besetzung durch die

Briten mit einer dunklen Periode konfrontiert sah, berief den Fünften Großen Rat in *Mandalay* ein. Unter den Augen des Rates ließ er den gesamten Text des Tipitaka auf 729 Marmortafeln übertragen. Jede einzelne Tafel wird in einer exquisiten Installation aufbewahrt. Noch heute gelten diese Tafeln als das größte Heiligtum Birmas.

Im Gedenken an *Jayanti*, den 2.500ten heiligen Buddha, der für die *Mahāparinibbāna,* den Großen Abschied des Buddha, stand, berief die burmesische Regierung unter dem Premierminister U Nu im Jahre 1956 den Sechsten Rat ein. Die weisesten Mönche aller buddhistischen Länder der Welt rezitierten den gesamten Tipitaka öffentlich mitsamt allen Kommentaren und Unterkommentaren. Die burmesische Regierung ließ ein besonderes Bauwerk, welches in der Struktur der *Sattapanni*-Höhle gleicht, in welcher der Erste Rat stattfand, auf dem Gipfel des *Sirimangala*-Hügels errichten, sieben Meilen von Rangoon entfernt. Für diese große Synode wurden keine Kosten gescheut. Sie war ein großer Erfolg, insbesondere weil jeder noch so gewöhnliche Mönch mit einer Spende dazu beitrug, daß dieses Projekt dem Weltfrieden diente.

Thailand

Sowohl historisch als auch herkömmlich betrachtet, läßt sich die Ankunft des Buddhismus in Thailand auf die beiden gefeierten Missionare des *Asoka*, die *Arahats Sona* und *Uttara,* zurückführen. Bis heute ist Thailand ein Land, in dem der *Theravāda*-Buddhismus stark geblieben ist.

Etwa siebenhundert Jahre zuvor war Thailand von einem Thai-Volk gegründet worden, welches aus Südchina stammte. Die ursprünglichen Einwohner des Landes, die Mon und Lawa, mischten sich mit den Ankömmlingen, und so bilden sie heute die Thai. Die Mon von *Thaton* in Birma und jene von Thailand hatten dieselben Vorfahren. Als *Thaton* zur Hochburg des *Theravāda*-Buddhismus wurde, verbreitete sich die buddhistische Tradition ganz natürlich auch bei den anderen Mon.

Damals gab es regelmäßigen Handel zwischen Indien und jenen östlichen Ländern, in denen viele Jahre zuvor zahlreiche Kolonien von indischen Händlern gegründet worden waren. Der Bestand von antiken Ruinen und Überbleibseln untermauert diesen historischen Umstand. Fragmente von Bildern, Stupas, Klöstern, Statuen des *Dhammacakra* mit den Antilopen und anderes waren in den Ruinen von *Nakorn Pathom* (oder Phra Pathomcedi, wie es heute heißt) gefunden worden. *Nakorn Pathom* ist der alte Name für Siri Chai, das ein Zentrum der Mon-Kultur war.

Die Kultur der Mon blühte unter dem Einfluß des Buddhismus der *Amarāvati*- und *Kancipuram*-Schule über mehrere Jahrhunderte. Diese Periode wird als *Dvāravati*-Periode bezeichnet und reichte bis ins zehnte Jahrhundert n.Chr. hinein. Dann wurde sie von der Khmer-Kultur Kambodschas abgelöst. Die indische Kultur (eher Hindu als *Mahāyāna)* der Khmer währte nur ein paar Jahrhunderte, bis sich das Volk, das heute Thai genannt wird und aus dem südchinesischen Staat Nan Chao kam, im dreizehnten Jahrhundert das Land aneignete.

Die Verbreitung des Buddhismus in Thailand läßt sich grob in drei Hauptperioden untergliedern:

1. frühe Buddhisten der *Asoka-, Amarāvati*- und *Kancipuram*-Schulen:
2. *Mahāyāna*-Buddhismus:
3. *Theravāda*-Buddhismus über Birma und Sri Lanka.

Die Einführung des frühen Buddhismus durch die beiden großen Apostel des *Dhamma* und die darauffolgende Entwicklung wurden bereits erläutert. Die sich anschließend ausbreitenden *Mahāyāna*-Buddhisten kamen aus zwei Lagern und in zwei verschiedenen Wellen nach Thailand. Erstere kamen aus dem Königreich *Sri Vijaya,* von den indonesischen Inseln Java, Sumatra und Bali sowie Malaysia. Sie breiteten sich vorwiegend auf den Halbinseln im südlichen Teil Thailands aus. Dies geschah zwischen dem fünften und dem sechsten Jahrhundert n.Chr. Die zweite Welle der *Mahāyāna*-Buddhisten kam aus Kambodscha und verbreitete sich in den östlichen und mittleren Landesteilen, als König *Suryavarman* von Kambodscha dieses Land beherrschte.

Die heutigen Thai wanderten von Nan Chao in Richtung Süden ein und verbreiteten sich fächerartig in einem großen Territorium, welches Assam, Birma, Thailand und Laos umfaßte. In Assam heißen sie Ahom, Siam, Simppu und Khamti etc., in Birma sind sie als die unterschiedlichen Shan-Stämme bekannt. Die Migration hatte sich zunächst allmählich vollzogen, als jedoch der Enkel von Kublai Khan Südchina angriff, zogen die Thai in großen Strömen durch Thailand und nahmen schließlich das ganze Land ein. Bei diesen Stämmen handelte es sich vorwiegend um animistisch geprägte Anhänger des *Mahāyāna.* Sie hatten kein Problem damit, die ansässigen Lawa und Mon zu überwältigen, die einer Dekadenz verfallen und, insbesondere die Lawa, selbst eine animistische Einstellung hatten.

In der dritten Phase wurde der *Theravāda*-Buddhismus zur universell anerkannten Religion des neuen Thai-Volkes. König *Anoratha* von Pagan hatte nicht nur die Mon-Länder des unteren Birma erobert, sondern auch Einfluß auf die nördlichen Länder Thailands gewonnen. Viele der Thai-Regenten, die Pagan während dieses großen Aufschwungs des

Theravāda-Buddhismus besuchten, führten diesen in ihren eigenen Gebieten ein.

Der erste Thai-König und Nationalheld, *Phra Ruang*, der für den Sieg über die Khmer verantwortlich war und das Königreich von *Sukotai* gründete, war ein gläubiger Buddhist und ermutigte sein Volk, den *Dhamma* zu praktizieren. Sein Sohn, *Rāma Kamheng*, ließ es dabei nicht bewenden. Der eifrige Buddhist entsandte Missionare nach Sri Lanka und ließ einen reinen Orden gründen. Das durch *Parākkamabāhu* in Sri Lanka initiierte Wiederaufleben des Buddhismus hatte einen außerordentlichen Effekt auf Thailand, Birma, Kambodscha und Laos.

Der Älteste Sri Lankas wurde *Sangharāja* (Prälat) des Thai-*Sangha*, und ihm wurde durch den König von *Sukotai*, dem heutigen Tani, ein Kloster erbaut. Dieses Kloster ist als *Wat Araññika* bekannt. Dort ließ der König die berühmten Inschriften mit allen Details dieser Einweihung verewigen. Sein Enkel, König *Dhammarāja* I. (1350–1370 n.Chr.), trat in seine Fußstapfen und war womöglich sogar noch eifriger als sein Großvater. Er sandte Mönche nach Pegu in Birma sowie nach Sri Lanka, wo er einen neuen Prälaten einsetzte, der als *Somdet Sumana Mahāsāmi* bekannt wurde.

Die Thai-Periode wird in drei Dynastien untergliedert: die *Sukotai-*, die *Ayodhya-* und die *Bangkok*-Dynastie. Die *Sukotai*-Könige herrschten etwa ein Jahrhundert, während die *Ayodhya* unter König *Ramādhipati* I. die bedeutendste Rolle spielten. Während ihrer Herrschaft wurde Kambodscha ein Verbündeter Thailands. Der Niedergang dieser Dynastie kam mit dem Fall von *Ayodhya*, der durch die Burmesen im Jahre 1767 herbeigeführt wurde. Nach dem Sturz von *Ayodhya* wurde Bangkok die Hauptstadt Thailands.

Den Dynastiewechseln zum Trotz blieb der Buddhismus die nährende Basis der thailändischen Kultur. Selbst heute ist er immer noch Staatsreligion, und der König wird als ›Verteidiger des Glaubens‹ bezeichnet. Für die Thai ist das Leben ohne den Buddhismus nicht lebenswert.

Kambodscha

Auch die Religionsgeschichte Kambodschas *(Kampuchea)* läßt sich in drei Perioden untergliedern:

1. der frühe Buddhismus in der *Sonuttara*-Tradition;
2. eine stark von Hinduismus und *Mahāyāna*-Buddhismus geprägte Periode;
3. *Theravāda*-Buddhismus unter dem Einfluß Thailands und Sri Lankas.

Die indochinesischen Länder der Halbinsel, wie Kambodscha, *Champa* (Vietnam), Laos und die indonesisch-malaysischen Länder waren intensiv von Indien kolonialisiert worden und die Lebensart dort infolgedessen so indisch geworden, daß sie als ›Fernes Indien‹ bezeichnet wurden. Die frühen Chinesen nannten Kambodscha das Königreich von *Funan,* und in ihren Annalen finden wir unzählige Berichte über indische Kultur, indische Mönche und indische Könige, die über diese Gegend herrschten. I Ching schrieb nach seiner Rückkehr von *Nālandā* im Jahre 698 während seines Besuches in Kambodscha: »Südwestlich von *Champa* liegt das Land *Ponan,* ehemals *Funan,* die südliche Ecke von *Jambudīpa* (Indien). In alten Zeiten lebten die Einwohner dieses Landes unbekleidet. Die Bevölkerung bestand vorwiegend aus Geisterbeschwörern, später blühte hier der Buddhismus. Ein böser Hindukönig jedoch hat sie nun allesamt vernichtet, so daß es keine Mitglieder des heiligen buddhistischen Ordens *(Sangha)* mehr gibt.« Diese chinesischen Daten werden durch kambodschanische Aufzeichnungen indischer Könige bestätigt.

Die dort verwendeten Schriften sind denen Südindiens sehr ähnlich.
Ethnisch sind die Khmer von Kambodscha eng mit den Mon verwandt, die regelmäßigen politischen, kulturellen und persönlichen Austausch mit der Bevölkerung dieser Region pflegten. Die Form des frühen Buddhismus – bei den Mon eingeführt von den beiden *Arahats Sona* und *Uttara* – hatte der kambodschanischen Geschichtsschreibung zufolge also auch auf dieses Gebiet Einfluß. Die Aufzeichnungen von I Ching und die chinesischen Annalen decken sich in der Aussage, daß der frühe Buddhismus in Kambodscha mindestens bis ins fünfte Jahrhundert n.Chr. blühte. Chinesischen und frühen kambodschanischen Schriften zufolge traf im ersten oder zweiten Jahrhundert ein indischer Brahmane, *Kaundinya,* in Kambodscha ein und gründete eine Dynastie. Weiterhin ist die Geschichte eines anderen *Kaundinya* bekannt, der das Land um 400 n.Chr. eroberte. Den kambodschanischen *Liang*-Annalen zufolge sollen die *Kaundinyas* die frühen Herrscher über Java, Sumatra und Borneo gewesen sein. Mit der Gründung der indischen Dynastie sowie der Anwesenheit einer großen Anzahl von Indern in Kambodscha seit dieser Zeit war das Land einem starken indischen Einfluß ausgesetzt.
Während dieser Periode löste der Hinduismus den Buddhismus allmählich ab, obschon mehrere Formen des *Mahāyāna*-Buddhismus parallel dazu existierten. Die damit einhergehende Vormachtstellung der Brahmanen ist deutlich an der Anzahl von Relikten – Tempel, Götterbilder, wie beispielsweise von *Vishnu* und *Shiva,* Inschriften etc. – erkennbar. Diese Periode dauerte bis ins dreizehnte Jahrhundert hinein an. Die berühmten, bis heute erhaltenen Tempel von *Angkor Wat* und andere sind majestätische Zeugen dieser intensiven Phase des Hinduismus.
Die Könige dieser Periode trugen den Titel *Varman* – ein

Epitheton, das man bei den *Kshatriya*-Königen Indiens an den Namen hängte – wie *Jayavarman, Bhavavarman, Rudravarman, Suryavarman* etc. *Bhavavarman* soll die frühere Form des Buddhismus ausgerottet haben. Alle staatlichen und religiösen Transaktionen wurden in Sanskrit durchgeführt. Auf dem Fundament des Kastensystems wurde eine unverrückbare Hierarchie erbaut, in der die indischen Brahmanen und ihre Gefolgschaft die höchsten Positionen bekleideten. Für das elfte und zwölfte Jahrhundert sind einige großartige architektonische Arbeiten mächtiger Könige wie *Duryavarman* und *Udayādityavarman* verzeichnet, die ihre Reiche nach *Champa* und Thailand ausdehnten. Nach dem dreizehnten Jahrhundert wurde Kambodscha beständig von Thailand bedroht, und im neunzehnten Jahrhundert gab es unablässig Rivalitäten zwischen den beiden Ländern. Während der brahmanischen Periode gab es zwar *Mahāyāna*-Buddhismus in Kambodscha, doch er blieb so eng mit dem Brahmanismus verbunden, daß er kaum als selbständige Religion zu werten war.

Die Renaissance des *Theravāda*-Buddhismus begann im elften Jahrhundert, als *Parākkamabāhu* nach Sri Lanka kam. Durch seine Ankunft wurden Ereignisse in Gang gesetzt, deren Auswirkungen nach und nach bis an die Küsten von Birma, Thailand, Kambodscha und Laos reichten. Innerhalb von einem oder zwei Jahrhunderten wurden diese zu Ländern des *Theravāda*-Buddhismus und sind es bis heute geblieben. Nach Kambodscha kam der *Theravāda*-Buddhismus zunächst von Thailand, dann direkt von Sri Lanka und Birma.

Die Völker der Khmer und *Cham* – das gemeine Volk – hatten wenig Macht. Durch die Kastenhierarchie waren sie zu Dienern und Opfern für brahmanische Rituale herabgesetzt worden. Als die Thai mit ihrer einfachen und begeisternden *Theravāda*-Lehre kamen, nahm das Volk diese Botschaft, das neue Licht, gern auf und schloß sich dieser Religion an. Folgender Bericht eines chinesischen Reisenden, der *Angkor Wat* im Jahre 1296 besuchte, ist bedeutsam: »Die Brahmanen hatten viele Ämter, aber keine Schulen. Wer Bildung suchte, verbrachte einen Teil seiner Jugend in einem buddhistischen Kloster (wie auch heute noch) und kehrte dann in die Welt zurück. So verbreitete sich der Buddhismus unter dem Volk, während die Brahmanen sich in ihrer Hierarchie verstrickten. Ab seiner Einführung lebte Kambodscha den *Theravāda*-Buddhismus. Die Könige waren – wie die Thailands – ›Verteidiger des Glaubens‹. Der *Sangharāja* war der höchste Führer des Ordens und der Lehrer der königlichen Familie *(Rājaguru)*. Obwohl Spuren des Brahmanismus in den höfischen Zeremonien erhalten geblieben sind, ist der König ein gläubiger Buddhist gewesen.«

Laos und Vietnam

Die Geschichte des Buddhismus in den indochinesischen Staaten Laos und Vietnam gleicht der von Kambodscha. Am Anfang stand der Einfluß des frühen Buddhismus durch die Inder, Mon und Khmer. Dann wurden diese Länder dem Hinduismus ausgesetzt, der jedoch aufgrund der geographischen Nähe zu China in Konkurrenz zum *Mahāyana*-Buddhismus stand. Die Machtübernahme durch die Kommunisten konnte nicht verhindern, daß heute in Laos der *Theravāda*-Buddhismus sowie in Vietnam der *Mahāyāna*-Buddhismus herrschen. Heute gibt es auch in Vietnam viele *Theravāda*-Buddhisten, einschließlich eines vietnamesischen *Sangha* in Saigon und an anderen Orten.
Laos ist ein Land des *Theravāda*-Buddhismus, der seinen Weg im Laufe des dreizehnten Jahrhunderts dorthin gefunden hatte. Ethnologisch gehören die Bewohner von Laos zur

Familie der Nan-Chao-Stämme und wanderten zur selben Zeit in diese Gegend ein wie die Thai, die Shan und die Ahom. Dieser Völkermischung zum Trotz erhielten sich die Bewohner von Laos einige frühe Traditionen der ursprünglichen Einwohner, der Mon. Beispielsweise verwendeten sie zum Niederschreiben des Tipitaka eine Schrift, welche von den Mon stammte und der modernen Schrift der Birmanen ähnelt. Die Thai dagegen verwenden eine ganz andere Schrift, die eher jener der Khmer gleicht, ebenso wie sich die modernen Schriften Kambodschas und Thailands sehr ähneln.

Indonesien und Malaysia

Indonesien – Sumatra, Java, Bali, Borneo [heute im Süden der indonesische Landesteil Kalimantan und im Norden das Sultanat Brunei sowie die malaysischen Distrikte Sabah und Sarawak] – und Malaysia waren einst eine Region, in welcher der Buddhismus blühte. Diese Gegend bildete damals eine Kette florierender indischer Kolonien, und durch den regelmäßigen Austausch zwischen diesen Ländern und Indien verbreitete sich der Buddhismus bereits in seiner frühen Phase. Später war ein Einfluß des Hinduismus sowie des aufkommenden *Mahāyāna*-Buddhismus zu verzeichnen. Dennoch lagen Abgründe zwischen Buddhisten und den stets aggressiven Hindus.

Die großen Reiche von *Sri Vijaya* und später *Sailendras* erstreckten sich bis hinein nach Thailand und Indochina. Einige der Könige dieser beiden Dynastien waren begeisterte Buddhisten. Berühmte Relikte wie die majestätische Tempelgruppe von *Borobudur* und andere buddhistische Monumente sind beeindruckende Beispiele der Gläubigkeit dieser Könige.

Chinesische Pilger wie Yuang Chuang und I Ching berichteten, wie verbreitet der Buddhismus in dieser Gegend zu ihrer Zeit war. In den *Kalsan*-Inschriften, die im Jahre 778 in *Nagari*-Schrift angefertigt wurden, wird der Bau eines Tempels für [die *Mahāyāna*-Göttin] *Tārā* und der eines *Mahāyāna*-Klosters erwähnt. Ein chinesisches Buch mit dem Titel Kao Seng Chuang (aus dem Jahre 519) enthält die Biographien großer Mönche. Insbesondere wird darin ein *Guruvarman* erwähnt, Sohn eines Königs von *Kashmira*. Nachdem er sein Amt als König niedergelegt hatte, wurde er ein buddhistischer Mönch und bekehrte die Einwohner Javas zum Buddhismus.
Heute sind Indonesien und Malaysia muslimisch, es gibt allerdings immer noch Buddhisten dort. Besonders in Indonesien finden wir sowohl *Mahāyāna*- als auch *Theravāda*-Buddhisten, die dem durch die Mullahs erzwungenen Glaubenswechsel entkommen sind. Diese Länder sind erst seit dem fünfzehnten Jahrhundert muslimisch. Die Araber hatten sich zunächst als Händler in *Malacca* niedergelassen. Allmählich unterwanderten sie die Buddhisten und Hindus durch Heiraten und ökonomischen Druck. Als sie schließlich mächtig wurden, stürmten sie das Land und unterdrückten die Buddhisten und Hindus mit Gewalt. Bali jedoch ist immer noch ein orthodoxes Hindu-Gebiet. Selbst heute zeugen die Namen zahlreicher Orte, Menschen und Traditionen von dem alten buddhistischen und hinduistischen Fundament. Diese Traditionen bleiben wider alle islamische Unterdrückung bestehen.

China

Gemäß der chinesischen Überlieferung war König Ming Ti aus der Han-Dynastie der erste, der sich dem Buddhismus verschrieb. Im Jahre 65 n.Chr. entsandte er eine achtzehnköpfige Delegation nach Indien, welche die heilige Lehre des Buddhismus erforschen sollte. Nach elf Jahren kehrten die Abgesandten mit einer Sammlung buddhistischer Schriften, einigen Abbildungen des Buddha und zwei brillanten gelehrten Mönchen aus *Magadha, Kashyapa Matanga* und *Dharmaraksha* mit Namen, nach China zurück.

Da die Mönche auf zwei weißen Pferden eintrafen, wurde das Kloster, in dem sie untergebracht wurden, Loyang – das Kloster der weißen Pferde – genannt. Es wurde das wichtigste buddhistische Zentrum des Landes. Der Großteil der indischen Mönche, die nach China kamen, schlug auf seiner Mission sein Lager in diesem Kloster auf, in dem auch die meisten vorhandenen buddhistischen Schriften aus dem Sanskrit ins Chinesische übertragen wurden.

Nach diesem anfänglichen Erfolg wurde es über Jahrhunderte für die indischen Missionare zur Tradition, nach China zu reisen und ihr Leben dem Übersetzen von Büchern und der Verbreitung des *Dhamma* zu widmen. Unter den ersten Indern, die sich nach China begaben, waren indische Gelehrte wie die Ehrenwerten *Aryakāla, Suvinaya* und *Cūlakāla.* Im zweiten und dritten Jahrhundert waren die bedeutendsten Missionare die Ehrenwerten *Mahākāla, Dharmapāla, Dharmakula* und *Thirayāna.* Es steht geschrieben, daß zu dieser Zeit bereits über dreihundertundfünfzig Bücher übersetzt worden waren.

Im vierten Jahrhundert herrschte in China die Chin-Dynastie. Während dieser Zeit stand der Buddhismus dort in voller Blüte. Im Jahre 381 errichtete Hain Wu, ein mächtiger König dieser Dynastie, in Nanking einen großartigen buddhistischen Tempel. Im ganzen Land wurden zahlreiche Klöster erbaut, und der Großteil der Bevölkerung nahm den Buddhismus als Religion an.

Zu Beginn des fünften Jahrhunderts lebte ein bedeutender und gelehrter Buddhistenmönch im Nordwesten Indiens, nämlich der Ehrenwerte *Kumārajīva.* Er hatte den Buddhismus in *Kashmira* und *Kashghar* studiert und stand nun unter dem Schutz des Königs, der ebenfalls Buddhist war. Während dieser Zeit wurde das Gebiet von den Chinesen erobert. Es wird überliefert, daß der General, der diese Kampagne anführte, *Kumārajīva* auf ausdrücklichen Befehl des chinesischen Königs nach China mitnahm.
Dort wurde ihm ein rauschender Empfang bereitet, und dann wurde er gebeten, eine buddhistische Mission in China zu etablieren. *Kumārajīva* wurde Meisterübersetzer der buddhistischen Bücher aus dem Sanskrit ins Chinesische. Er wird als Urheber des hohen chinesischen Sprachstils erachtet. Seine Bücher über die Leben von *Ashvaghosha* und *Nagarjuna* sind Meisterwerke. Seine wichtigsten Mitarbeiter waren *Dharmaraksha, Sanghabhadra, Dharmapriya* und *Buddhabhadra.* Tausende von chinesischen Mönchen wurden von ihm ordiniert und unterwiesen. Der bekannte chinesische Reisende Fa Hsien zählte ebenfalls zu seinen Schülern.

Auf die Anfrage des chinesischen Königs Sang Wan Ti begab sich der Ehrenwerte *Guruvarman,* ein weiterer berühmter indischer Mönch, nach China und traf dort im Jahre 431 in Nanking ein. Für ihn wurde ein besonderes Kloster errichtet, welches den Namen *Jetavana Vihāra* erhielt. Der wichtigste Beitrag des *Guruvarman* zur Verbreitung des Buddhismus in China war die Bekanntmachung der *Mahāyāna*-Werke, *Saddharmapuṇḍarika,* und die Einrichtung eines Ordens für Nonnen.
Als weitere hervorragende indische Missionare folgten ihm *Gunabhadra* im Jahre 435 und *Dharmajalayasa* im Jahre 481, *Ratnamati* und *Bodhiruci* zu Beginn des sechsten Jahrhunderts.

Während dieser durch große buddhistische Mönche bestimmten Periode traf auch *Bodhidharma* in China ein und begeisterte das ganze Land für ein Leben in Spiritualität. Obwohl er den Großteil seiner Zeit in China in Abgeschiedenheit und tiefer Meditation verbrachte, gab der Name *Bodhidharma* im religiösen Leben des Landes stets Anlaß für Bewunderung.
Andere bedeutende indische Buddhistenmönche, die im sechsten Jahrhundert nach China reisten, waren *Jinagupta, Jnānabhadra, Jinayasa* und *Yasagupta.*
Der große chinesische Weise, Reisende, Übersetzer und Missionar Yuan Chwang besuchte Indien im Jahre 629. Fünf Jahre lang studierte er den Buddhismus an der *Nālandā*-Universität und kehrte dann mit einer großen Sammlung von Schriften und Abbildungen zurück. Seine Übersetzungen von neunundfünfzig buddhistischen Sanskritbüchern ins Chinesische sind noch heute einsehbar und werden als ein Höhepunkt der religiösen und literarischen Gelehrsamkeit betrachtet.

Gegen Ende des zehnten Jahrhunderts kam die Sung-Dynastie an die Macht und etablierte eine imperialistische Regierungsgewalt. Die Könige dieser Dynastie waren gläubige Buddhisten. Sie ließen die eingeschlafenen kulturellen Beziehungen mit *Nālandā* wieder aufleben und luden zahlreiche indische Meister nach China ein.
Der letzte bekannte indische Mönch in der langen Reihe von Missionaren war ein berühmter Logiker aus *Nālandā, Jnānasri,* der in der Mitte des elften Jahrhunderts nach China kam. Danach versiegte der Strom indischer Mönche aus zweierlei Gründen: Zum einen wurde das Feld der missionarischen Aktivitäten von China nach Tibet verlagert, und zum anderen wurden die buddhistischen Zentren in Indien durch die wiederholten Angriffe der muslimischen Ein-

dringlinge geschwächt, welche die Universitäten und Bibliotheken niederbrannten und Mönche massakrierten.

Korea und Japan

Von China her kam der Buddhismus aus dem Osten nach Korea und von dort nach Japan. Im Jahr 376 traf ein chinesischer Mönch, Sun Do, mit wertvollen Buddhabildern und religiösen Büchern in Ko-gur-yu, den nördlichen Provinzen Koreas, ein. Er begeisterte die Menschen derart, daß sich große Gruppen gleichzeitig zum Buddhismus bekehrten. Für seine missionarische Tätigkeit richtete Sun Do in weiteren Teilen Koreas zwei große Klöster ein.
Im Jahre 384 kam ein anderer chinesischer Mönch namens Mag Mo in die Provinzen des Gebietes von Pak Chi und wurde dort sowohl vom Volk als auch vom König herzlich empfangen.

Die Könige und das Volk Koreas förderten über Jahrhunderte hinweg Bemühungen, die Lehren des *Dhamma* in ihrem Nachbarland Japan zu verbreiten. So entsandte König Simai im Jahre 552 einige buddhistische Missionare von Korea zum Herrscher Kimmai von Japan und bat ihn, ihnen behilflich zu sein, den *Dhamma* auch in seinem Lande zu verbreiten.
Der erste buddhistische Mönch, der von Korea aus nach Japan reiste, war Shiba Tassu. An Japans Südküste richtete er den ersten buddhistischen Schrein ein – ein Bild des Buddha in einer Strohhütte. Unter den Missionaren, die Japan erreichten, war auch ein Inder, *Bhikkhu Hodo.*
Interessanterweise verdankt die buddhistische Mission in Japan einen Großteil ihres Erfolgs den eifrigen Bemühungen der koreanischen Nonnen, welche in die japanischen

Familien gingen und dem Buddhismus dort eine Basis verschafften.
In der ersten Hälfte des siebzehnten Jahrhunderts wurde der berühmte japanische Herrscher Sotoku ein ergebener Anhänger des Buddhismus. In seinem Eifer stand er *Asoka* nicht nach und tat alles in seiner Macht Stehende, um den *Dhamma* in seinem Lande zu verbreiten.
So entstanden in Japan große Gemeinschaften buddhistischer Mönche. Sie gingen nach China, um sich dort schulen zu lassen und Inspiration zu erhalten. Anschließend verbreiteten sie ihre Lehren in ihrer Heimat, wo sie heute noch florieren. Eine der japanischen Lehren wurde schließlich weltweit anerkannt: der Zen-Buddhismus. Das Wort Zen stammt vom chinesischen Wort Chen ab und ist eine verdrehte Form des *Pāli*-Wortes *Jhāna, Dhyāna* im Sanskrit. *Jhāna*, meditatives Eintauchen, ist der Kern des spirituellen Lebens im Buddhismus. B*odhidharma*, ein südindischer Buddhistenmönch, ist der Begründer der Zen-Lehre.
Im achten Jahrhundert wurde Nara, die erste königliche Hauptstadt Japans, das bedeutendste Zentrum buddhistischer Aktivitäten und Missionen. Im Jahre 749 n.Chr. wurde das größte Messingbildnis des Buddha, der Nara Daya Butsu, im Hauptschrein der Stadt aufgestellt. Es ist etwa sechzehn Meter hoch, enthält rund 300 kg Gold, 7.600 kg Eisen, 880 kg Quecksilber und 4.500 kg Messing.
Kunst, Architektur und Kultur in allen Facetten wurde entscheidend durch den Buddhismus geprägt. Japan ist heute noch eine Hochburg des *Mahāyāna*-Buddhismus, von dem es unzählige Sekten und Untersekten gibt, welche die Adaptation des Buddhismus in seiner Formenvielfalt zeigen.

Tibet

Obschon Tibet geographisch nahe bei Indien liegt und die beiden Länder lediglich durch die Gebirgskette des Himalaya voneinander getrennt sind, dauerte es mehrere Jahrhunderte, bis der Buddhismus nach Tibet kam. Die indisch-tibetischen Kulturbeziehungen setzten erst in der ersten Hälfte des siebenten Jahrhunderts n.Chr. ein, als der tibetische König Srongsen Gampo eine Delegation weiser Männer nach Indien entsandte, damit sie dort den Buddhismus und dessen sprachliche und kulturelle Herkunft studierten. Achtzehn Jahre verbrachten die Gesandten in Indien und studierten in dieser Zeit an vielerlei berühmten Orten wie *Nālandā, Odantapuri, Vikramashilā* etc. Sie arbeiteten hart unter Lehrern wie *Lipidutta* und *Sinhaghosa* und erlernten die Sprache und die Literatur buddhistischer Schriften. Sie übersetzten wichtige Bücher wie das *Krandakagyuha Sutta* und das *Avalokiteshvara Sutta.*

König Srongsen Gampo hatte zwei Königinnen, eine aus Nepal und die andere aus China. Beide waren gläubige Buddhistinnen. Unter ihrem Einfluß wurde der König ebenfalls Buddhist, und ausgehend von Lhasa, der Hauptstadt, widmete er sein Leben der Verbreitung des *Dhamma* in Tibet. Seine bedeutsamsten Bemühungen galten der Einrichtung von buddhistischen Tempeln und Klöstern. Zudem lud er gebildete Mönche anderer Länder ein, damit diese sein Volk den *Dhamma* lehrten. Selbst heute noch verehren ihn die Tibeter, und auf Abbildungen ist er oft beim Drehen des Rades der Gerechtigkeit zu sehen.

König Tisong Desen, der ein demütiger Buddhistenmönch wurde, schickte dem großen buddhistischen Heiligen und Philosophen *Shāntarakshita,* der auch die Leitung der Universität von *Nālandā* innehatte, eine königliche Einladung. Unglücklicherweise wurde Tibet kurz nach der Ankunft von

Shāntarakshita von mehreren Katastrophen heimgesucht – Epidemien, Flutkatastrophen, Unwettern und Hungersnöten. Die Menschen schrieben diese Schicksalsschläge der Ankunft des gelehrten indischen Mönches zu, und die Gegenwehr war so groß, daß der König den Mönch für eine Zeitlang nach Nepal schicken mußte. Dennoch vergaßen ihn die Menschen nicht. *Shāntarakshita* riet dem König daraufhin, den großen Mystiker *Padmasambhava* einzuladen, der die Katastrophen mit Hilfe seiner übernatürlichen Kräfte überwinden können würde.
Padmasambhava erreichte Tibet im Jahre 747 n.Chr., und ihm wurde im ganzen Land ein begeisterter Empfang bereitet. Kurz nach seiner Ankunft war die Natur wieder zur Ruhe gekommen, und *Padmasambhava* wurde als Retter gefeiert. Er richtete etwa fünfzig Kilometer von Lhasa entfernt, in Samye, ein Kloster ein, welches architektonisch nach dem Vorbild der berühmten Universität von *Odantapuri* bei *Nālandā* gebaut wurde. Es war das erste Mal, daß eine große Anzahl Tibeter als Buddhistenmönche in den Orden aufgenommen wurde.
Selbst nach der Abreise *Padmasambhavas* aus Tibet, führte *Shāntarakshita* seine Mission des Verbreitens des *Dhamma* und des Übersetzens von Sanskrit in Tibetisch fort. Seine Verbündeten und Mitarbeiter waren *Aryadeva, Buddhakīrti, Kumārashri, Karnapati, Sumatisena* und *Kamalasīla.*
Unter der liberalen und Schirmherrschaft des gläubigen Königs gab es bald eine große Sammlung von Büchern und einen regen Austausch zwischen Mönchen aus Tibet und *Nālandā.* In Folge dieser engen Beziehungen fertigten die indischen Missionarsmönche und ihre tibetischen Schüler eine tibetische Version des Sanskrit-Tipitaka.
Im Jahre 1038 folgte *Acharya Atisa,* ein anderer gelehrter buddhistischer Missionar aus Indien, der Einladung des Königs Cang Saub O und merzte sämtliche spiritistische

und animistische Praktiken aus, die damals im Lande existierten. *Atisa* ließ eine große Zahl von Klöstern erbauen, ordinierte so manchen gebildeten Tibeter zum Mönch und schrieb wichtige Bücher über den Buddhismus und dessen Wert für die Bevölkerung des Landes.

Der höchste tibetische Schüler von *Atisa, Dromtan,* war zudem ein erfolgreicher Organisator der buddhistischen Mission in ganz Tibet. Er gründete eine Sekte, die sowohl politisch als auch religiös die mächtigste Kraft des Landes werden sollte. So wurde das religiöse Oberhaupt gleichzeitig auch Staatsoberhaupt, eine Tradition, die bis heute aufrechterhalten wird.

Tibet war eine Festung des *Sarvāstivāda,* einer Nebenform des *Mahāyāna.* Aus diesen verschiedenen Formen des Buddhismus entstand der Lamaismus, eine Form des Buddhismus, die mit indischen Tantrapraktiken gespickt ist. Als Anhänger des tantrischen Buddhismus haben die Lamaisten viele Praktiken mit den Hindus und den *Mahāyāna*-Buddhisten gemein. Sie verbreiteten ihre Lehren den gesamten Himalaya-Gürtel entlang, von Ladakh im Westen bis Bhutan im Osten. Tibetische Missionare drangen bis in die Mongolei, nach China und Rußland vor. Selbst die heutigen Formen des russischen und mongolischen Buddhismus enthalten tantrisch-lamaistische Traditionen.

Mit der Besetzung Tibets durch die Chinesen wurde der Buddhismus abgesetzt. Tausende wundervoller Bilder des Buddha aus reinem Gold und mit Edelsteinen verziert, Hunderte von Klöstern und Unmengen von Schriften wurden von den chinesischen Kommunisten zerstört, wie die Moslems N*ālandā* und andere bedeutende Sitze der buddhistischen Bildung in Indien vernichtet hatten. Viele bekannte Klöster und spirituelle Zentren wurden förmlich ausradiert.

Seit die Tibeter nach Indien flüchten, setzen die mächtigen

Missionare des Christentums all ihre Fähigkeiten ein, diese zum Glaubenswechsel zu bewegen. Im Namen der Nächstenliebe wurden aus allen Ländern der christlichen Welt Geld, Kleider, Ausrüstungen, Nahrung, Hilfsmaßnahmen und Auslandsstipendien für tibetische Flüchtlinge aufgebracht. Buddhisten finden nun unter den Fittichen der christlichen Kirche alle Art materieller Unterstützung.

Khotan, Zentralasien

Wenige Bewohner Zentralasiens und anderer Länder können sich vorstellen, daß unter den sandigen Dünen der Wüste Gobi die Überreste eines einst blühenden buddhistischen Königreichs begraben sind – berühmte Klöster, Pagoden, Tempel, Manuskripte, Gemälde und Inschriften in großer Zahl. Archäologen haben uralte Städte, Festungen, Höhlen und andere Überreste menschlicher Zivilisation unter diesen Dünen freigelegt.

Die Geschichte des Aufstiegs und Niedergangs von Khotan ist immer noch geheimnisumwoben. Den Berichten des chinesischen Reisenden Yuan Chuang und auch den tibetischen Quellen zufolge kann mit Sicherheit gesagt werden, daß die Zivilisation von Khotan chinesisch-indischen Ursprungs ist. Prinz Kustan, der über diesen Teil des Landes herrschte, war ein indischer Prinz. Die Landessprache hat philologische Parallelen zum Indischen und Chinesischen. Der erste Missionar, der den Buddhismus nach Khotan brachte, war der ehrwürdige *Vairocana* von *Kashmira*. Der König von Khotan empfing ihn mit allen Ehren. *Vairocana* wirkte einige Wunder für den König und gewann ihn so für den Buddhismus. Dieser König, *Vijayasambhava,* war ein Zeitgenosse des Königs *Bhumimitra* von *Kashmira*. Er ließ ein Kloster für den Ehrenwerten *Vairocana* errichten, welches den

Namen *Sharana Vihāra* erhielt und das Zentrum buddhistischer Aktivitäten in Khotan wurde.

König *Vijayavirya* aus derselben Dynastie war ebenfalls ein demütiger Buddhist und ließ zwei Klöster, *Gantsir Caitya* und *Gosring Vihāra,* erbauen. Sein Nachfahre, König *Vijayajaya,* der Zu Shi, eine chinesische Prinzessin, heiratete, veranlaßte den Bau eines Klosters mit ihrem Namen und schenkte es dem Orden.

Im Jahre 404 traf der chinesische Reisende Fa Hien von Kocca in Khotan ein und blieb hier einige Zeit. Ihm verdanken wir eine umfangreiche Beschreibung der Religion in Khotan, beispielsweise der buddhistischen Tempel, Pagoden, Klöster, kolossalen Buddhabilder etc. In *Gomti Vihāra* allein, so schreibt er, lebten dreitausend Mönche in einer Gemeinschaft in strenger klösterlicher Disziplin.

Yuan Chuang berichtet ebenfalls, daß er in diesem Kloster gelebt habe. Er beschreibt sogar, daß er im Innenhof des großen Klosters Maulbeerbäume gesehen habe, auf denen Seidenraupen gezüchtet wurden.

Der älteste Sohn von *Vijayajayas, Dharmananda,* wurde Mönch und ging nach Indien, um dort den *Dhamma* zu studieren. Bei seiner Rückkehr nach Khotan wurde er ein großer religiöser Anführer und der Gründer der berühmten *Mahāsānghika*-Sekte.

Ein weiterer König Khotans, Dan-Daras, lud, so ist zu lesen, einen Mönch namens *Mantrasiddhi* aus Indien ein und gründete einige Klöster der *Sarvāstivāda*-Sekte.

Der tibetischen Überlieferung zufolge wurde fünfzehnhundert Jahre nach dem Buddha die Einstellung des Königs von Khotan äußerst buddhismusfeindlich, so daß alle Mönche genötigt wurden, Khotan zu verlassen und nach Tibet, *Gāndhāra* und in andere Länder zu fliehen – wo immer sie Zuflucht fanden. Unter Yusuf Kadar Khan besetzten die Türken Khotan im Jahre 11 n.Chr. und setzten das muslimische Recht durch, indem sie im großen Stil mordeten oder bekehrten.